Mario Mancini

—

Die fröhliche Wissenschaft der Trobadors

Mario Mancini

Die fröhliche Wissenschaft der Trobadors

Übersetzt
von
Leonie Schröder

Königshausen & Neumann

Bibliografische Information der Deutschen Bibliothek

Die Deutsche Bibliothek verzeichnet diese Publikation in der Deutschen Nationalbibliografie; detaillierte bibliografische Daten sind im Internet über <http://dnb.ddb.de> abrufbar.

Gedruckt auf säurefreiem, alterungsbeständigem Papier
Umschlag: skh-softics / coverart
Übersetzerin: Leonie Schröder
Bindung: Buchbinderei Diehl+Co. GmbH, Wiesbaden

Printed in Germany
ISBN 978-3-8260-3996-6
www.koenigshausen-neumann.de
www.buchhandel.de
www.buchkatalog.de

Inhaltsverzeichnis

Einleitung

Die Trobadorlyrik: ein Paradigma der Distanz, des erotischen Manierismus, der vergötterten Frau. Aber mehr noch, mit ihren Bildern des Flugs und Wagemuts, des Frohsinns, Tanzes und der Gefahr (bei Wilhelm IX., Bernart de Ventadorn, Raimbaut d'Aurenga ...), ein galanter, ovidscher Diskurs. Zwischen den beiden Extremen der Distanz und der Galanterie bewegt sich die Interpretation der ersten europäischen Lyrik, ihrer Entstehung und Wirkungsgeschichte. In seinem Werk *De l'amour* vergleicht Stendhal die Trobadorkultur mit der Aufführung einer Opera buffa, einer Oper von Rossini. Nichts könnte ihre glanzvolle und flüchtige Geschichte, ihre betont theatralische, fiktive Dimension, ihr leichtfüßiges Durchstreifen der Orte der Ethik und Politik besser evozieren.

Wer den gesellschaftlichen Kontext erforscht, in dem die Trobadordichtung entstand und ihre Blüte erreichte, dem präsentiert sich ein bestürzendes Bild. Während der kapetingische Norden mit seiner Leidenschaft für Ordnung und Macht, Bündnisse und politische Schriften die Kategorien Staat, Gerechtigkeit, Subjekt und Wert aufbrachte und durchsetzte, stellte der Süden in einer ganzen Reihe von Texten – von Bertran de Born bis zu Guiraut de Bornelh und Cadenet – das Thema der Waffen und der Plünderungen heraus. Es handelte sich nicht um eine marginale, von den politischen Gewalten kontrollierte Erscheinung, sondern sie betraf auch einen Teil des Adels, der unverhohlen Ritter anwarb, um Raubzüge zu unternehmen. Das Phänomen erstreckte sich auf die gesamte Zivilgesellschaft. Nehmen wir die Schwäche der feudalen Abhängigkeitsstrukturen – dank der Vereinbarungen außerhalb der Feudalbeziehungen (*convenientia*) herrschten horizontale Beziehungen vor –, die Präsenz eines starken, streitbaren städtischen Patriziats, die antisäkularen und nihilistischen Gärungen, die in der katharischen Häresie gipfelten, die Bildung und Auflösung heterogener und unbeständiger politischer Gruppierungen ohne Durchsetzung irgendeiner Hegemonie hinzu, so ergibt sich das Bild eines Gesellschaftsgefüges voller Differenzen und Anarchie. In diesem instabilen, vielfältigen Kontext scheint der Hof (das System der Höfe) dem Gebietsproblem gleichgültig gegenüberzustehen, seine Kollisionen werden nicht thematisiert. Nachdem der Feudalherr die Ritter um sich gesammelt hat, um sie zur *cortezia* zu führen, hält er sie wie in einem verzauberten Raum gefangen. Draußen herrschen Waffenlärm, Bandenleben und Plünderung, drinnen herrscht das glänzende Ritual der *fin'amor*, das Gesetz der Galanterie[1]. Eine Kultur für sich, partiell und totalisierend zugleich, die sich ganz und gar um die Sprache der Liebe dreht und in einem endlosen, faszinierenden

[1] Vgl. dazu meine Analyse in dem Beitrag *Cortigiani e cavalieri-predoni: intorno a un motivo trobadorico*, in: „Romanistische Zeitschrift für Literaturgeschichte", 4, 1980, S. 125–160 (jetzt in: *Metafora feudale. Per una storia dei trovatori*, Bologna: Il Mulino 1993, S. 13–62), dessen Schlussfolgerungen ich hier aufgreife.

Diskurs die Rolle des Symbolischen, der Verdrängung, Übertragung, der Bewegungen des Begehrens zu entziffern sucht.

Der Kreuzzug gegen die Albigenser bereitete dieser „merkwürdigen" Kultur mit Feuer und Schwert ein Ende, während die Dichtung Dantes und Petrarcas im doppelten Sinne des Wortes eine großartige Aufhebung leisten wird. Aber mit Lacan wissen wir, dass die Aufhebung, einer der schönen Träume der Philosophie, immer eine Verdrängung ist. So überlebten die Trobadors als Erinnerung und Wunde im Bewusstsein Europas. Die hier vorgelegten Aufsätze, die zu verschiedener Gelegenheit entstanden, untersuchen zwei beispielhafte Liedersammlungen – die des Spielmanns und Freigeists Herzog Wilhelm IX. und die von Bernart de Ventadorn, dem verrückten Sänger des *joi*. Vor allem aber suchen sie eine paradoxe Rezeptionsgeschichte nachzuzeichnen, an der Jacques Lacan, Stendhal, Nietzsche teilhaben. Paradox ist sie, weil sie sich außerhalb des Fachgebiets vollzieht, obwohl dieses mit zahlreichen Werken und viel Akribie aufwarten kann, paradox außerdem, weil sie von einem Mangel, von einer Differenz kündet.

Wenn es stimmt, dass die höfische Liebe in der Vasallentreue, in der Treue zur Person verwurzelt und die Person letzten Endes immer der Diskurs des Herren ist, wie Jacques Lacan in seinem *Séminaire. Livre XX. Encore* schreibt, dann wird man nur kurz zu erwähnen brauchen, dass der *discours du maître* bei Lacan Chiffre der hegelschen Herr-Knecht-Thematik ist, um die Sprache der Trobadors zunehmend komplex erscheinen zu lassen. Für die Interpretation ergeben sich daraus schwierige, aber auch faszinierende Konsequenzen, denn eine ganze Reihe von Begriffen kommt dadurch ins Spiel: Macht, Lust, Tod, Hindernis, Frau, Seele, Sein, Sittlichkeit, Kontingenz.

Stendhal war ein Psychologe der Moderne, verfocht – gegen Kant – den Zusammenhang zwischen Schönheit und Interesse und trat für eine unvoreingenommene, materialistische Analyse der Gefühle ein: „Ce n'est que par des monographies de chaque passion du coeur humain que l'on pourra parvenir à connaître l'homme; mais alors tout le monde rira des phrases louches de Kant et autres grands philosophes spiritualistes"[2]. In der Trobadorkultur, die in seinen Augen der Galanterie des 18. Jahrhunderts, der galanten Liebe im Paris 1760 oder 1780 erstaunlich ähnelte, erblickte er eine Mischung aus Formalismus und Spontaneität, Erkenntnis und Zärtlichkeit, eine feinsinnige, leidenschaftliche und illusionslose Suche nach dem Glück.

Nietzsche dagegen musste den provenzalischen Ritterdichtern, den prachtvollen, erfinderischen Menschen des *gai saber*, die Scharfsinn, Feurigkeit, Anmut und geistigen Übermut verbanden, auf seinen unzeitgemäßen Wegen zu einer Genealogie der Moral, die imstande sei, das Leben von den Werturteilen, dem Nützlichkeits- und Sicherheitsdenken zu befreien, die es vergiftet hatten,

---

2 Stendhal, *Rome, Naples et Florence* (1826), 12. Januar 1817, in: *Voyages en Italie*, (Pléiade), Paris: Gallimard 1973, S. 448.

zwangsläufig begegnen; er musste ihnen begegnen bei seiner Frage, was „vornehm ist“, bei der Suche nach einem Subjekt, das sich in der Zufälligkeit verliert, die es hervorbringt, Herr der Chance und der Differenz.

Nicht aus *pietas*, sondern mit Stolz und Liebe tragen Stendhal und Nietzsche, Heine und Pound die Bruchstücke einer erst noch zu rekonstruierenden, vielmehr nicht rekonstruierbaren Geschichte zusammen, denn es ist eine versäumte Geschichte. „Die Araber in Spanien, die Provençalen: Lichtpunkte“. Wenn diese Geschichte aber Gedichte und Zeichen hinterlassen hat, dann ist sie auf ihre Weise doch möglich, vorstellbar, lesbar.

Die ersten vier hier übersetzten Aufsätze erschienen in dem Band *La gaia scienza dei trovatori*, Parma: Pratiche 1984 (Neuaufl. Milano-Trento: Luni 2000). Die Aufsätze zu Heines *Geoffroy Rudèl* und zu Pound bilden den letzten Teil des Bandes *Lo spirito della Provenza. Da Guglielmo IX a Pound*, Roma: Carocci 2004.

Die Sprache der höfischen Liebe (nach Barthes, Lacan, Irigaray)

Wie gedacht er dann der Troubadours,
die nichts mehr fürchteten, als erhört zu sein.
Rilke[1]

> 1. Die Mechanik der Lehnspflicht des Liebenden setzt eine bodenlose Belanglosigkeit voraus. Denn damit die Abhängigkeit ganz rein in Erscheinung treten kann, muss sie sich unter den lächerlichsten Begleitumständen äußern und aufgrund allzu großen Kleinmuts uneingestehbar werden: einen Telefonanruf erwarten ist eine gewissermaßen zu grobe Abhängigkeit; ich muss sie über alle Grenzen hinaus verfeinern: also werde ich mich über das Geschwätz der Klatschbasen aufregen, das mich in der Apotheke aufhält und meine Rückkehr an den Apparat verzögert, dem ich dienstbar bin; und wie dieser Telefonanruf, den ich nicht verfehlen will, mir eine neue Gelegenheit zur Unterwerfung bietet, könnte man sagen, dass ich energisch darauf hinarbeite, mir den eigentlichen Raum meiner Abhängigkeit zu bewahren und dieser Abhängigkeit ein Betätigungsfeld zu verschaffen: ich bin verwirrt vor Abhängigkeit, aber überdies – eine weitere Stufe – von dieser Verwirrung gedemütigt.

So Roland Barthes in seinen *Fragments d'un discours amoureux*[2]. Das zitierte Fragment ist provenzalisch *Domnei* überschrieben. In der Fußnote lesen wir: „CORTEZIA: die höfische Liebe gründet sich auf die Lehnspflicht des Liebenden (*Domnei* oder *Domnoi*)". Die Lehnspflicht des Liebenden, die *fin'amor* der Trobadors, erscheint als Figur der perfekten Abhängigkeit. In den Texten und Stimmen von Werther, Proust, Plato, Nietzsche, Stendhal spürt Barthes der unmöglichen Definition eines entwirklichten Zustands des Wahns und der Einsamkeit, des Erwachens, der Zärtlichkeit, Magie, Hingerissenheit und Eifersucht, der Abwesenheit und der Bilder nach. Mit traumwandlerischer Sicherheit erfasst er in dieser seiner unsystematischen, leidenschaftlichen Annäherung an die Liebesfantasien den Kern der *fin'amor* genauer als manche Vertreter der jüngeren Mediävistik, die das Phänomen übereinstimmend entleeren und eine bloße literarische Fiktion daraus machen.

---

[1] R.M. Rilke, *Die Aufzeichnungen des Malte Laurids Brigge*, in: *Sämtliche Werke*, hg. vom Rilke-Archiv in Verbindung mit R. Sieber-Rilke, besorgt durch E. Zinn, Frankfurt/Main: Insel 1966, Bd. 6, S. 941.

[2] R. Barthes, *Fragments d'un discours amoureux*, Paris: Seuil 1977 (dt. Übers. *Fragmente einer Sprache der Liebe*, Frankfurt/Main: Suhrkamp 1988), S. 97/S. 25. Die Seitenangaben der französischen Ausg. und der deutschen Übers. erscheinen im Folgenden im laufenden Text.

Unter Bezugnahme auf die Statistik, auf den *common sense* oder einen Ironiebegriff als Universalschlüssel[3] ist es ein wahrer Wettstreit, um die Abhängigkeit abzuschaffen, die Distanz zwischen Dame und Liebendem aufzuheben und ihre Beziehung gemäß einem allgemeingültigen, beruhigenden Modell „menschlich zu machen". Zusammen mit der Vergangenheit werden dergestalt auch die Gegenwart und das Alltägliche verdrängt, die der Vergangenheit oft allzu sehr ähneln. So stellt William D. Paden kategorisch fest: „Zwei zentrale, allgemein geteilte Annahmen der Literaturgeschichtsschreibung, nämlich die Behauptung, dass es sich bei den von den Trobadors geliebten Damen zum einen um verheiratete Frauen und zum anderen um solche von höherem gesellschaftlichem Rang handele, stützen sich auf eine äußerst begrenzte Zahl von Texten. Wir haben an rund fünfhundert Trobadorgedichten eine Überprüfung vorgenommen [...]. Die gesammelten Belege für die genannte These sind höchst sporadisch und fallen nicht ins Gewicht. Wir können demnach schlussfolgern, dass die beiden gängigen Meinungen die Neigung der Forschung widerspiegeln, den eigenen Standpunkt dem der Trobadors vorzuziehen"[4]. Dieser Taschenspielertrick hat nur deshalb den Anschein einer gewissen Glaubwürdigkeit, weil die Sprache der höfischen Liebe, die ursprünglich und dann in der ganzen großen Tradition des Petrarkismus die Vollkommenheit der Dame und ihre absolute Unerreichbarkeit pries, auch der Beschreibung eines völlig anderen Verhaltens diente, und zwar bereits in *Érec et Énide*, mit der „ehelichen höfischen Liebe" von Chrétien de Troyes[5]. Es ist nach wie vor ein idealisierter, immaterieller Liebesanspruch, aber er richtet sich nun nicht mehr auf die *Domina*, sondern auf ein Mädchen, das der Liebende erobern will. Die zeitweilige Unterdrückung wird als Reinigung, als notwendige Vorbereitung auf den künftigen dauerhaften Besitz, als Liebeswerbung erlebt und steht im Zusammenhang mit der Entstehung der modernen Kernfamilie. Die „longue durée" dieses Konstruktionselements der höfischen Liebe, sein Fortleben noch in der ambivalenten viktorianischen Gefühlswelt kann daher nicht überraschen. In den *Idylls of the King* (1859–1885) von Alfred Tennyson ist es Aufgabe und Ruhm der edlen Ritter der Tafelrunde:

---

3 Siehe zum Beispiel A. Press, *The Adulterous Nature of the „fin'amors": a Re-examination of the Theory*, in: „Forum for Modern Language Studies", 6, 1970, S. 327–341; W. D. Paden, *The Troubadour's Lady: Her Marital Status and Social Rank*, in: „Studies in Philology", 72, 1975, S. 28–50; F. X. Newman (Hg.), *The Meaning of Courtly Love*, Albany: State University of New York Press 1968, insbesondere die Beiträge von D. W. Robertson und J. F. Benton. Vgl. die entscheidende, scharfsinnige Stellungnahme gegen die Auflösungstendenz des letztgenannten Bandes in Jean Frappier, *Un procès fait à l'amour courtois*, in: „Romania", 93, 1972, S. 145–193 (wiederabgedruckt in: ders., *Amour courtois et Table ronde*, Genève: Droz 1973).

4 W. D. Paden, *The Troubadour's Lady*, zit., S. 29.

5 J. Frappier, *Vues sur les conceptions courtoises dans les littératures d'oc et d'oil au XII siècle*, in: „Cahiers de Civilisation Médiévale", 2, 1959, S. 135–156 (wiederveröffentlicht in: ders., *Amour courtois*, zit.).

to lead sweet lives in purest chastity,
to love one maiden only, cleave to her,
and worship her by years of noble deeds
until they won her; for indeed I know
of no more subtle master under heaven
than is the maiden passion for a maid,
not only to keep down the base in man,
but teach high thoughts, and amiable words
and courtliness, and the desire of fame,
and love of truth, and all that makes a man[6].

(Ein lieblich Leben führen reinster Keuschheit,/ Nur eine Jungfrau lieben, an ihr hangen,/ Ihr huldigen durch Jahre hoher Thaten,/ Bis sie errungen sei: ich wusste ja,/ Kein feinrer Meister unterm Himmel lebt/ Als jungfräuliche Glut für eine Jungfrau,/ Um das ‚Gemein' im Mann zu bändigen,/ Und hohen Sinn zu lehren, holde Worte,/ Und feinen Anstand und Begier nach Ruhm/ Und Wahrheit und jedwede Zier des Manns).

Ekstatische Anbetung (*in purest chastity*, *worship*, *maiden passion*), Erziehung durch die Liebe (*noble deeds*, *all that makes a man*), um alles Niedere im Mann zu besiegen, aber auch Individuation und Wahl (*to love one maiden*), Eroberung (*until they won her*), wo die Trobadorliebe in ihrer wesentlichen Phänomenologie dagegen vom Fetisch der erklärtermaßen unerreichbaren *domna* – eine *lady*, keine *maid* – beherrscht war, weder Individuation noch Eroberung kannte.

Daraus ergibt sich vielleicht eine grundlegende Analogie zwischen der *fin'amor* und dem gesamten *discours amoureux* von Barthes, der sich aus Werther – wie die Trobadors in Anbetung einer bereits eroberten *Domina* befangen, die für immer einem anderen gehört –, aus der furchtbaren mythischen Spaltung von Platos *Symposion*, den verstohlenen Anspielungen auf Proust – Charlus (*Fragments*, S. 27/S. 40), Charlus (S. 82/S. 59f.), Albertine (S. 85/S. 158), das Warten auf die Mutter (S. 178/S. 139) –, natürlich aus Freud, Lacan und Sade und schließlich aus den sehnsüchtigen und nichtigen inneren Stürmen der Mystiker Juan de la Cruz, Jakob Böhme und Ruysbroeck speist: „Der beste und köstlichste Wein, wie auch der berauschendste [...], von dem, ohne zu trinken, die entkräftete Seele berauscht wird, freie und trunkene Seele! vergesslich, vergessen, berauscht von dem, was sie nicht trinkt und niemals trinken wird" (*Fragments*, S. 277/S. 123). Manch einer wird Barthes vorwerfen, seine Ausführungen seien generisch, er spreche von der Liebe, ohne zu sagen, ob der Geliebte Mann oder Frau ist, ob er die Liebe erwidert oder sich entzieht, klug oder dumm, aggressiv oder sanft, introvertiert oder extrovertiert ist ... Aber zählt mehr die Person oder die Tatsache, dass ein Teil ihres Körpers dazu bestimmt ist, zum Fetisch zu werden – „welche unwesentliche Eigenschaft? (*quel accident?*) Die Kuppe eines

6 A. Tennyson, *Guinevere*, V. 471–480, in *The Idylls of the King*, in: ders., *Poetical Works*, London: Macmillan 1899, S. 463 (dt. Übers. *Königs-Idyllen von Alfred Tennyson*, übersetzt von Werner Scholz, Berlin: Reimer 1867, S. 213f.).

Fingernagels, ein etwas abgeschrägter Zahn, eine Haarsträhne, eine bestimmte Art, beim Reden, beim Rauchen die Finger zu spreizen?" –, zählt mehr ihre rätselhafte Fähigkeit, als gewaltsames, kontingentes Bild des Verlangens zu begegnen? „Es hat vieler Zufälle, vieler überraschender Koinzidenzen bedurft (und wahrscheinlich vielen ‚Suchens'), bis ich das Bild finde, das, unter tausenden anderen, meinem Verlangen entspricht" (*Fragments*, S. 27/S. 39). Sicher war diese Suche für den höfischen Liebenden weniger aufreibend, weil der Gegenstand seines Verlangens notwendigerweise auf der höchsten Stufe der sozialen Leiter stand (die *Domna*), aber dennoch war es die Suche nach einem Bild, einem Fetisch, einem „Fantasiegebilde"[7].

Die *Sprache der Liebe* als Abhängigkeit ist ein altes, ursprüngliches Thema bei Barthes, von den perversen Ersatzmechanismen der Leidenschaft in *Sur Racine* (1963) bis zu *Le plaisir du texte* (1973) mit seinen sehnsuchtsvollen Streifzügen, seinem Treiben: „Die Lust am Text ist nicht zwangsläufig triumphierender, heroischer, muskulöser Art. Kein Anlass, sich zu straffen. Meine Lust kann sehr wohl die Form eines Treibens annehmen. Ein solches Treiben geschieht immer dann, *wenn ich nicht das Ganze respektiere* und wenn ich, wie ein Korken auf dem Wasser hin- und hergetrieben je nach den Illusionen, Verführungen und Einschüchterungen der Sprache, selbst unbeweglich bleibe und mich um die *unnachgiebige* Wollust drehe, die mich an den Text (an die Welt) bindet. [...] Jedoch – selbst wenn es einem gelänge – das Treiben in Worte zu fassen, wäre heute ein selbstmörderischer Diskurs"[8]. Bei Barthes bewegt sich die Sprache der Liebe zwischen Herrschaft und ihrer zeitweiligen Aufhebung. Nicht von Errungenschaften ist die Rede, nicht vom beschaulichen Alltagsglück, sondern von der Anarchie der Gefühle, den *pièges* des Verlangens, und von Abwesenheit. „Der Andere ist im Zustand fortwährenden Aufbruchs, im Zustand der Reise; er ist, seiner Bestimmung nach, Wanderer, Flüchtiger; ich, der ich liebe, bin meiner umgekehrten Bestimmung nach sesshaft, unbeweglich, verfügbar, in Erwartung, an Ort und Stelle gebannt, *nicht abgeholt* (*en souffrance*) wie ein Paket in einem verlassenen Bahnhofswinkel. [...] Ich halte dem Abwesenden unaufhörlich den Diskurs seiner Abwesenheit" (*Der Abwesende*, in *Fragments*, S. 19–21/S. 27–29).

2. Dominanz, Abwesenheit, Verlangen als konstitutive Momente der *fin'amor*. Sie evoziert das Phantasma der *Domna*, des Anderen, wobei der wirkliche Körper verklärt und ausgelöscht wird. Hoffnung auf Besitz? Wohl eher Hoffnung

---

7 Zum Aspekt des „Fantastischen" vgl. R. Barthes, *Fragments*, S. 178–179/S. 139–141, sowie G. Agamben, *Stanze. La parola e il fantasma nella letteratura occidentale*, Torino: Einaudi 1977, S. 105ff.

8 R. Barthes, *Le plaisir du texte*, Paris: Seuil 1973, S. 32 (dt. Übers. *Die Lust am Text*, Frankfurt/Main: Suhrkamp 1974, S. 29).

statt Besitz, eine subtile Lust am Leiden, eine noble und zugleich perverse Verwechslung von Gut und Schlecht, Kummer und Lust[9]:

que sazos fon que·l maior don d'amar
voli'hom mais esperar que aver;
et eras vey qued az emplit voler
moro·l dezir, que solon dous nafrar.

Per que val mais d'amor so qu'om n'aten
que·l cochos don dezavinen no fan,
que·l mals n'es bos e plazentier l'afan
e·l sospir dous e·l maltrag iauzimen[10].

(Denn es gab eine Zeit, da man die höchste Liebesgabe lieber erhoffte als besaß, und jetzt sehe ich, dass mit der Erfüllung der Wünsche das Begehren stirbt, das so süß schmerzte. Deshalb ist das, was man von der Liebe erwartet, mehr wert als voreilige und ungelegene Gaben, denn der Schmerz, der einem daraus erwächst, ist willkommen und der Kummer angenehm, und süß das Seufzen und Freude das Leid).

Die Dominanz der Frauen ist kein Zwang mehr, sondern ein Triumph, der mit einer Art narzisstischem Genuss gepriesen wird. Die Mentalitätengeschichte offenbart erstaunliche Parallelen:

> Majestätisch hielt die Jungfrau ihren Einzug in die Gottesfürchtigkeit des 12. Jahrhunderts, umgeben von einem ganzen Gefolge Heiliger: so triumphiert die heilige Magdalena als Sünderin und Hoffnung der Prostituierten in Vézelay und in der Provence. Zur selben Zeit, zu der das Christentum begann, sich den weiblichen Werten zuzuwenden, begann man auch an den ritterlichen Höfen im Loiregebiet und im Poitou, der Frau zu huldigen. In Liedern wurden die Reize der Grundherrengemahlin, der Dame, gefeiert, und in den höfischen Spielen versuchten die jungen Adeligen, ihr Herz zu erobern. Der Marienkult und der Kult der Dame sind aus unterschiedlichen Bewegungen hervorgegangen, Bewegungen, die sich im tiefsten Inneren der Geisteshaltungen entwickelt haben und deren Kraft und Rhythmen die Geschichte noch kaum erahnt. Dennoch entsprechen sich die beiden Kulte[11].

---

9 R. Nelli, *L'érotique des troubadours*, Paris: Union Gén. d'Éditions 1974 (1. Aufl. 1963), insbesondere Kap. IV, *L'érotique des troubadours classiques*; D. de Rougemont, *L'Amours et l'Occident*, Paris: Union Gén. d'Éditions 1962 (Nachdruck der 2. Aufl. von 1956; die 1. Aufl. erschien 1939; dt. Übers. *Die Liebe und das Abendland*, Zürich: Diogenes 1987).

10 Uc Brunec, *Pus l'adrechs temps ve chantan e rizen*, V. 37ff., zit. nach der Ausg. von C. Appel, in „Abhandlungen … A. Tobler", Halle: Niemeyer 1896 (Reprint Genève: Slatkine 1974), S. 75–76.

11 G. Duby, *Le temps des cathédrales*, Paris: Gallimard 1976 (dt. Übers. *Die Zeit der Kathedralen*, Frankfurt/Main: Suhrkamp 1992, S. 215).

Werfen wir einen Blick zurück, so erkennen wir, dass der überwältigenden Präsenz der Frau im 12. Jahrhundert ihre Abwesenheit im 11. Jahrhundert entspricht, ja Misstrauen und Unbehagen ihre Gestalt umgibt.

> Sie alle sind Junggesellen. Die Hochkultur des 11. Jahrhunderts schenkt der Frau keine Beachtung. Ihre Kunst räumt ihr keinen oder fast keinen Platz ein. Nirgendwo weibliche Heiligenfiguren, allenfalls Goldidole mit Wespenaugen, die vor den Toren des Reichs der Finsternis hocken und deren verlorenem Blick niemand zu begegnen wagt. Die seltenen Frauenbilder, die sich im Dekor der Heiligtümer mit einiger Anmut zieren, sind gekrönte Allegorien, die die Monate und Jahreszeiten darstellen, herrenlose Restbestände, die die Zerrüttung der klassischen Ästhetik gemeinsam mit den im gleichen Rhythmus schwingenden lateinischen Strophen überlebt haben – so irreal und unzeitgemäß wie die Blüten der Rhetorik. Priesterlich, entrückt, zeigt sich die Mutter Gottes gelegentlich inmitten der Darstellungen der Evangeliengeschichten. In Wirklichkeit nur eine schlichte Statistin: ihr Gesicht bleibt im Hintergrund, genau wie das der Grundherrengemahlin in den Kriegerversammlungen. Meist aber ist die Frau eine sich schlängelnde, sich windende Liane, das böse Unkraut, welches sich unter das gute Korn mischt, um es zu verderben. Ist sie mit ihrem lasziven Wesen nicht der Keim der Korruption, über die die Moralisten der Kirche klagen; ist Eva, das Sinnbild der Versuchung, nicht verantwortlich für den Fall des Mannes und alle Sünden der Welt?[12]

Vom 11. zum 12. Jahrhundert. Ändert sich tatsächlich der Status der Frau oder sollen Erhöhung und Huldigung nur die reale gesellschaftliche Unterlegenheit der Frau – eine unüberwindbare Tatsache in einer männlichen Feudalgesellschaft – verhüllen? Sozusagen eine Verherrlichung des Opfers, um Schuldgefühle auszuschalten? Handelt es sich gleichsam um die Verwandlung des Gegenstands einer Phobie in einen Fetisch? Und warum schließlich die verwirrende Mischung aus Huldigung und Distanz, Begierde und Hindernis? So gewandt, betreffen die Fragen nunmehr die Psychoanalyse, und die höfische Liebe wird wohl nicht von ungefähr im Werk von Jacques Lacan, der radikalsten aktuellen Fortsetzung von Freuds Diskurs, an mehr als einer Stelle herangezogen, um die Wege der Begierde zu veranschaulichen. Suchen wir die Stellen zusammenzutragen, an denen sie vorkommt.

In *Kant mit Sade* werden in dem Schachspiel gegen den Philosophen und den Voluntarismus des Gesetzes-um-des-Gesetzes-willen, wie er aus einem verfänglichen moralischen Apolog hervorgeht, nicht sofort der Springer (*Cavallo: Cavalier* = Sade) und auch nicht die machtvolle *Dame* ins Spiel gebracht, „eine Figur, wie dazu geschaffen, die hohen Taten der höfischen Liebe zu bezeichnen“[13]. Wenn der Moralist des kategorischen Imperativs mit dem Wort Freiheit

---

[12] G. Duby, *Die Zeit der Kathedralen*, zit., S. 73–74.

[13] J. Lacan, *Écrits*, Paris: Seuil 1966, S. 782 (dt. Übers. *Schriften*, 3 Bde., Weinheim, Berlin: Quadriga 1991, 3. korr. Aufl., Bd. II, S. 154).

spielt, erscheint er Lacan eher „scham- als gedankenlos“: „‚Setztet‘, schreibt er, ‚dass jemand von seiner wollüstigen Neigung vorgibt, sie sei, wenn ihm der beliebte Gegenstand und die Gelegenheit dazu vorkämen, für ihn ganz unwiderstehlich, ob, wenn ein Galgen vor dem Hause, da diese Gelegenheit trifft, aufgerichtet wäre, um ihn sogleich nach genossener Wollust daran zu knüpfen, er alsdann nicht seine Neigung bezwingen würde? Man darf nicht lange raten, was er antworten würde. Fragt ihn aber, ob, wenn sein Fürst ihm unter Androhung derselben unverzögerten Todesstrafe zumutete, ein falsches Zeugnis wider einen ehrlichen Mann, den er gerne unter scheinbaren Vorwänden verderben möchte, abzulegen, ob er da, so groß auch seine Liebe zum Leben wohl sein mag, sie wohl zu überwinden für möglich halte?‘“ (*Écrits*, S. 781/S. 152f.) Die Freiheit des Subjekts, die Kant hier mystifiziert, sei letztlich nichts anderes als die Wahl zwischen der Freiheit, von der Begierde abzustehen und das Gesetz zu akzeptieren, und der Freiheit zu sterben. Im Leben aber seien „das Gesetz und die verdrängte Begierde ein und dasselbe [...]; und genau das war's, was Freud entdeckte“ (*Écrits*, S. 782/S. 154). Dasselbe, das heißt die Freiheit, vergeblich zu begehren, ließe sich, so Lacan weiter, auch an der höfischen Liebe (die *Dame*) aufzeigen, wenn nicht ... „Was den Widerstand gegen Kants Lehrbeispiel anlangt, wiese die höfische Liebe einen nicht minder verführerischen Weg, nur erfordert er Kennerschaft. Wer aber seiner Stellung nach zu den Experten gehört, zieht seinerseits wiederum die Experten an, und die Experten auf diesem Gebiet: das ist der Auftritt der Clowns“ (*Écrits*, S. 783/S. 155).

Triumphierend tritt die *Dame* auf dem Schachbrett des *Séminaire XX. Encore* – das die Vorlesungen der Jahre 1972–73 umfasst und 1975 erschien – als Trägerin schneidender, unmissverständlicher Wahrheiten in Erscheinung: „die höfische Liebe, die an dem Punkt erscheint, wo das homosexuelle âmusement in äußersten Verfall geraten war, in dieser Art unmöglichem schlechten Traum der sogenannten Feudalzeit. Auf dieser Ebene von politischer Degenerierung sollte es wahrnehmbar werden, dass aufseiten der Frau etwas war, das durchaus nicht mehr gehen konnte“[14].

Die *fin'amor* wird Metapher der Unmöglichkeit des „Geschlechtsverhältnisses“, nach der provozierenden Formulierung Lacans, wie es auch „nicht *die* Frau gibt“. Wenn man liebt, geht es nur um einen selbst, um das Eigenbild, das im Spiegel des Anderen entgegentritt, ein Beweis für den unaufhebbaren Egotismus des Subjekts. „Was das Bild halten macht, das ist ein Rest. Die Analyse zeigt, dass die Liebe in ihrem Wesen narzisstisch ist und verrät, dass die Substanz des vorgeblich Objektalen – Bluff – in der Tat das ist, was, im Begehren, Rest ist, nämlich seine Ursache und der Träger seiner Unbefriedigung, ja seiner Unmöglichkeit“ (*Sém. XX*, S. 12/S. 11f.). Die Begierde, die paradox und abwegig, exzentrisch und skandalös ist, unterscheidet sich unweigerlich vom Bedürfnis, auf das

---

[14] J. Lacan, *Le séminaire. Livre XX: Encore*, Paris: Seuil 1975, S. 79 (dt. Übers. *Encore. Das Seminar. Buch XX*, Weinheim, Berlin: Quadriga 1991, 2. Aufl., S. 93).

die obskurantistische, nicht-freudsche Psychoanalyse sie reduzieren will. Das Geschlechtsverhältnis hält das Feld der Begierde besetzt und hier vollzieht sich sein vorgezeichnetes Schicksal. Denn die nirgendwo anzusiedelnde Begierde ist in den Verschiebungen und Verdichtungen befangen, die die Beziehung des Subjekts zum Signifikanten prägen, während der Genuss als geschlechtlicher phallischer Art ist und sich nicht mit dem Anderen als solchem auseinandersetzt. Das Genießen steht an einem Punkt der Unendlichkeit:

> Achilles und die Schildkröte, so ist das Schema des Genießens von einer Seite des geschlechtlichen Seins. Als Achilles seinen Schritt getan hat, seinen Zug gemacht hat bei Briseis, ist diese wie die Schildkröte ein wenig vorgerückt, denn sie ist *nicht alle*, nicht alle für ihn. Da bleibt er. Und Achilles muss den zweiten Schritt tun, und so weiter. Gerade so ist man in unseren Tagen, aber in unseren Tagen erst, hingekommen, die Zahl zu definieren, die wahre, oder um es besser zu sagen, die reelle. Freilich, was Zenon nicht gesehen hatte, ist, dass die Schildkröte auch nicht vor der Fatalität bewahrt ist, die auf Achilles lastet – ihr Schritt ist ebenfalls von Mal zu Mal kleiner und wird auch nie an die Grenze kommen. Von da aus definiert sich eine Zahl, welche immer, wenn sie reell ist. Eine Zahl hat eine Grenze und in diesem Maße ist sie unendlich. Achilles, so viel ist klar, kann die Schildkröte nur überholen, er kann sie nicht einholen. Er holt sie nicht ein, außer in der Unendlichkeit (*Sém. XX*, S. 13/S. 12).

Die Liebe ist zivilisatorischer Art, sie hat eine herausragende Ersatzfunktion, denn sie tritt an die Stelle eines Mangels. Das *encore*, der unaufhörlich neu vorgebrachte Anspruch, der auf sich selbst zurückfällt, ist das Feld der Liebe. Wo das Verhältnis unmöglich ist, bleibt nur der Liebesanspruch. „Das Genießen – Genießen des Körpers des Anderen – es bleibt eine Frage, denn die Antwort, die es bilden kann, ist nicht nezessär. Das geht sogar noch weiter. Es ist auch nicht eine hinreichende Antwort, denn die Liebe beansprucht die Liebe. Sie zessiert nicht die Not, sie zu beanspruchen. Sie beansprucht sie ... *encore*. *Encore*, das ist der Eigenname jener Spalte, von wo im Anderen der Liebesanspruch ausgeht" (*Sém. XX*, S. 11/S. 10).

Höfische Liebe. Noch ein Mosaikstein aus den *Écrits* von Lacan. Und mehr als ein Mosaikstein das ganze teils ausdrückliche, teils allegorische Gerüst der Schrift *Jeunesse de Gide ou la lettre et le désir*, die Lacan zu der psychoanalytischen Biographie von Jean Delay verfasste. Die bedrückenden Angstträume der Kindheit – die Erscheinung einer Frauengestalt, die bei Abfallen des Schleiers nur ein schwarzes Loch erkennen lässt (*Cahiers d'André Walter*) oder sich seinem Griff entzieht gleich durch die Finger rieselndem Sand (*Et nunc manet in te*) – legen sich und erneuern sich in der Liebe zu seiner Cousine Madeleine, seiner späteren Braut. In der mythischen Dimension der Erinnerung ist das Ereignis ein Rausch der Liebe und *pietas*, eine ununterschiedene Mischung aus Begeisterung, Entsagung und Tugend, der Wunsch, das Mädchen vor der Angst, vor dem Übel, vor dem Leben zu beschützen. Sie auch vor den leichten Sitten der Tante zu bewahren, wobei allerdings deren Verführerinnenrolle im Verhältnis zu dem jungen Mann durchblickt. Über allem aber steht das Phantasma der Mutter. Der kleine Boris in den *Faux monnayeurs* führt in umgearbeiteter, aber unverhohlener Form die Kindheitstragödie von André seit dem Tod seines Vaters vor, als er selbst elf Jahre alt war und sich plötzlich völlig eingehüllt fühlte von jener Liebe der Mutter, die ihn umschloss. Das Buch von Delay lässt keinen Zweifel daran, dass Madeleine eine weiße Ehe wollte. Was aber wäre geschehen, wenn sich Madeleine André dargeboten hätte als durch das Geschlechtliche belebte Figur seiner Mutter Mathilde, der sie ähnlich sah? Madeleine ließ ihn indes in seiner Impasse, ließ ihn in dem symbolischen Entzug, in dem das mit der Mutter konfrontierte Kind nur die Zurückweisung des Genießens und die Entwicklung ihrer „Liebe“ reproduzieren kann. André besitzt nur das Wort der Liebe, das gleichzeitig schützt und verbietet; zusammen mit dem Vater hat der Tod ihm das Wort genommen, das der Begierde ein menschliches Antlitz verleiht. „Die Begierde hat nur ihre negative Spur hinterlassen, um dem Ideal des Engels Gestalt zu verleihen, der niemals von einer unreinen Berührung gestreift werden kann“ (*Écrits*, S. 754). Welches ist der Archetypus dieser reinen, „gegen die Zeit einbalsamierten“ Liebe, dieser vom Tod berührten und unsterblich gemachten Liebe für eine Frau im Jenseits? Die höfische Liebe. Beatrice.

> Wie Jean Delay nun sehr richtig betont, gibt es nichts daran, was sich nicht auf eine sehr alte Tradition stützen und den Verweis auf die mystischen Zusammenhänge der höfischen Liebe nicht rechtfertigen würde. Gide selbst schreckte nicht davor zurück, seine Verbindung, auch wenn sie bürgerlich besiegelt war, mit der mystischen Beziehung Dantes zu Beatrice zu vergleichen. Wären die Psychoanalytiker in der Lage zu verstehen, was ihr Lehrer über den Todestrieb gesagt hat, so wüssten sie auch, dass eine Erfüllung des Lebens sich mit dem Wunsch vermischen kann, ihm ein Ende zu setzen. Gides Gefühl für seine Cousine war tatsächlich der Gipfel der Liebe, wenn es stimmt, dass Lieben bedeutet, zu geben, was man nicht hat, und wenn es stimmt, dass er ihr die Unsterblichkeit gegeben hat (*Écrits*, S. 754).

3. Die entschiedenste Frontstellung gegen den ganzen Diskurs von Lacan kam bekanntlich von der ehemaligen Lacan-Schülerin Luce Irigaray mit *Speculum. De l'autre femme* und *Ce sexe qui n'en est pas un*. Sie warf Lacan vor, nicht nur das Geschlechtsverhältnis, sondern auch das weibliche Begehren und die Wirklichkeit der Frau überhaupt auszulöschen, die darauf reduziert werde, allein in der Natur der Worte zu existieren. Ihre Kritik entstand im Rahmen eines feministischen Projekts, das den Anfang machen wollte mit einer anderen Sprech- und Lebensweise, ein gewagtes Projekt, das streckenweise gewollt übertriebene Züge aufweist. Für Irigaray, die einen ganzen Essay, *Così fan tutti*, eigens zu dem Zweck verfasst hat, *Le séminaire XX. Encore* Punkt für Punkt zu widerlegen, ist Lacans Diskurs genau wie der freudsche rettungslos an die Werte der patriarchalischen Kultur und Gesellschaft geknüpft, die in das philosophische Korpus eingeschrieben sind: Eigentum, Produktion, Ordnung, Form, Einheit, Sichtbarkeit,

Erektion. Lacan bleibt ihres Erachtens in einem Phallozentrismus befangen, der die Geschlechtlichkeit, den Körper der Frau auslöscht, der bloß eine negative Theologieist, welche die Frau dem logischen oder besser logozentrischen Mechanismus bzw. Diskurs ausschließlich als Leerstelle oder Spalt einverleibt. Lacans Aufwertung des Sprechens von der Liebe sei lediglich die sicherste Art und Weise, um die phallische Ökonomie fortzusetzen, die bekanntlich mit der Wahrheit ein Bündnis eingegangen sei.

> Bliebe also nur der Genuss, von der Liebe zu sprechen. Ein Genuss, der immer schon und immer noch einer der antiken Seele ist. Und die psychoanalytische Theorie würde es unternehmen, die Wissenschaft von dieser Seele zu erarbeiten. Für ein Mehr-Genießen? Aber was? Und wessen? Und zwischen wem und wem?
> Eine impertinente Frage: der Genuss läge niemals in einer Beziehung. Es sei denn, zum Gleichen. Der narzisstische Genuss, den der Meister, der sich für einzigartig hält, mit dem des Einen verwechselt[15].

Die Einwände von Irigaray sind gewichtig, und im Übrigen steht die gesamte Theorie von Lacan im Mittelpunkt einer lebhaften Debatte, die aufgrund der ausdrücklichen Bezugnahme nicht nur auf das beunruhigendste freudsche Erbe, sondern auch auf Hegel (Herr und Knecht), Plato, Heidegger und die Probleme der Symbolisierung und der Sprache unweigerlich alle kritischen Momente der zeitgenössischen „Philosophie" berührt[16]. Stein des Anstoßes, aber auch Grund für Faszination war bei der Rezeption von Lacans Diskurs nicht zuletzt der orakelhafte Ton seines Schreibstils, der gleichzeitig evoziert, andeutet und beweist. Bei ungezwungeneren Gesprächsgelegenheiten legt sich die unbeugsame Strenge der Wahrheit zwangsläufig. So scheint mir zum Beispiel der im März 1974 in der „Scuola freudiana" (Mailand) gehaltene (und aufgezeichnete) Vortrag zentrale Themen der „Liebe", und indirekt auch der höfischen Liebe, auf zugänglichere Weise aufzugreifen. Hier sind wir weit entfernt von dem kalten und lieblosen narzisstischen Wissen, auf das manche Kritiker den Lehrer festschreiben wollen.

---

15 L. Irigaray, *Ce sexe qui n'en est pas un*, Paris: Minuit 1977, S. 100 (dt. Übers. *Das Geschlecht, das nicht eins ist*, Berlin: Merve Verlag 1977, S. 87). Siehe auch L. Irigaray, *Speculum. De l'autre femme*, Paris: Minuit 1974 (dt. Übers. *Speculum: Spiegel des anderen Geschlechts*, Frankfurt/Main: Suhrkamp 1980); Diamantis, Israel, Lemoine-Luccioni, Melman, Montrelay, Safouan, Zaltzman, *La mascherata. La sessualità femminile nella nuova psicanalisi*, hg. von N. Bassanese und G. Buzzatti, Roma: Savelli 1980; S. Vegetti Finzi, *Topologia della sessualità e cancellazione del femminile*, in: „aut aut", 177–178, 1980, S. 27–58. Eine suggestive Phänomenologie der Sprache der Liebe in Texten von Plato, Kierkegaard, Barthes, Cooper, Bataille, Lou Salomé u.a. findet man in *L'amore*, hg. von G. Caramore, Roma: Savelli 1979.

16 Unter den anregendsten Beiträgen J. Derrida, *Le facteur de la verité*, in: „Poétique", 21, 1975, S. 96–147; F. Rella, *Il mito dell'altro. Lacan, Deleuze, Foucault*, Milano: Feltrinelli 1978; F. Rella, *Il discredito della ragione*, in: *Crisi della ragione*, Torino: Einaudi 1979, S. 147–177; „aut aut", 177–178, 1980 (Themenheft zu Lacan); A. Brandalise, *Il soggetto della scienza e l'origine dell'analisi*, in: „Il Centauro", 4, 1982, S. 89–111.

> Es gibt nur eine Analyse, um sich darüber klar zu werden, dass ... dass das Geschlecht ein wesentlicher Teil dieses sprechenden Wesens ist – aber dass eines jedenfalls ausgeschlossen ist: dass man nämlich das Verhältnis eines geschlechtlichen Wesens zu einem Wesen des andern Geschlechts schreiben könnte ... es so schreiben könnte, dass sich diesem Verhältnis eine logische Bedeutung beimessen ließe. Deshalb wird die Liebe immer in Form eines Wucherns, dank unzähliger Umwege und Zickzacklinien, Austüftelungen und Wahnvorstellungen geschrieben, die – warum sollte man es nicht sagen – einen gewaltigen Raum in jedermanns Leben einnehmen. Denn wenn man jemanden auf dem Sofa sieht, wovon spricht er letztlich?... nicht nur von der Qual, die es ihm häufig bereitet, Geschlechtsverkehr zu haben, sondern auch von der Qual, die es ihm bereitet, zu wissen, wen er da eigentlich liebt.
> Wenn so viel davon gesprochen wird, dann zeigt dies, dass die Menschen nicht vorherbestimmt sind, wie man sagt, wie man gedacht hat ... dass die Menschen, die sich lieben, letztlich nicht die sind, die sich glücklich lieben, das heißt immer mit einer Flut von Missverständnissen ... nicht wahr?... sie sind einander nicht vorherbestimmt.
> Es gibt immer einen Moment, wenn Liebe da ist, *enfin on se l'imagine*, da gibt es immer auch einen Moment der Ernüchterung, und das ist etwas Ernstes, etwas furchtbar Ernstes, es reicht zu bedenken, welchen Raum dies in jedermanns Leben einnimmt[17].

Was an Lacan vielleicht am meisten beeindruckt und seine Anziehungskraft ausmacht, ist seine Fähigkeit, leise, aber unaufhörlich Unerträgliches anzudeuten, Unerträgliches, das aber ebenfalls vernehmbar ist im Diskurs von Godard, Bergman, Ferreri, Sternberg, Rohmer oder Altman – um hier nicht von der Literatur zu sprechen. Es steckt darin eine große Provokation, ebenso wie in seinem Gebrauch bestimmter Metaphern, in bestimmten unerwarteten philosophischen oder literarischen Vergleichen, die ein sehr sonderbares Licht auf die jeweiligen Gegenstände und Kulturmodelle werfen. Etwa auf Gide oder Aristoteles, auf *Der entwendete Brief* von Poe oder *De magistro* von Augustinus oder auch auf die höfische Liebe.

Unbestreitbar ist die Sprache der höfischen Liebe in der Provence des 12. und 13. Jahrhunderts kein Gespräch mit der Frau, sondern mit sich selbst, mit den eigenen Fantasiegebilden. So hat ein großer Positivist wie Alfred Jeanroy scharfsinnig, obgleich aus Mangel an Aufrichtigkeit und persönlichem Bezug gewiss verwirrt, festgestellt: „Wenn man zwar nicht das Recht hat zu behaupten, alle Lieder stammten aus derselben Feder, so ist man jedoch tatsächlich versucht anzunehmen, alle Dichter hätten ein und dieselbe Frau geliebt“[18]. Unermüdlich

---

17 J. Lacan, *Alla „scuola freudiana“*, in: *Lacan in Italia 1953–1978*, Milano: La Salamandra 1978, S. 239 (der französische Text auf S. 118).

18 A. Jeanroy, *La poésie lyrique des troubadours*, Toulouse, Paris 1934 (Reprint Genève: Slatkine 1973), Bd. 1, S. 88. Zu Geschichte und Variationen eines besonders wichtigen Stereotyps vgl. U. Mölk, *„Ange femme“ und „donna angelo“*, in: „Romanistisches Jahrbuch“, 25, 1974, S. 139–153.

dreht sich das Lied um den Liebenden in erster Person, mit einem geheimen Grauen vor der Beschreibung, der Wahrnehmung, dem Einbruch der Objektivität. Es ist der Ausdruck des Begehrens als Begehren des Subjekts, eine Selbstdarstellung des begehrenden Subjekts. Der Körper, der eigene wie der des Anderen, wird ausgeklammert. Sicher wird die *Domna* begehrt, das sagt der Text, aber am Ende wissen wir nicht genau, wie und weshalb.

Die Frau als Frau kann nicht die verschiedenen Leerstellen ausfüllen, die durch die Flucht des Signifikanten entstanden sind. Sie lässt den Liebenden auf seinem Hunger sitzen. Und der Liebende weiß, dass seine Lust, selbst wenn sie befriedigt würde, niemals mit der Erfüllung des Verlangens in eins fallen könnte, denn unbewusst begehrt er die ferne Frau, das heißt, er begehrt sie nicht, *obwohl*, sondern *weil* sie fern ist – „les ‚quoique' sont toujours des ‚parce que' méconnus"[19]. Lacan: „Höfische Liebe. [...] Das ist eine durch und durch raffinierte Weise, der Abwesenheit von Geschlechtsverhältnis zu supplieren, indem fingiert wird, dass wir es sind, die hier Hindernis aufrichten" (*Sém. XX*, S. 65/S. 76).

Die Sehnsucht des höfischen Liebenden ist in steter Regung, aber sie kann nie erfüllt werden, wenn sie sich nicht selbst verleugnen will:

> E pueis estai
> lo dezirs, c'oltra no vai,
> non cre de negun aman
> que pueis am'ab fin talan[20].
>
> (Und wenn das Verlangen sich nicht regt und nicht weiterführt, dann glaube ich von keinem Liebenden, dass er noch edel liebt).

Bisweilen erkennt sich das Subjekt, der Liebende als notwendigerweise von der Befriedigung und der Lust losgelöst und schwankt zwischen der Furcht vor der Entdeckung einer Leere, eines *manque*, und einem in der Akzeptanz des Gesetzes-um-des-Gesetzes-willen desto heldenhafteren, verdienstvolleren Voluntarismus. Zwischen diesen Alternativen hat ein wichtiges Thema, nämlich das Thema der Fiktion, seinen Ort, das sicher systematisch erforscht zu werden verdiente:

> Ma donn'Ysabella, valor
> ioi e pretz e sen e saber
> soliatz qec iorn mantener,
> e s'ieu en dizia lauzor
> e mon chantar, no·l dis per drudaria
> mas per honor e pron q'ieu n'atendia

---

19 M. Proust, *A la recherche du temps perdu*, Paris: Gallimard 1954 („Bibl. de la Pléiade"), I, S. 438.

20 Peirol-Dalfin D'Alvernha, *Dalfi, sabriatz me vos*, V. 21ff., zit. nach der Ausg. von S. C. Aston, Cambridge: The University Press 1953, S. 146.

si con ioglars fai de domna prezan;
mas chascus iorn m'es anada cambian![21]

(Madonna Isabella, Wert, Freude und Trefflichkeit und Verstand und Weisheit bewahrtet Ihr stets, und wenn ich sie in meinen Liedern pries, so tat ich es nicht aus Liebe, sondern um der Ehre und des Vorteils willen, die ich mir davon versprach, wie ein Spielmann es mit einer Edeldame tut; aber mehr und mehr haben sich die Dinge für mich ins Schlimme gewandt).

Bis hin zu der komplexen „Fiktion" von Raimbaut von Orange mit ihrer Hyperbolik und dem Paradox zwischen Abgrund und der Maske des *fool*:

Son ben aurans, car per talan
solamen so franc et humans
de dir ves leis ben ni·m fas gai;
que·m val si per leis trag mal gran,
si lo mal qu'en trac no sap lai?
mi eis voil d'aitan escarnir?

Ben so trafans qu'eu eis m'engan,
car dic aiso tan que vilans:
cals pros me creis s'ieu mal trai
per leis, s'il no sapia l'afan?
no m'es doncs pros e be no·m vai
si·m pens que tan ric joi desir?[22]

---

[21] Elias Cairel-Isabella, *N'Elias Cairel, de l'amor*, V. 9ff., zit. nach der Ausg. von G. Bertoni, *I trovatori d'Italia*, Modena 1915 (Reprint Roma: Multigrafica Editrice 1967), S. 471. Schon E. Wechssler erkannte die Bedeutung des Fiktionsthemas in seinem Buch *Das Kulturproblem des Minnesangs*, Tübingen: Niemeyer 1909 (Reprint Osnabrück: Otto Zeller 1966), ein chaotisches, aber ideenreiches Werk, das noch heute von großem Interesse ist. Wechsslers Hauptthese, die unter den Verfechtern der „Aufrichtigkeit" der höfischen Liebe sowie jedes anderen edlen Gefühls stürmische, indignierte Reaktionen auslöste, ist, dass das Minnelied lediglich ein „politischer Panegyrikus" in der Form persönlicher Huldigung sei. Zur Beziehung zwischen höfischem Verhaltenskodex und Trobadorbiographien (*Vidas*) siehe D. Rieger, *Bona domna und mala domna. Zum „roman d'amour" des Trobadors Uc de Saint-Circ*, in: „Vox Romanica", 31, 1972, S. 76–91; G. Folena, *Tradizione e cultura trobadorica nelle corti e nelle città venete*, in: *Storia della cultura veneta. Dalle origini al Trecento*, Vicenza: Neri Pozza 1976, Bd. I, S. 452–462 (zu Uc de Saint-Cirq S. 518–537); M.L. Meneghetti, *„Enamoratz" e „fenhedors". Struttura ideologica e modelli narrativi nelle biografie trobadoriche*, in: „Medioevo romanzo", 6, 1979, S. 271–301.

[22] Raimbaut d'Aurenga, *Pos trobars plans*, V. 17ff., ed. W. T. Pattison, Minneapolis: The Univ. of Minnesota Press 1952, S. 119. Ich folge hier der Textfassung von L. Milone, *Raimbaut d'Aurenga tra „fin'amor" e „no-poder"*, in: Romanistische Zeitschrift für Literaturgeschichte", 7, 1983, S. 127. Zu Raimbaut vgl. E. Köhler, *No sai qui s'es – No sai que s'es (Wilhelm IX. von Poitiers und Raimbaut von Orange)*, in: *Mélanges M. Delbouille*, Gembloux: J. Duculot 1964, Bd. II, S. 349–366 (wiederabgedruckt in: E. Köhler, *Esprit und arkadische Freiheit*, Frankfurt/Main: Athenäum 1966, S. 46–66) sowie L. Milone, *Retorica del potere e poetica dell'oscuro: da Guglielmo IX a Raimbaut d'Aurenga*, in: *Retorica e poetica*, Padova: Liviana 1979, S. 147–177.

(Ich bin wirklich ein Narr, weil ich allein aus dem Wunsch, gut von ihr zu sprechen, offenherzig und freundlich bin und mich fröhlich gebe; was habe ich davon, wenn ich so sehr um ihretwillen leide, wenn sie da den Schmerz, der mir daraus erwächst, nicht kennt? Will ich mich selbst so sehr zum Narren halten?/ Ich bin wirklich ein Betrüger, weil ich mich selbst täusche, wenn ich diese Dinge sage wie ein Flegel: Welchen Vorteil habe ich davon, wenn ich um ihretwillen leide, ohne dass sie den Kummer kennt? ist es mir etwa nicht nützlich und tut es mir nicht gut, wenn ich denke, dass ich eine so reiche Freude (*ric joi*) ersehne?)

Ehre und Vorteil. *Ric joi*. Wo das Fiktionsthema explizit wird, spricht es die gesamte Feudalmetaphorik an: den Lehnsdienst, die Wechselseitigkeit der Verpflichtungen, den Mythos von der ideellen Gleichheit zwischen niederem Adel und Aristokratie, die Mechanismen der Machtlegitimation[23].

Ein Soziologismus? Selbst Lacan weist darauf hin, dass die symbolische Dimension des Phänomens höfischer Liebe im Sozialen wurzelt. Selbstherrlich, ohne sich zu fragen, ob es Interpretationen in diesem Sinne gibt – wohl aus Misstrauen gegenüber den *érudits-clowns* – fordert er: „Statt zu schwimmen auf dem Paradox, dass die höfische Liebe erschienen ist in der Feudalepoche, hätten die Materialisten hier eine großartige Gelegenheit zu zeigen, wie sie sich einwurzelt in den Diskurs der Vasallentreue, der Treue zur Person. Letzten Endes, die Person, das ist immer der Diskurs des Herren" (*Sém. XX*, S. 65/S. 76).

4. Tatsächlich ist die feudale Komponente so tief in den Diskurs der höfischen Liebe eingeschrieben, dass dieser sich mitunter spaltet und gleichsam nur zweigleisig fortgeführt werden kann. Es sind wertvolle Verknüpfungen, denn sie offenbaren auf der Ebene der formalen Struktur das Zusammenspiel und den erstaunlichen Parallelismus zwischen zwei Sphären: der Sphäre des Eros, der Lust, des Dienstes und des Begehrens und der Sphäre des Lehens, der Macht, und wiederum des Dienstes und des Begehrens. Besonders nachdrücklich tritt das Phänomen in den Liedern von Peire Vidal zu Tage. Ich beschränke mich hier auf ein einziges Beispiel und bezeichne die beiden Sphären mit I und II:

I	Plus que·l paubres, quan jai el ric ostal,	
	que noca·s planh, sitot s'a gran dolor,	planh, dolor
	tan tem que torn az enuech al senhor,	enuech
II	no m'aus plaigner de ma dolor mortal.	planh, dolor
	Be·m dei doler, pos ella·m fai orguelh,	
	que nulha re tan no dezir ni vuelh;	

23 Vgl. E. Köhler, *Trobadorlyrik und höfischer Roman*, Berlin: Rütten und Loening 1962; *Observations historiques et sociologiques sur la poésie des troubadours*, in: „Cahiers de Civilisation Médiévale", 7, 1964, S. 27–51 (wiederabgedruckt in: *Esprit und arkadische Freiheit*, Frankfurt/Main: Athenäum 1966, S. 9–45); *Sens et fonction du terme „jeunesse" dans la poésie des troubadours*, in: *Mélanges R. Crozet*, Poitiers: Éd. du Cescm 1966, S. 569–583.

sivals d'aitan no·lh aus clamar merce,
tal paor ai que no s'enuech de me[24]. enuech

(Mehr noch als der Arme, der in einem reichen Palast wohnt und sich nie beklagt, auch wenn er großen Schmerz leidet, aus Furcht, seinen Herrn zu verärgern, wage ich es nicht, mich über meinen tödlichen Schmerz zu beklagen. Ich habe guten Grund zu leiden, weil sie so hochmütig ist, denn nichts wünsche und ersehne ich so sehr; dennoch wage ich nicht, sie um Mitleid zu bitten, aus Angst, sie könnte sich über mich ärgern).

Unbestreitbar hatte die höfische Liebe aber die Kraft, sich als beherrschendes Kulturmodell durchzusetzen, mit einer Vermischung oder Verschmelzung der Sphären, wo Frau und Feudalität ein und dasselbe sind, wo der Ritterdienst völlig im Liebesdienst aufgeht, vergeistigt und verinnerlicht wird, wo der *discours du maître* das Reich des negativen Eros betritt. Wo Illusion und Fiktion einander in wechselseitigen Spiegelungen verfolgen.

Bei Jaufre Rudel erwächst aus der Spannung zwischen der beharrlichen Präsenz der *Domna* im Verlangen und der Notwendigkeit des Ideals (das Gesetz, das verbietet) Sehnsucht nach Verdammnis und Errettung zugleich. Der Körper der Dame ist fern, *de lonh*, aber er ist, in einer faszinierenden Raumgestaltung, als Traum, als quälender Gedanke zugegen. Den Fokus bildet das wie ein ursprünglicher Fluch auf ihm lastende Verlangen, das für immer Versagte, vom Verbot Umschlossene zu begehren, wie folgende berühmte Verse gestehen:

Ver ditz qui m'apella lechai
ni deziron d'amor de lonh,
car nulhs autres jois tan no·m plai
cum jauzimens d'amor de lonh.
Mas so qu'ieu vuelh m'es atahis,
qu'enaissi·m fadet mos pairis
qu'ieu ames e non fos amatz[25].

---

24 Peire Vidal, *Plus que·l paubres quan jai el ric hostal*, V. 1ff., zit. nach der Ausg. von A. S. Avalle, Milano, Napoli: Ricciardi 1960, S. 322. Das Thema der „Lehnspflicht des Liebenden“ wurde von E. Wechssler in seinem berühmten Artikel *Frauendienst und Vassalität*, in: „Zeitschrift für französische Sprache und Literatur“, 24, 1902, S. 159–190, ermittelt. Einen Überblick über die Frage gibt M. de Riquer, *Los trovadores*, Barcelona: Editorial Planeta 1975, Bd. I, S. 77–85. Siehe auch J. Le Goff, *Le rituel symbolique de la vassalité*, in: ders., *Pour un autre Moyen Age*, Paris: Gallimard 1977, S. 349–420. Eine Gesamtuntersuchung zur „Lehnspflicht der Liebenden“, die gleichzeitig ideologische und formale Aspekte berücksichtigen würde, steht noch aus. Zur Verschmelzung höfischer Themen und petrarkistischer Liebe am Hofe der Tudor vgl. M. Domenichelli, *Wyatt. Il liuto infranto*, Ravenna: Longo 1975, insbesondere *Petrarchismo Tudor*, S. 121ff., und *La ruota della fortuna*, S. 151ff.

25 Jaufre Rudel, *Lanquan li jorn son lonc en mai* (P. C. 262,2), V. 43ff., zit. nach der Ausg. von A. Jeanroy, 2. Aufl., Paris: Champion 1924, S. 15. In einem lacanschen Diskussionszusammenhang nimmt V. Finzi Ghisi, *Archeologia dell'„avanzante“*, in: *Crisi del sapere e nuova razionalità*, Bari: De Donato 1978, S. 38–43, auf die Fernliebe von Jaufre Rudel Bezug. Für

(Wahres sagt, wer mich begierig und verlangend nach ferner Liebe nennt, denn keine andere Freude behagt mir so sehr wie die ferne Liebe. Aber was ich will, ist mir versagt, weil mir mein Pate in die Wiege legte, zu lieben und nicht geliebt zu werden).

Manchmal, wie etwa in *No sap chantar qui so non di*, mag Jaufre Rudel das Motiv in selbstironischer Weise variieren und in Richtung des Prahllieds (*Gap*) entfalten: „Das Paradox der unerfüllbaren Liebe bietet sich für die Ironie an: Noch ein Schritt und der Verliebte, der sich, schwankend zwischen den Extremen, in einem seiltänzerischen Gleichgewicht hält, sieht sich selbst auf dem Seil tanzen, wird sich seiner Gefühlsvirtuosität bewusst und erkennt deren lächerliche Seite“[26]. Aber man sollte es damit nicht übertreiben und die Ironie nicht zu einer Hauptinterpretationskategorie erheben. Die Ironie ist der Moment, da Rudel mit einem Anflug von Leichtfertigkeit und Eitelkeit eine Gefühlsvirtuosität zur Schau stellt, die ihrem Wesen nach indes Bedürfnis nach Fatalität, Wunsch nach Selbstzerstörung, Wollust der Selbsterniedrigung ist: „Wilhelm IX. *fühlt sich* seinen Träumen *überlegen*: keiner von ihnen umschreibt oder erschöpft seine Persönlichkeit, die immer noch weitere Träume hervorbringen kann. Jaufre *unterwirft sich* seinem Traum einer ‚verhängnisvollen‘ Liebe“[27].

Im Gegensatz dazu herrscht bei Bernart de Ventadorn, wo die Liebe Rausch, *joi*, Gesang, Innerlichkeit und kosmisches Glück bedeutet, der Stolz des Subjekts (und Dichters) vor, im Wettstreit mit der Macht des Fürsten[28]. Bernart sieht in der Dame weder einen realen noch einen mit den Bedeutungen des Feudalsystems verknüpften symbolischen Gegenstand. Sie scheint für ihn nur als unbestimmte Möglichkeit der Verherrlichung des Ichs, als Vorwand für einen Wunsch nach Selbstbehauptung zu existieren, der nichts mit ihr zu tun hat.

---

eine soziologische Auslegung vor dem Hintergrund des Lehnswesens siehe U. Mölk, *Trobar clus – trobar leu*, München: Fink 1968, S. 35–39 und 50–60; M. Majorano, *Lingua e ideologia nel canzoniere di Jaufre Rudel*, in: „Annali dell'Istituto Universitario Orientale di Napoli“, Sez. Romanza, XVI, 1974, S. 159–201, und E. Köhler, *„Amor de lonh“, oder: der „Prinz“ ohne Burg*, in: *Orbis Mediaevalis. Mélanges … R. Bezzola*, Bern: Francke 1978, S. 219–234, auch in: *Literatursoziologische Perspektiven. Gesammelte Aufsätze*, Heidelberg: Winter 1982, S. 46–61. Zu Raum und Zeit bei Rudel siehe M. Allegretto, *Il luogo dell'amore. Studio su Jaufre Rudel*, Firenze: Olschki 1979. Auf die Ironie hebt insbesondere ab M. L. Meneghetti, *Una „vida“ pericolosa. La „mediazione“ biografica e l'interpretazione della poesia di Jaufre Rudel*, in: „Cultura neolatina“, 40, 1980 („Studi di filologia romanza e italiana offerti a Gianfranco Folena dagli allievi padovani“), S. 145–163.

26 L. Spitzer, *L'amour lontain de Jaufre Rudel et le sens de la poésie des troubadours*, Chapel Hill 1944, mit einigen Änderungen und einer Postille wiederabgedruckt in: ders., *Romanische Literaturstudien (1936–1956)*, Tübingen: Niemeyer 1959, S. 363–417. Dieser klassische, wunderbare Beitrag ist bei jeder Lektüre neu. Er steht jetzt auch in dem Band *Études de style*, Introd. de J. Starobinski, Paris: Gallimard 1980, S. 81–133, nach dem ich zitiere; hier S. 97.

27 L. Spitzer, *L'amour lontain*, zit., S. 122.

28 Siehe im vorliegenden Band *Fürst und ‚joi‘. Zu den Liedern von Bernart de Ventadorn.*

Jaufre Rudel, das Verlangen nach dem Verbot. Bernart de Ventadorn, der Stolz des Subjekts. Bei wieder anderen Trobadors (vor allem aus dem 13. Jahrhundert) bezeichnet der unüberbrückbare Abstand der Dame tendenziell die Räume des Ideals. Ruhige, dem Begehren entzogene, aber nicht minder gewaltige Räume. Metaphysische Räume. Die Dame als Spiegel jeglicher Tugend, als Vollkommenheit, höchstes Gut. Hier zwei Beispiele:

> Tant pes en lieys e tan l'am coralmens
> que nueyt e jorn tem falh'al pensar,
> quar de beutat ni de pretz non a par,
> per que·l devon esser obediens
> las plus prezans; quar enaissi es guitz
> per dreg guidar, sos gens cors ben aibitz,
> las proz en pretz, cum las naus en mar guida
> la tramontana e·l fers e·lh caramida[29].

> (Ich denke so viel an Euch und liebe Euch so von Herzen, dass ich fürchte, Tag und Nacht reichen nicht, um an Euch zu denken, denn an Schönheit und Tugend gibt es nicht Euresgleichen, deshalb müssen die trefflichsten Frauen hinter Euch zurückstehen; denn Ihr, freundlich und vollkommen, leitet die Tüchtigen auf dem Weg des rechten Werts, wie Polarstern und Magnetnadel die Schiffe auf See leiten).

> „Belhs Diamans“ devetz be nom aver,
> qu'aissi cum es bels dias resplandens
> clartatz del mon, dompn', etz vos onramens
> d'autras dompnas, don deu om retener
> vostres rics faitz de vezer e d'auzir;
> et atressi cum en un mirador
> vezon li uelh manta belha color,
> pot om en vos tot autre ben chausir,
> per que·m plai mout lo lauzars e l'espandres[30].

> („Schöner Diamant“ werdet Ihr zu Recht genannt, denn wie ein strahlender Tag das Licht der Welt ist, so seid Ihr, Frau, die Zierde der anderen Frauen; und Eure edlen Taten müssen in Erinnerung bleiben, wer sie sieht oder hört; und wie die Augen in einem Spiegel viele schöne Farben sehen, so kann man in Euch jedes andere Gut erblicken: deshalb gefällt es mir, Euer Lob zu singen und zu verbreiten).

Orientierung und Führung. Vorbild an Tugend, Quell jeden Guts. Von der Liebe zur Liebe zum Guten, zur Erkenntnis. Zu einem aristotelischen Denkzusammenhang … über Lacan. Das höchste Gut. Erkenntnis, die Liebe, Liebe, die Erkenntnis ist. Es ist das Prinzip, das mit Aristoteles die abendländische Wissen-

---

29 Sordello, *Aitant ses plus viu hom quan viu jauzen*, V. 9ff., zit. nach der Ausg. von M. Boni, Bologna: Lib. Palmaverde 1954, S. 7ff.

30 Guiraut de Calanso, *Los grieus dezirs que·m solon far doler*, V. 19ff., zit. nach der Ausg. von W. Ernst, „Romanische Forschungen“, 44, 1930, S. 305ff.

schaftstradition begründet – freilich unter Ausschaltung des Besonderen, des Anderen, des Körpers[31]. „[D]ieses höchste Sein, dixit Aristoteles, [kann] nichts anderes sein [...] als der Ort, von dem aus gewusst wird, welches das Gut aller anderen ist" (*Sém. XX*, S. 101/S. 120).

Aber der Andere, von dem man glaubt, er kenne das Gut des Subjekts und er kenne auch das Begehren des Subjekts, ist einer der Fallstricke der interpersonalen Beziehung und ein zentrales Thema Lacans. Es reicht, an den Apolog vom chinesischen Restaurant zu erinnern[32]. Die Übersetzungen des chinesisch geschriebenen Menüs durch die Wirtin – „Kaiserpastete, Frühlingsrollen" – sagen dem uneingeweihten Gast herzlich wenig, so dass er sie schließlich bittet, ihm zu raten. Er hat sich der Eingebung der Wirtin anvertraut, die sich in ihrer Wichtigkeit aufbläst. Warum also nicht sie begehren, ihr vielleicht auch ein bisschen an die Brüste langen? Die Wirtin ist durch Übertragung zu einem erotischen Objekt geworden, denn die Bitte des Gastes, ihm zu raten, heißt so viel wie: „Sie müssen wissen, was ich hier herinnen soll / que je désire là-dedans / hier herinnen begehre".

An oberster Stelle der aristotelischen Stufenleiter des Seins steht genau dieser Andere, jedoch verabsolutiert, erstarrt, Lichtjahre entfernt, in die höchste Sphäre der Unbeweglichkeit verwiesen:

> Dass es ein Sein gibt derart, dass alle anderen Sein, die weniger Sein sind als es, keine andere Absicht haben können, als das meiste Sein zu sein, das sie zu sein vermögen, das ist hier das ganze Fundament der Idee des Guten in dieser Ethik des Aristoteles, auf die sich zu beziehen ich Sie ermuntert habe, um die Unwege davon zu erfassen. Wenn wir uns jetzt stützen auf die Anschreibungen dieser Tafel, zeigt sich sicherlich, dass eben an dem Platz, dem opaken, des Genießens des Anderen, dieses Anderen, als welches sein könnte, wenn sie existierte, die Frau, jenes höchste Sein situiert ist, mythisch offenbar bei Aristoteles, jene unbewegte Sphäre, woraus alle Bewegungen hervorgehen, welche es auch seien, Wechsel, Zeugungen, Bewegungen, Übertragungen, Steigerungen etc. (*Sém. XX*, S. 77/S. 89f.).

Die Liebe, die Sonne und Sterne bewegt. Die Liebe zum Sein, das an die Stelle des Anderen, des Körpers, der Frau getreten ist, die seine Umkehrung darstellt oder seine gewaltsame Aufhebung. Beatrice.

Leere, Distanz, Hindernis, bei Aristoteles wie bei Jaufre Rudel, auch wenn der opake Platz des Genießens des Anderen bei dem Trobador noch durch das Trugbild der *Domna* angedeutet wird. Aristoteles und Jaufre Rudel: Was ist das für eine seltsame Verbindung? Ich bin einem Wink, einem *clin d'oeil* Lacans nachgegangen. An einem bestimmten Punkt der unvorhersehbaren Wege des

---

31 Vgl. M. Vegetti, *Il coltello e lo stile. Animali, schiavi, barbari, donne, alle origini della razionalità scientifica*, Milano: Il Saggiatore 1979.

32 In der 20. Vorlesung von J. Lacan, *Le séminaire. Livre XI. Les quatre concepts fondamentaux de la psychanalyse* (1964), Paris: Seuil 1973 (dt. Übers. *Das Seminar. Buch XI. Die vier Grundbegriffe der Psychoanalyse*, Weinheim, Berlin: Quadriga 1987, S. 283f.).

Séminaire XX waren die beiden Personen einander nämlich begegnet: „Die höfische Liebe [...]. Es ist auf diesem Weg, dass ich zu tun haben werde – später, denn heute muss ich ein bestimmtes Feld durchackern – mit dem Begriff des Hindernisses, mit dem, was, bei Aristoteles – trotz allem, ich ziehe Aristoteles Geoffrey Rudel vor – sich eben Hindernis nennt, die *énstasis*" (*Sém. XX*, S. 65/S. 76f.).

5. Die höfische Liebe markiert für Lacan gewisserweise eine Epoche, die aber keine Aufhebung, keine mögliche Synthese kennt:

> Die Erfindung der höfischen Liebe ist durchaus nicht die Frucht dessen, was man für gewöhnlich in der Geschichte mit *These-Antithese-Synthese* symbolisiert. Und es hat dann auch nicht die geringste Synthese gegeben, wohlgemerkt – die gibt es übrigens nie. Die höfische Liebe erstrahlte in der Geschichte wie ein Meteor, und man hat wiederkehren sehen in der Folge den ganzen Plunder einer angeblichen Renaissance antiker Druschgeschichten. Die höfische Liebe ist rätselhaft geblieben. (*L'amour courtois a brillé dans l'histoire comme un météore et on a vu revenir ensuite tout le bric-à-brac d'une renaissance prétendue des vieilleries antiques. L'amour courtois est resté enigmatique*).
>
> Es gibt da einen kleinen Einschub – wenn eins zwei macht, gibt es nie ein Zurück. Das läuft nicht darauf hinaus, von neuem eins zu machen, selbst nicht ein neues. Die Aufhebung ist einer dieser hübschen Träume von Philosophie.
> Nach dem Meteor der höfischen Liebe kam, aus einer ganz anderen Partitur, das, was diese auf ihre erste Nichtigkeit zurückwarf. Es bedurfte keines geringeren als des wissenschaftlichen Diskurses, also eines, das in nichts den Annahmen der antiken Seele verpflichtet ist.
> Und allein daraus tauchte die Psychoanalyse auf, nämlich die Objektivierung dessen, dass das sprechende Sein noch Zeit zubringt, zu sprechen in reinem Verlust (*Sém. XX*, S. 79/S. 93).

Erst mit der höfischen Liebe – vor dem wissenschaftlichen Diskurs – und danach mit der Psychoanalyse: die Nichtigkeit des Sprechens von der Liebe, aber zugleich dessen Unvermeidbarkeit. Von der Liebe sprechen, sprechen in reinem Verlust. Lacans Argumentation gibt den tieferen Grund für das an, was die Fachkritik auf der Ebene der Poetik und Rhetorik bereits herausgearbeitet hatte. Der ganze Formalismus des *grand chant courtois*, sein Nicht-Realismus – der Liebende beschreibt den Gegenstand seiner Liebe nicht, nimmt ihn nicht in seiner Individuation, in seinem Körper wahr, vermag ihn nicht zu sehen, aber spricht von ihm –, die beharrliche, „monotone" Wiederkehr der Clichés, das faszinierende, trunkene (aber auch in die Fiktion verstrickte) *piétiner sur place* des ins Wort eingeschlossenen Liebenden: Was ist all dies, wenn nicht ein „Sprechen von der Liebe"? So schreibt Robert Guiette: „Das höfische Lied [...] ist eine künstlerische, eine theoretische Schöpfung. Mit sämtlichen Elementen der Tradition suchen [die Trobadors] einen ‚Gegenstand', eine neue Realität zu schaffen. Ihr Ziel ist kein Geständnis, sondern ein Lied. Das Spiel, das sie spielen, heißt ‚Komposition': Entfaltung bekannter Elemente, Ausarbeitung eines endgültigen Wortzusammenhangs, eines zu singenden Textes, eines gesungenen Textes"[33]. Oder um es in der Sprache des Kritikers und Lotman-Schülers Michael Meylakh zu sagen: „Die poetische Sprache selbst hat eine modellierende, strukturierende Qualität und vermag das höfische Universum auf bestimmte Weise zu organisieren"[34]. Oder, noch besser, mit den Worten von Bernart de Ventadorn:

Tant ai mo cor ple de joya,
tot me desnatura.
Flor blancha, vermelh' e groya
me par la frejura,
c'ab lo ven et ab la ploya
me creis l'aventura,
per que mos pretz mont'e poya
e mos chans melhura.
Tan ai al cor d'amor,
de joi e de doussor,
per que·l gels ne sembla flor
e la neus verdura[35].

(Mein Herz ist so voller Freude, dass alles um mich herum seine Natur ändert. Weißes, rotes und gelbes Blühen scheint mir die Kälte, mit dem Wind und mit dem Regen wächst mir das Glück und mein Wert steigt und mein Gesang gewinnt. So viel Liebe habe ich im Herzen und so viel Freude und Süße, dass der Frost mir wie Blüte scheint und der Schnee wie Grün).

Singen bedeutet, eine gelungene Klangharmonie zu erzeugen, das Lied auszuführen, Freude zu manifestieren, der Liebe Ausdruck zu geben, zu lieben: „*Singen*, das *lieben* bedeutet (und umgekehrt), eine Handlung ohne Gegenstand, die im Verlauf ihrer Entfaltung, für die Dauer einer gewissen Anzahl von Strophen, ihre eigene Substanzialisierung erzeugt, das *Lied*, das *Liebe* ist (und umgekehrt)"[36].

Das Reich des Gesangs und des *joi*, der Liebesworte. Doch welche Liebe? Welche Frau? Welcher Liebende? Liebe wozu? Für wen? Zwischen wem? In dem Moment, da Lacans Diskurs für den Bereich der höfischen Liebe wie für andere Bereiche seine größte Suggestivkraft ausstrahlt, drängen sich unweigerlich Luce Irigarays Fragen auf:

---

33 R. Guiette, *D'une poésie formelle en France au Moyen Age*, in: „Revue des sciences humaines", 54 (April-Juni 1949), dann in einem selbstständig erschienenen Band, Paris: Nizet 1972, nach dem ich zitiere (S. 29–30).

34 M. Meylakh, *The structure of the courtly universe of the troubadours*, in: „Semiotica", 14, 1975, S. 61–80, hier S. 63.

35 Bernart de Ventadorn, *Tant ai mo cor ple de joya*, V. 1ff., zit. nach der Ausg. von C. Appel, Halle: Niemeyer 1915, Nr. 44.

36 P. Zumthor, *De la circularité du chant*, in: „Poétique", 2, 1970, S. 129–140, hier S. 136.

> Wie kann es dann Liebe oder Genuss des Anderen geben? Wenn nicht, indem man davon spricht. Indem man den Abgrund der negativen Theorie umschreibt, nur um sich in einem Stile – der höfischen Minne? – zu ritualisieren. Indem man den Anderen als Grenze streift, ihn dann aber in den Figuren, den Ziselierungen, den Signifikanten, in (den) Liebesbriefen sich wiederaneignet. Sich des Anderen bemächtigt, mit ihm sich schmückt, sich in ihn hineindrängt, in ihn hineinstößt, um miteinander zu sprechen: dieses Sprechen von der Liebe. Indem man im Diskurs miteinander vom Anderen spricht, um miteinander von der Liebe zu sprechen. [...]
> Heute ist das Lehen der Diskurs. Der ‚unmögliche schlechte Traum der sogenannten Feudalzeit' hat nicht aufgehört, darauf abzuzielen, ihm seine Ordnung aufzuzwingen. Eher steigert er sich noch an Feinheiten bei den Objekten und Aneignungsweisen. In den Verfahren der (Neu-)Bestimmung der Domänen. Der Umgarnung derjenigen, die bereits Grundbesitz, Herren und Vasallen haben[37].

In ihrer drängenden Bestimmtheit zwingen diese Fragen unter anderem dazu, die höfische Liebe in ihrem Glanz und Elend zu „historisieren", entgegen ihrer möglichen Verwendung als metahistorische und metaphysische existenzielle Metapher. Man kann nämlich auch eine Geschichte des Modells höfischer Liebe verfolgen, was nichts anderes heißt, als die konkrete Spezifik ihrer Funktionen – ihre Gleichheit/Andersheit im Verhältnis zum Lehnswesen, ihre Funktionen der Kommunikation und Konsensstiftung – ebenso wie ihre Aporien zu verfolgen: das In-Erscheinung-Treten eines aristokratischen Materialismus unter den Trobadors (Wilhelm IX., Raimbaut von Orange), das Nebeneinander von höfischem Idealismus und niedrig-obszönen Ebenen, das große Thema der Fiktion.

Die höfische Liebe also als altes und jetzt (in der psychoanalytischen Wissenschaft) erneuertes Sprachritual, als Stil, der „den Spalten im Sagen, [...] der Kluft des Anderen, dem Halb-Gesagten [...] Beachtung und Aufmerksamkeit schenkt. Und nicht ohne Koketterien, ohne Verführungen, Intrigen, Rätsel"?[38] Lacan als Träger eines neofeudalen Narzissmus, als Fürsprecher einer rigiden phallischen Ökonomie durch die negative Theologie des analytischen Diskurses? Ein manieriertes Bild wie dieses droht aus übermäßigem Kampfgeist, aus dem Wunsch nach Autonomie des Begehrens, allzu vieles im Dunkeln zu lassen, nicht zuletzt, weil es nicht zur Kenntnis nehmen will, dass eine ganze Reihe denkbarer Verhaltensanalogien zwischen der höfischen Liebe und dem psychoanalytischen Diskurs – die Rolle des Symbolischen, Verdrängung und Übertragung – vielleicht weniger den Willen zur Herrschaftsausübung, als vielmehr die *Impasses*, die Glücksmomente und Illusionen der Liebe widerspiegeln.

Präsenz und Abwesenheit, Dominanz, Fiktion und Übertragung, die Sprache der Liebe. Der höfischen Liebe. Sie zeigt, wie eine alte Form noch immer imstande ist, metaphorisch die Subjektivität des Subjekts, seine Kontingenz, sei-

---

37 L. Irigaray, *Ce sexe*, zit., S. 100/S. 87f.

38 Ebd., S. 101/S. 88f.

ne möglichen und unmöglichen Wünsche zu befragen, und das Fehlen, die Präsenz (Fort! Da!) und das Begehren des Anderen zu symbolisieren. „Je te demande de refuser ce que je t'offre, parce que ce n'est pas ça".

Fürst und „joi“.
Zu den Liedern von Bernart de Ventadorn

1. Der poetische Weg von Bernart de Ventadorn, der seit jeher als Liebesdichter *par excellence* aus der Schar der Trobadors hervorstach, scheint ganz und gar im Kosmos des *joi*, in den abstrakten Gefilden der entrückten, zeitlosen Empfindung aufzugehen. Bezeichnenderweise schreibt Moshé Lazar: „Bernart geht über die Tradition seiner Vorgänger und Zeitgenossen hinaus und verleiht den Themen der *fin'amor* eine emotionale Intensität, wie sie im Mittelalter kaum ihresgleichen hat. Auch wenn sein poetischer Wortschatz dem anderer Trobadors gleicht, hat er doch einen anderen Klang und strahlt eine andere Wärme aus“[1]. Niemand also abwechslungsreicher in seinen Empfindungen, niemand tiefer in seiner Inspiration, niemand aufrichtiger in seinem Gesang.

Angesichts eines so großen und berechtigten Enthusiasmus sollte man sich jedoch fragen, ob der größeren Gefühlsintensität, der besonderen Gefühlsbegabung nicht eine andere Entwicklung der existenziellen und theoretischen Elemente, eine andere „Position“ Bernarts entspricht. Wird in der allusiven, lyrischen Dichtung von Bernart eine konkrete gesellschaftliche Wirklichkeit fassbar?

Für die Frage nach der „Spezifik“ Bernarts gilt es bei den bemerkenswerten Ergebnissen der *théorie formelle* auf dem Feld der höfischen Lyrik – der Linie Guiette-Dragonetti-Zumthor[2] – anzusetzen, der wir die endgültige Überwindung der zweideutigen Kategorie der Aufrichtigkeit und die Definition der Kanzone als rhetorisches Kommunikationssystem verdanken. Weniger annehmbar erscheint dagegen das von der *théorie formelle* formulierte Prinzip der tendenziellen Unwandelbarkeit des höfischen Rituals – „Les chansons courtoises sont faites pour être des réussites et non des expressions“[3] –, denn dieses Prinzip verkennt letztlich die Möglichkeit thematischer wie ideologischer Abwandlungen der höfischen Botschaft. In diesem Sinne überzeugen – bei aller Nützlichkeit – weniger die totalisierenden Kategoriebildungen zu den Stilregistern – ein Repertoire, das den „höfischen Antrag“, die „idyllische Liebe“, das „schöne Leben“, die „freudvolle Zeit“ oder die „Liebeslust“ umschließt[4] – oder zu den Gegensätzen und Überschneidungen zwischen unterschiedlichen Registern[5] als die Einzelun-

---

1 Bernard de Ventadour, *Chansons d'amour*, éd. par M. Lazar, Paris: Klincksieck 1966, S. 9.

2 R. Guiette, *D'une poésie formelle en France au moyen âge* (1949), Paris: Nizet 1972; R. Dragonetti, *La technique poétique des trouvères dans la chanson courtoise*, Brugge: De Tempel 1960; P. Zumthor, *Langue et techniques poétiques à l'époque romane (X-XIII siècles)*, Paris: Klincksieck 1963, und *Essai de poétique médiévale*, Paris: Seuil 1972.

3 Guiette, *Poésie formelle*, zit., S. 38.

4 Zumthor, *Langue et techniques*, zit., Kap. III.

5 Zumthor, *Essai*, zit., S. 245ff.

tersuchungen. Ich denke vor allem an Zumthors Untersuchungen zu *La douce voiz du louseignol sauvage* von Châtelain de Couci, zu Adam de la Halle – zwischen semantischer Kontinuität der Kanzonen und Andersheit und Zersplitterung des *Congé* – oder zu Charles d'Orléans, der in seiner Poetik einerseits auf die innere Harmonie zurückgezogen ist, eine letzte Verkörperung der ursprünglichen *poésie registrale*, andererseits aber auf lexikalischer wie syntaktischer Ebene und in der Wahl seiner Bilder begierig die komplexe Vielschichtigkeit des Lebensuniversums zurückzuerobern und einzufangen sucht[6].

Auch wenn sich in der Gattung der Kanzone gleichsam ein *écrasement* der strukturellen Hierarchien vollzieht und die Bewegungen des Stils einer scheinbaren Unwandelbarkeit der Grundstrukturen zuneigen, die euphorisch als ewige Typen konzipiert werden[7], ist die Verbindung zur Wirklichkeit und ihren Widersprüchen doch nie ganz abgeschnitten. Auch Zumthor, wenngleich von der schillernden Beständigkeit der Stilregister gefesselt, erkennt dies voll und ganz an:

> Niemand würde leugnen, dass die Ideologie und Phraseologie des großen höfischen Gesangs ein Spiegel des Lebens sind (wenn auch mit allen erdenklichen Brechungen): das Bild ist verallgemeinert, entpersönlicht, wie einbalsamiert in einer formalisierten Sprache (*langage registral*); aber bei den größten Dichtern, das heißt bei denen, die die Ressourcen dieser Sprache am meisten beherrschen, büßt es die emotionale Kraft, die aus dem anfänglichen Vertrag mit der Erfahrung herrührt, nicht ein, im Gegenteil[8].

Die „Erfahrung" von Bernart de Ventadorn äußert sich nun auf einer ersten Ebene in der besonderen Behandlung der Gefühlsmomente, in der spezifischen Rhetorik seiner Bilder. So ist die Reihe der Titel, die Aurelio Roncaglia den Liedern Bernarts in seiner schönen Trobador-Auswahl gibt – *Liebe und Poesie*, *Frühlingslied*, *Winterlied*, *Lied der Nachtigall*, *Lied der Lerche*, *Die Zeit flieht*[9] –, alles andere als impressionistisch. Sie legt in ihrer Verkettung von Gesang-Jahreszeiten-Vögeln vielmehr eine komplexe, suggestive Interpretationslinie nahe. Noch mehr offenbart sich die „Erfahrung" des Trobadors indes in seiner Haltung gegenüber den Widersprüchen der Realität, in seiner Deutung der theoretischen Kernpunkte der *fin'amor*, kurz: in seiner Ideologie. Alles andere als ein ununterschiedenes Material, wie Guiette meint – „Le style est tout et l'argument

---

6 Zumthor, *Essai*, zit., S. 194ff.; *Entre deux esthétiques: Adam de la Halle*, in: *Mélanges J. Frappier*, Genève: Droz 1970, Bd. II, S. 1155–1171; *Charles d'Orléans et le langage de l'allégorie*, in: *Mélanges R. Lejeune*, Gembloux: Duculot 1969, Bd. II, S. 1481–1502 (der zweite Aufsatz findet sich jetzt auch in: *Langue, texte, énigme*, Paris: Seuil 1975, S. 197–213).

7 D. Poirion, *Le poète et le prince*, Paris: P.U.F. 1965 (Reprint Genève: Slatkine 1978), S. 192ff.

8 Zumthor, *Entre deux esthétiques*, zit., S. 1170.

9 A. Roncaglia, *Le più belle pagine delle letterature d'oc e d'oïl*, Milano: Nuova Accademia 1962, S. 308ff.

idéologique n'est qu'un ‚matériau'"[10] –, ist die Ideologie als Ort des Konflikts und erreichten Gleichgewichts nämlich bereits ein entscheidendes Strukturierungsmoment.

Die Stimmung und Dichtung von Bernart, die so auffallend beherrscht ist vom Wechsel zwischen Streben und Enttäuschung, dass sie als Metapher für die menschliche Situation gelten kann[11], erscheint uns vielleicht deshalb so rätselhaft und zugleich faszinierend, weil sie mehr als jede andere in der Dialektik der Macht und der Sublimation verwurzelt ist.

2. Vor allem wenn wir seine Liedersammlung zunächst mit Blick auf die weniger einheitlichen, verwickelteren Gedichte durchsehen, bietet er uns ein unerwartet dichtes Geflecht konkreter Bezüge. Neben den Metaphern zum „Liebesdienst", den Zuständen der Erwartung und des Leidens, der stets erhofften und nie erlebten Freude, die das *paradoxe amoureux* des höfischen Liebenden bilden, tauchen Betrachtungen zu den Verfallserscheinungen seiner Zeit auf:

> eras, pus negus no s'esjau
> e pretz e donar vei morir
> (*Be·m cuidei de chantar sofrir*, V. 3–4)[12]

> (jetzt, da niemand Freude empfindet, und ich Wert und Freigebigkeit dahinsterben sehe)

Es sind schonungslose, fast schrille Töne im Stil Marcabrus zu vernehmen:

> Dels baros comensa l'enjans,
> c'us no·n ama per bona fei.
> Per so·n sec als autres lo dans,
> e negus om de lor no·s jau.
> Ez amors no rema per au,
> car be leu tals amaria
> qui s'en te, car no·s sabria
> a guiza d'amor chaptener.
> (*Ges de chantar no·m pren talans*, V. 9ff.)

---

10 Guiette, *Poésie formelle*, zit., S. 38.

11 Vgl. das Kap. *Spazio lirico e metafora amorosa: Bernart de Ventadorn* in: A. Vàrvaro, *Struttura e forme della letteratura romanza del medioevo*, Napoli: Liguori 1968. In doppelter Frontstellung gegen den traditionellen Biographismus und einen übertriebenen Formalismus macht Vàrvaro überzeugend ein neues Verhältnis zwischen Poesie und Erfahrung geltend: „Die Liebesqual, die ewige Entscheidung, vor der derjenige steht, der nur *dezirer e cor volon* hat und nicht mehr *seus* ist, ist die unantastbare Geschichte des Menschen, der Werte entdeckt und sie sich zum Ziel gesetzt hat, der die Gültigkeit und den ethischen Wert der Suche und das Verdienst des Leidens erkannt hat und den Wert des Lebens nicht an den erzielten Ergebnissen misst, sondern an der Art, es zu leben" (S. 235).

12 Bernart de Ventadorn wird zitiert nach der Ausgabe von Carl Appel, Halle: Niemeyer 1915; die Übersetzungen wurden überarbeitet.

(Bei den großen Herren beginnt der Trug, denn keiner liebt mit aufrichtigem Sinn. So folgt daraus der Schaden für die anderen und kein Mensch hat an ihnen Freude. Aus keinem andern Grund hört die Liebe auf, denn manch einer würde wohl lieben, der es unterlässt, weil er sich nicht nach Minneart zu benehmen verstünde).

Derlei Töne sind nicht unmittelbar verständlich, es sei denn man geht von einem komplexen, ausdrücklich soziologischen Hintergrund aus – aber genau in diesem Punkt stößt man oft auf hartnäckigen Widerstand.

Die soziologische Entzifferung des *paradoxe amoureux* der Kanzone, der tragenden Linien des Sirventes und der Themen des *Partimen* markiert einen grundlegenden Einschnitt in der Trobador-Forschung. Sowohl im Zusammenspiel der Begriffe (*cortezia, mezura, joi*) als ihrem thematischen Aufbau nach, der sich auf drei Personen, das Ich des Dichters und Liebenden, die *Domna* als *Domina* und die *Lauzengiers* (die Rivalen und Verleumder), verteilt, erweist sich die Kanzone als „Form" der Psychologie höfischer Liebe schlechthin, die Leiden und Dienst, Hoffnung auf Belohnung und letztlich Integrationsanstrengung bedeutet.

Wenn wir einem fesselnden Buch wie *L'érotique des troubadours* von René Nelli[13] die feinsinnigste immanente Analyse der *fin'amor* als Kultur des erotischen Begehrens verdanken, so ist die Verknüpfung der psychologischen Ebene mit einer präzisen soziokulturellen Determinante Erich Köhlers Verdienst. Die höfische Lyrik entspringt nach Köhler aus der andauernden Spannung zwischen Aristokratie und Kleinadel innerhalb des höfischen Lebens und aus der Notwendigkeit, den Interessenkonflikt durch ein gemeinsames, für den gesamten Adelsstand gültiges Ideal auszugleichen. Die Schicht des niederen Adels, die sich aus Rittern ohne Lehen zusammensetzt (*soudadiers, paubres cavaliers*; in den lateinischen Texten *iuvenes*, unverheiratete Gefolgsleute des Feudalherrn), lebt in der ungelösten Spannung des *marginal man*, ist stets unterwegs, in der Schwebe zwischen „Dienst" und „Herrschaft". In ungefestigter, randständiger Position, aber entschlossen aufzusteigen, schafft die Gruppe der *iuvenes* aus ihrer Übergangssituation heraus ein höheres System moralischer und ästhetischer Normen, die auch die Aristokratie verpflichten, und tritt als Garantin des neuen Ideals auf. Die *fin'amor* – trefflich versinnbildlicht durch die „Fernliebe" von Jaufre Rudel – ist der Verzicht auf die Erfüllung des Verlangens, es ist die sublimierte Projektion der materiellen und sozialen Lage des niederen Adels[14].

Gut gerüstet durch seine semantischen Untersuchungen zur Adelsfrage, zu *joven*, Reichtum und Freigebigkeit (*largueza*) in der Trobadordichtung – Untersuchungen, die sich vor allem auf Marcabru, Bertran de Born, Guiraut Bornelh

---

13 R. Nelli, *L'érotique des troubadours*, Paris: Union Gén. d'Éditions 1974 (1. Aufl. 1963).

14 Für die Interpretation von E. Köhler siehe *Observations historiques et sociologiques sur la poésie des troubadours*, in: „Cahiers de Civilisation Médiévale", 7, 1964, S. 27–51, auf Deutsch in: *Esprit und arkadische Freiheit*, Frankfurt/Main: Athenäum 1966, S. 9–45, und *Trobadorlyrik und höfischer Roman*, Berlin: Rütten und Loening 1962.

und die *Partimens* stützten –, erlaubt Köhler sich in Bezug auf den „lyrischen" Bernart de Ventadorn ein Hasardspiel und wählt ein „romantisch" berühmtes, von den Kontingenzen der historischen und sozialen Wirklichkeit scheinbar weit entferntes Lied wie das Lerchenlied – *Can vei la lauzeta mover* –, um die Verwandlung zurückzuverfolgen und das Soziale im Ästhetischen aufzuspüren. Das Vorhaben wird wie eine schrittweise „Übersetzung", Strophe für Strophe, ausgeführt. „Der Flug der Lerche wird Sinnbild einer Sehnsucht, die sich für den Dichter nicht erfüllt. [...] Neid (*enveya*) erfüllt den Dichter auf diejenigen, die im Genuss dieser Verwandlung sind (*jauzion*). Sein Zustand ist derjenige verzweifelten Begehrens (*dezirer*). Die Struktur der ‚psychologie amoureuse' erweist hier ihre Analogie zur Struktur der gescheiterten sozialen Integration". Die hoffnungslose und doch unauslöschliche Liebe der zweiten Strophe ergibt sich aus einer existenziellen Zwangslage: „Diejenige lieben zu müssen, von der man doch nie Nutzen (*pro*) haben wird, das kennzeichnet die Zwangslage des niederen Rittertums und seine Ungeduld". Die Strophen IV, V und VI verweisen auf das gemeinhin fehlende Vertrauen in die Damen und folglich in die Aristokratie, die die Vasallendienste nicht mehr angemessen entlohnt. Im Abschied, in dem das Kernthema des Liedes, der Verzicht auf Gesang, *joi* und Liebe, gipfelt, „identifiziert sich der Dichter endgültig mit dem armen Ritter, der die Hoffnung auf seine Einordnung in eine von ihm konzipierte höfische Gesellschaftsordnung aufgibt"[15]. Köhler gelingt es mit seiner Analyse, die ihren Ausgang genommen hatte bei dem heilsam entweihenden Vorsatz, die Ebene der poetischen Aussage in ein mögliches soziales Äquivalent zu „übersetzen", wesentliche Entsprechungen herauszuarbeiten, deren Funktion für die Entstehung dieses Textes wie für die Kanzone *tout court* kaum zu hoch eingeschätzt werden kann.

Die beeindruckende strukturelle Übereinstimmung zwischen dem Minnelied und der Existenzsituation des niederen Adels, die im Lerchenlied exemplarisch hervortritt, wird auch durch andere Lieder bestätigt. Während Köhlers Analyse meisterlich die abgehobensten Begriffe in einem der abstraktesten Lieder an die soziale Wirklichkeit zurückband, gestatten die Widersprüchlichkeiten des Textes es an anderen Stellen, konkretere Belege für Bernarts Sensibilität für die theoretischen Kernfragen und sozialen Implikationen der *fin'amor* zu sammeln.

Bis zu welchem Punkt hat es aber einen Sinn, in der relativ kompakten Struktur einer Minneliedsammlung wie der von Bernart nach den expliziten Spuren der grundlegenden Übereinkunft zwischen Aristokratie und niederem Adel zu suchen? Das zuvor angeführte Beispiel – *Dels baros comensa l'enjans* –, in dem als einzigem die *baros* genannt werden, hat bestenfalls den Wert eines Symptoms. Interessant und unvermutet erscheint mir dagegen das Spannungsverhältnis zwischen dem Kosmos des Liebesdienstes und des *joi* und den Begriffen, die auf

---

15 Vgl. E. Köhler, *Zur Struktur der altprovenzalischen Kanzone*, in: ders., *Esprit und arkadische Freiheit*, Frankfurt/Main: Athenäum 1966, S. 28–45, hier S. 40, 41 und 44.

Reichtum und Armut, auf Rang, Adel und Herrschaft verweisen: *ricor* und *ric*, *paubre*, *paratge*, *linhatge*, *senhoratge*.

3. Es ist sicher keine Überraschung, und sei es nur wegen der tendenziell einzigen Stillage von Bernart, dass *paubre*, der am wenigsten idealisierte, am ungeschminktesten ökonomische Begriff, der sich in einen lyrischen Kontext einschleichen kann, in der ganzen Liedersammlung nur zweimal vorkommt:

> Amara la, s'a leis plagues,
> e servira·lh de mo poder.
> Mas no s'eschai qu'ilh am tan paubramen;
> pero be sai c'assatz for'avinen,
> que ges amors segon ricor no vai.
> (*Bel m'es qu'eu chan*, V. 31ff.)

> (Ich würde sie lieben, wenn es ihr gefiele, und ihr nach allen Kräften dienen. Aber es ziemt sich nicht, dass sie so armselig [niedrig] liebt; doch weiß ich, dass es sehr schön [höfisch] wäre, denn die Liebe geht nicht nach Reichtum und Rang).

Und gleich einer Devise in einen Kontext eingebettet, von dem weiter unten zu sprechen sein wird:

> Paubres e rics fai amdos d'un paratge.
> (*Can vei la flor*, V. 18)

> (Arme und Reiche macht sie beide gleich).

Es sind etwas vage Aussagen und man könnte versucht sein, sie auf einen bloßen Topos zu reduzieren: die Feststellung der Allmacht der Liebe, die alle gleichermaßen ergreift. Aber das erste, von mir interpretierend übersetzte Beispiel lässt keinerlei Zweifel: die *ricor* (im Mittelalter Macht und Reichtum) steht auf Seiten der Dame und die Ebene des *paubramen* ist die des Liebenden. Das zweite Beispiel erweitert und präzisiert das Bild: den mittellosen Liebenden steht nicht nur die *ricor* der Domina, sondern die gesamte Kategorie der *rics*, der Angehörigen der Aristokratie, gegenüber.

Eine solche Zuspitzung der Interpretation wird durch eine Reihe von weniger hermetischen Trobadortexten bestätigt, in denen *paubre* die materielle Bedingung des höfischen Liebenden benennt – hinter dem sich, wie gesagt, die niederen Schichten des Adels verbergen – und *ric* unmissverständlich auf die Aristokratie verweist, die oft allzu hochmütig ist in ihrem Rang und nicht bereit zu den mühseligen Ritualen der höfischen Liebe[16]. Arnaut de Maruelh, fast ein Zeitgenosse Bernarts, setzt *paubres avinens* und *rics desconoissens* einander entgegen:

---

[16] Vgl. A. Sakari, *Le thème de l'amour du „ric ome" au début de la poésie provençale*, in: „Revue de langue et litt. d'oc", 12–13, 1965, S. 88–94, und E. Köhler, *Zur Diskussion der Adelsfrage bei den Trobadors*, in: ders., *Trobadorlyrik*, zit., S. 115–132.

Mas plus fai ad honrar
us paubres avinens
que sap honor grazir
e·ls bes d'amor celar,
qu'us rics desconoissens,
cui par que totas gens
lo deian obezir.
...
no·m dei desesperar,
que tals es pauc manens
cui fai astres e sens
en gran ricor venir.
(Arnaut de Maruelh, *La franca captenensa*, V. 34ff., 45ff.)[17]

(Aber ein armer Höfling, welcher die Ehre hochzuhalten und das Gut der Liebe [in seinem Herzen] zu bergen versteht, ist der Ehre würdiger als ein reicher Flegel, der glaubt, alle müssten ihm gehorchen. [...] [auch wenn ich nicht sicher bin, dass die Frau sich herablassen wird, mich zu lieben], darf ich nicht verzweifeln, denn einer mag wenig Gut haben, aber Schicksal und Klugheit lassen ihn zu großem Reichtum gelangen).

Nach Bertran de Born zögert die ideale Hofdame nicht einen Augenblick in ihrer Wahl:

Rassa, als rics es orgolhosa,
e fai gran sen a lei de tosa,
que no vol Peitieus ni Tolosa
ni Bretanha ni Saragosa,
anz es de pretz tan enveiosa
qu'als pros paubres es amorosa.
(Bertran de Born, *Rassa, tan creis*, V. 23ff.)[18]

(Rassa, vor den Mächtigen ist sie hochmütig, und verhält sich sehr klug wie ein junges Mädchen, denn sie will nicht Poitou noch Toulouse, nicht Bretagne noch Zaragoza, sondern ist so sehr auf Ruhm bedacht, dass sie den armen Tüchtigen Liebe entgegenbringt).

Die höfische Gesellschaft zieht den armen Ritter, den treuen Liebesdiener, der sich mit der bloßen Hoffnung zufrieden gibt, dem Mächtigen vor, der leicht zu Täuschung und roher Sinnlichkeit neigt. Der mühelos erreichte Besitz in der Liebe steht in krassem Widerspruch zum Weg der Selbstvervollkommnung. Das sind die Argumente, die Guiraut de Bornelh in seiner wichtigen Tenzone mit Alfons II. von Aragon, *Be me plairia, senh'en reis* (P.-C. 242, 22)[19] ins Feld führt.

---

[17] Arnaut de Maruelh, *Les poésies lyriques*, zit. nach der Ausg. von R. C. Johnston, Paris: Droz 1935.

[18] Zit. nach der Ausg. von C. Appel, Halle: Niemeyer 1932.

[19] Zit. nach der Ausg. von A. Kolsen, Halle: Niemeyer 1910–1935, Nr. 59.

In Bernarts Liedern wird die Auseinandersetzung mit der Aristokratie auf strikt subjektive Weise aus dem Blickwinkel des lyrischen Ich erlebt (das Liebender, Trobador und Ritter in einem ist) und äußert sich auf komplexe, zutiefst widersprüchliche Art. Auf der einen Seite wird die wesentliche Notwendigkeit des *servir* und der Unterwerfung unter die *Domna* nie ausdrücklich geleugnet, auf der anderen Seite aber die Forderung nach einer absoluten Gleichheit der Gefühle erhoben.

Für den Liebesdienst, das *servir* lassen sich leicht Belege finden:

Bona domna, re no·us deman
mas que·m prendatz per servidor,
qu'e·us servirai com bo senhor,
cossi que del gazardo m'an.
(*Non es meravelha s'eu chan*, V. 49ff.)

(Edle Frau, um nichts bitte ich Euch, als dass Ihr mich zum Diener nehmt, denn ich will Euch dienen wie einem guten Herrn, gleich wie ich dafür belohnt werde).

Totz tems volrai sa onor e sos bes
e·lh serai om et amics e servire.
(*Be m'an perdut lai*, V. 22–23)

(Alle Zeit werde ich wollen, was ihr zur Ehre und zum Guten gereicht, und werde ihr Lehnsmann und Freund und Diener sein).

Qu'e·us serai en cort prezenters
entre domnas e chavalers,
francs e doutz et umilians.
(*Pel doutz chan*, V. 40–43)

(Und ich werde Euch bei Hofe, unter Damen und Rittern, zu Diensten sein, von guter Gesinnung, sanft und demütig).

Schwieriger gestaltet sich die Bewertung des Gleichheitsanspruchs. Bisweilen wird er als Forderung nach Überwindung des Rangunterschieds – *que ges amors segon ricors no vai*[20] –, nach Gleichstellung von *paubres* und *rics* vorgebracht und bedeutet in erster Linie, dass auch der arme Ritter die Möglichkeit hat, um die *Domna* der Aristokratie zu werben und in seinem Liebesdienst hoch hinaus zu wollen. Manchmal deutet sich aber darin fast unmerklich die Forderung nach einer vollen Bereitschaft der Dame, nach ihrer perfekten Gleichgesinntheit mit dem Liebenden an, die als seelischer Austausch zu Beginn der Liebe erträumt wird (*feiram chambis dels esperitz*):

C'adonc saubr'eu lo vostr'afar
e vos lo meu, tot par a par,
e foram de dos cors unitz!
(*Can lo boschatges*, V. 62–64)

---

20 Vgl. oben, S. 38.

(Denn dann würde ich wissen, wie es mit Euch, und Ihr, wie es mit mir steht, gleich zu gleich, und unsere beiden Herzen wären geeint).

In diesem Sinne wird das Wesen der *fin'amor* Willensgleichheit:

En agradar et en voler
es l'amors de dos fis amans.
Nula res no i pot pro tener,
si·lh voluntatz non es egaus.
(*Chantars no pot gaire valer*, V. 29ff.)

(Im Wollen und Gewähren besteht die Liebe zweier echter Liebender. Nichts kann da gut sein, wenn der Wille nicht der gleiche [beidseitig] ist)[21].

Vielleicht enthält die Forderung nach Gleichklang der Herzen und gleichem Willen bereits eine implizite Kritik an der Überlegenheit der Dame, vielleicht steckt bereits ein Hinweis auf die Auflehnung gegen die *fin'amor* als unüberwindlich ungleiches Verhältnis darin, dem mit Gavaudan (Schaffenszeit 1195–1230) in der Pastourelle die Freundschaft (*amistat*) ohne Liebesdienst in einem als Utopie gestalteten arkadischen *décor* gegenübertritt[22]. Eines aber ist sicher: Bei Bernart ist die Gleichheit stets innerlich mit dem *servir* verknüpft. Ihren deutlichsten Ausdruck findet die unauflösliche Verflechtung beider Momente in *Can vei la flor, l'erba vert e la folha*, worin auf die bedingungslose Bereitschaft zur Huldigung, auf die Akzeptanz des Vasallenstatus (*vassalatge*) unmittelbar, in einem gleichsam aufblitzenden Gedanken, die Feststellung der Unvereinbarkeit von *amor* und *senhoratge* folgt:

Ja no crezatz qu'eu de joi me recreya
ni·m lais d'amar per dan c'aver en solha,
qu'eu non ai ges en poder que m'en tolha,
c'amors m'asalh, que·m sobresenhoreya;
e·m fai amar cal que·lh plass', e voler;
e s'eu am so que no·m deu eschazer,
forsa d'amor m'i fai far vassalatge;
Mas en amor non a om senhoratge,

---

21 In demselben Lied lesen wir: *c'amors non pot ges dechazer,/ si non es amors comunaus* (V. 17–18). Diese Verse wurden unterschiedlich gedeutet: „Denn Liebe kann deshalb nicht schlechter werden, wenn sie keine gemeinsame [im Sinne der Wechselseitigkeit] ist" (Appel), „Car l'amour ne peut guère déchoir à moins d'être un amour commun [im Sinne von gewöhnlich]" (Lazar). Umstritten ist auch die Interpretation von *si c'amdui cominal/ mezuressem egal* (*Lo gens temps de pascor*, V. 39–40): „so dass wir beide gleich lang nebeneinander sind (?)" und in der Anm.: „Gleichartigkeit der Stellung. Schwerlich wird an ‚sich miteinander messen' (im Liebesspiel) zu denken sein" (Appel); „afin que tous deux mesurions (mesurem s'em) ensemble si nous sommes égaux [in erotischem Sinn]" (Lazar).

22 Vgl. E. Köhler, *Die Pastourellen des Trobadors Gavaudan*, in: *Esprit und arkadische Freiheit*, Frankfurt/Main: Athenäum 1966, S. 67–82, sowie zum Thema der „Gleichheit" bei den Minnesängern P. Wapnewski, *Walthers Lied von der Traumliebe (74, 20) und die deutschsprachige Pastourelle*, in: „Euphorion", 51, 1957, S. 113–150.

e qui l'i quer, vilanamen domneya,
que re no vol amors qu'esser no deya;
paubres e rics fai amdos d'un paratge;
can l'us amics vol l'autre vil tener,
pauc pot amors ab ergolh remaner,
qu'ergolhs dechai e fin'amors capdolha.
(V. 8ff.)

(Glaubet ja nicht, dass ich wegen des Schadens, den ich ständig davon habe, auf den *joi* verzichte oder von der Liebe lasse, denn ich habe es nicht in der Macht, mich ihnen zu entziehen, denn Liebe fällt mich an und überwältigt mich und lässt mich lieben und begehren, wen immer ihr gefällt; und wenn ich liebe, was mir nicht zukommen soll, macht mich die Kraft der Liebe zum Diener./ Aber in der Liebe gibt es keine Herrschaft, und wer sie verlangt, macht seinen Frauendienst schlecht, weil die Liebe nichts will, was nicht recht ist. Arme und Reiche macht sie beide gleich. Wenn ein Liebender den anderen gering halten will, geht die Liebe nicht lange mit dem Hochmut zusammen, denn der Hochmut fällt und *fin'amor* triumphiert).

Der Anspruch auf eine *amor comunal* lässt sich indes in das System der höfischen Liebe einbinden, in dessen Rahmen er eher als Forderung nach *merce* und *mesura*, als Gewähr gegen einen exzessiven *orguelh* der Dame zu gelten scheint, denn ein solcher würde die Kommunikation, die relative Wechselseitigkeit des Gefühls im Liebesdienst unterbrechen. In diese Interpretationsrichtung weist auch ein dichter Passus von Folquet de Romans, ein Trobador aus dem Umfeld Friedrichs II., der in anderen Liedern die Notwendigkeit einer Neubegründung des Adels vertrat:

Domna no·us aus dir mon corage,
mas, si be·m volez el visage
esgardar, lo·i porez chausir,
que·us es cella qui·m fai murir,
e si esgardatz cals vos ez,
de qual beutat e de qual prez,
ni de mi, qui soi ni quan valh,
toz temps viurai mais en trebalh;
mas non mi deu noire parages
ni riqueza ni auz linhages;
c'om non deu gardar en amor
gran parage ni gran richor;
qu'amors deu esser comunals,
pois l'uns es ves l'autre lejals;
quar fin'amors pren a amic
tant tost lo paubre com lo ric,
e val mais merces que razos

en amor, so dis Salamos.
(Folquet de Romans, *Domna, eu pren comjat*, V. 105ff.)[23]

Frau, ich wage Euch nicht zu sagen, was ich empfinde, aber wenn Ihr mir ins Gesicht blicken wollt, könnt Ihr erraten, dass ich wegen Euch vergehe, und wenn Ihr Euren Stand betrachtet, Eure Schönheit und Euren Wert, und was mich angeht, wer ich bin und was mein Wert ist, werde ich stets im Kummer leben; aber weder Euer Rang noch Euer Reichtum noch Eure adlige Abstammung dürfen mir schaden; denn in der Liebe darf man nicht auf hohen Rang und großen Reichtum achten: die Liebe muss gleich sein und die Liebenden müssen redlich miteinander sein, weil die edle Liebe den Armen wie den Reichen zum Freund nimmt und in der Liebe mehr das Mitgefühl als die Vernunft zählt, wie Salomo sagt).

Die Aufhebung der „Herrschaft“ ist in der Tat ein Extrem, das dem gesamten Weg der *fin'amor* zutiefst widerspricht und sie von Grund auf in Frage stellt. Wenn wir nämlich der soziologischen Interpretation folgen, dann stellt die *fin'amor* ein Implikationsverhältnis zwischen dem Rang der Dame (sowie des Herrn) und dem Umfang des Lohnes her. *Ric amor – ric guizardo – ric senhor – ric parage* sind die konstitutiven Glieder einer zusammenhängenden Kette. Dies der sehr nüchterne und utilitaristische Gedankengang von Guillem de Saint-Didier (Schaffenszeit 1165–1195):

Qui·n ric'amor met son cor e son pes,
si tot li tarza, ric guizardo n'aten.
Qui ric seinhor pot servir lonjamen,
si tot bistensa, pueissas l'en pren merces.
Que mais li pot en sol un jorn servir
e far honor que cen paubr' en un an,
per qu'ieu n'aten l'onor e·l joi tan gran,
qu'en ric parage ai pauzat mon albir.
(*Per Dieu, Amor, en gentil luoc cortes*, V. 25ff.)[24]

(Wer sein Herz und sein Denken an eine reiche Liebe hängt, erwartet einen reichen Lohn, auch wenn er spät kommt. Wenn einer einem reichen Herrn dient, dann wird dieser sich, wenn auch spät, schließlich seiner erbarmen. Denn an einem einzigen Tag kann er ihn mehr belohnen und beehren als hundert Arme in einem Jahr vermöchten, und ich erwarte so große Ehre und Freude, weil ich meine Gedanken auf einen hohen Adel gerichtet habe).

Auch die resignierte Stimme von Daude de Pradas (erste Hälfte des 13. Jhs) scheint uns aufzufordern, den Fortbestand der realen Ungleichheit trotz des höfischen Projekts und seiner grenzenlosen Zuversicht nicht zu vergessen:

---

23 Zit. nach der Ausg. von R. Zenker, Halle: Niemeyer 1896.

24 Zit. nach der Ausg. von A. Sakari, Helsinki: Société Néophilologique 1956 (Mémoires de la Société Néophilologique de Helsinki, XIX).

Anc mais hom tan ben non amet,
com ieu am, de cor vertadier,
cella don ai tal desirier,
que maint sospir coral en get.
E non l'aus mostrar mon talan,
per paraulla ni per semblan;
que sos pretz fis e vertadiers
es tals que no'i val repropchiers
c'om sol dir per afortimen:
„Amors fai engal tota gen".
(*Anc mais hom tan ben*, V. 1ff.)[25]

(Niemand hat je so recht geliebt, mit aufrichtigem Herzen, wie ich diejenige liebe, die ich so sehr begehre, dass ich viele tiefe Seufzer ausstoße. Und ich wage es nicht, ihr mein Herz zu offenbaren, weder mit Worten noch mit meinem Verhalten; denn ihr Wert ist so wahr und vollkommen, dass das Sprichwort nicht zutrifft, das die Leute anführen, um sich Mut zu machen: „Die Liebe macht alle gleich").

Nachdem wir nun unter Bezugnahme auf Beispiele verschiedener Trobadors einige Grundelemente der Frage von *ric* und *paubre*, *servir* und Gleichheit festgestellt haben, werden wir leichter bestimmte Unterschiede in Haltung und Tonalität herausarbeiten können. Bei Bernart werden die untersuchten Elemente nach einem besonderen Plan eingesetzt, der Reduktionen und Uminterpretationen einschließt.

Das Gegensatzpaar *ric/paubre,* das diesseits der harmonisierenden höfischen Ideologie den konkreten sozialen Ort benennt und um das sich bei den anderen zitierten Trobadors mehr oder minder verhalten die Rede dreht, wird bei Bernart sichtlich manipuliert[26]. Während *ric* ein auffällig zur Schau gestellter Bezugspunkt ist, wird *paubre* unterdrückt, gelöscht und durch den unwiderstehlichen Elan des *joi* überwunden, der einen neuen und tieferen geistigen „Reichtum" verleiht.

Der seltenen Verwendung von *ric* im eigentlichen Sinn

En sa bela fachura
ed en son clar vizatge
paus tota m'aventura
com en ric senhoratge.
Tant es de bel estatge,

---

25 Zit. nach der Ausg. von A. H. Schutz, Toulouse, Paris: Privat 1933.

26 Zu weiteren bedeutsamen Gegensatzpaaren vgl. den wichtigen Beitrag von P. Bec, *L'antithèse poétique chez Bernard de Ventadour*, in: *Mélanges J. Boutière*, Liège: Soledo 1971, S. 107–137. Für eine Interpretation der „Trobador-Antithese" als einer spezifischen rhetorischen Struktur mit Bezug zur höfischen Ideologie siehe M. Mancini, *Antitesi e mediazione in Bernart der Ventadorn*, in: *Attualità della retorica*, Padova: Liviana 1975 („Quaderni del Circolo filologico-linguistico padovano", 6), S. 129–152, jetzt in: *Metafora feudale. Per una storia dei trovatori*, Bologna: Il Mulino 1993, S. 63–86.

rich'e de gran linhatge,
qu'eu no cre, s'ilh o jura,
refut mon omenatge.
(*Can lo dous temps comensa*, V. 17ff.)

(In ihre schöne Gestalt und in ihr helles Antlitz lege ich all mein Geschick wie in eine edle Herrschaft. Von so köstlicher Art ist sie, so edel und wohlgeboren, dass, wenn sie es auch schwört, ich nicht glaube, sie werde meine Huldigung zurückweisen).

steht die häufige Verwendung im übertragenen Sinn gegenüber:

Tals se fai conhdes e parlers,
que·n cuid'esser rics e sobrers
de fin'amor, qu'eu n'ai dos tans!
(*Pel doutz chan*, V. 12–14)

(Manch einer tut sich schön und prahlt, weil er meint, er wäre im Übermaße reich an *fin'amor*, und ich habe doppelt so viel davon wie er!)

Diese Verwendung vervielfacht sich in einer eindrucksvollen Überzeugungsstrategie: *rics esjauzimens* (Appel 5,5), *rich'amor* (7,39), *ric joi* (8,26), *rics jois* (35,37). Die Leerstelle des *paubre* wird durch ein höchst vergeistigtes, durch den Zusammenhang mit *joi* und *fin'amor* aufgeladenes *ric* gefüllt.

Angesichts der Schwierigkeit, *ricor* zu erlangen, und der blassen Illusion einer Bewahrheitung der Devise *„Amors fai engal tota gen"* verkündet Bernart einen neuen „Reichtum". Er ersetzt die Antithese *ric/paubre* durch die Antithese *senhoria/joi*.

4. Die Beziehung zu den *rics* und zur Macht vollzieht sich für Bernart folglich in einer sehr besonderen Dimension. Nicht dass der direkte Vergleich zwischen Reichtum-Macht und Liebe ansonsten in der Trobadordichtung fehlen würde, aber gerade ein Blick auf ähnliche Zusammenhänge offenbart jenseits der Kontinuität des Motivs höchst unterschiedliche Richtungen.

Folgender Vergleich von Bertran de Born kreist entsprechend dem „chevaleresken"[27] Stil des Trobadors nicht um *joi*, sondern um *rire* und *gabar*:

Qu'ieu ja no vuolh esser bar
ni de gran manentia,
per que·m pogueȝ reptar
nuls om de vilania.
Mais am rire e gabar
ab midons que m'en somonha,
qu'ieu no volria Gasconha
ni Bretanha chapdelar.
(*Senher en coms, a blasmar*, V. 33ff.)

[27] In dem Sinn, in dem Nelli den Begriff verwendet.

(Ich möchte nicht vornehm sein, und kein großes Gut besitzen, wenn man mich deshalb als feige schelten könnte. Viel lieber als die Gascogne oder Bretagne regieren, will ich, dass mich meine Liebe zum Lachen und zum Scherzen mahnt).

Bei einem Arnaut Daniel – mit dem wir in den Bereich des *trobar clus* übergehen – werden der Macht an entsprechenden Stellen eine große Qual und vor allem ein bohrendes Besitzverlangen entgegengesetzt:

No vuoill de Roma l'emperi
ni c'om m'en fassa apostoli,
q'en lieis non aia revert
per cui m'art lo cors e·m rima;
e si·l maltraich no·m restaura
ab un baisar anz d'annou
mi auci e si enferna.
(*En cest sonet coind'e leri*, V. 29ff.)[28]

(Ich möchte nicht das Römische Reich und auch nicht zum Papst gemacht werden, wenn ich von ihr keinen Lohn haben kann, denn mir brennt und springt das Herz, und wenn sie mich nicht mit einem Kuss entschädigt vor dem neuen Jahr, tötet sie mich und sich selbst verdammt sie zur Hölle).

Sieus es Arnautz del cim tro en la sola,
e senes lieis no vol aver Lucerna
ni·l senhoriu del renc per on cor Ebres.
(*Ans qe·l cim reston de branchas*, V. 43ff.)

(Ihr ist Arnaut von Kopf bis Fuß und ohne sie möchte er weder Luzern noch die Herrschaft über das Reich, wo der Ebro fließt).

Das *senes lieis* ist in der vorangehenden Strophe erklärt, wo es heißt: *Be·m vai d'amor, q'ela·m bais'e m'acola* (V. 40) („Ich habe Glück in der Liebe, weil sie mich küsst und umarmt").

Bei Bernart steht der Machtrealität, die bei ihm spürbarer ist als bei anderen Dichtern, lediglich eine unerschütterliche Treue zum höfischen *joi* gegenüber, auch wenn er ein bloßer Wunsch, eine Täuschung ist:

Car aitan rich'amor envei,
pro n'ai de sola l'enveya!
(*Ara no vei luzir solelh*, V. 39–40)

(Da ich so edle Liebe begehre, ist mir schon das Begehren Gewinn).

Q'eu pert per falsa laus umana
tal joi de fin'amor certana
que, qui·m mezes tot lo mon ad un latz,
eu preira·l joi per cui sui enjanatz.
(*Ja mos chantars no m'er onors*, V. 45ff.)

---

[28] Zit. nach der Ausg. von G. Toja, Firenze: Sansoni 1960.

(Denn durch das falsche Schmeicheln gewisser Leute [die *lauzengiers*] verliere ich solchen *joi* einer sicheren *fin'amor*, dass ich, selbst wenn man mir die ganze Welt dafür böte, den *joi* nehmen würde, um den ich betrogen bin)[29].

Noch bedeutsamer ist die Tatsache, dass Bernart die Trennung zwischen Macht und *joi* so weit treibt, dass darüber jeder Raum für ethische Forderungen verschwindet. Für die höfische Gesellschaft, die von der Freigebigkeit der Mächtigen abhängt, ist dies eine grundlegende Dimension, von Marcabru bis Guiraut de Bornelh. Bei Guiraut zielen die eindringlichsten Töne darauf ab, das Verhalten der *rics* zu verändern, sie an ihre Pflichten zu gemahnen, an die Hoffeste, die Gaben, die schöne Gesellschaft (*solatz*):

Solatz, jois e chantar
es eras oblidatz,
mas tan es alt poiatz
lo mals que non a par,
per que pretz e jovens
e bels chaptenemens
en son motz deschazatz,
si c'als plus rics baros
en ave mals ressos,
et estera lor be
c'us quecs penses de se;
car Deus als plus prezatz
donet las eretatz.
(*Solatz, jois e chantar*, V. 1ff.)

(Schöne Gesellschaft, *joi* und Gesang sind jetzt vergessen, und das Schlechte ist so angewachsen wie noch nie, und Verdienst und *joven* und schöne Umgangsformen sind ungebräuchliche Wörter geworden, und die reichsten Herren handeln sich dadurch einen schlechten Ruf ein, und es wäre gut für sie, wenn sie über sich nachdenken würden; denn Gott hat den Wertvollsten die Besitztümer gegeben).

Es ist die Linie, die bei Guittone und beim Dante der moralischen Schriften Fortsetzung findet, dessen Kanzone *Tre donne al cor mi son venute* bekanntlich an die berühmte Romanze von Guiraut *Lo doutz chans d'un auzel* anknüpft[30].

Bei Bernart sind diese Themen ausgelöscht, der *ric* hat keine präzisen ethischen Verpflichtungen mehr, die Macht ist in höchstem Maße entpersönlicht, existiert nur als Macht: Für Bernart gibt es den „Fürsten", aber nicht mehr den

---

[29] Nicht dass sinnliche Momente bei Bernart fehlen würden – siehe die Einleitung zur zitierten Ausgabe von Lazar –, aber der *joi* hängt nicht wesentlich von der Sinnlichkeit ab.

[30] Zur Moralität von Guiraut im Vergleich zu Raimon Vidal vgl. die feinsinnigen Betrachtungen von A. Limentani, *L'„io", la memoria e il giullare nelle „novas" di Raimon Vidal*, in: *Mélanges R. Lejeune*, Gembloux: Duculot 1969, Bd. I, S. 197–212, jetzt in: ders., *L'eccezione narrativa. La Provenza medievale e l'arte del racconto*, Torino: Einaudi 1961, S. 53ff.

ric. Die Objektivität der Macht findet ihre spiegelbildliche Entsprechung in der Subjektivität des Liebenden und Dichters, im *joi* und im *chan*:

De tal amor sui fis amans
don duc ni comte non envei;
e non es reis ni amirans
el mon, que, s'el n'avi'aitau,
no s'en fezes rics com eu fau;
e si lauzar la volia,
ges tan dire no·n poiria
de be que mais no·n sia ver.
Per re non es om tan prezans
com per amor e per domnei,
que d'aqui mou deportz e chans
e tot can a proez'abau.
Nuls om ses amor re no vau,
per qu'eu no volh, sia mia
del mon tota·lh senhoria,
si ja joi no·n sabi'aver.
(*Ges de chantar no·m pren talans*, V. 17ff.)

(Einer solchen Liebe treuer Liebender bin ich, dass ich weder Herzog noch Grafen beneide, und es gibt keinen König oder Emir auf der Welt, der nicht reich wäre wie ich, wenn er eine gleiche hätte; und wenn ich sie loben wollte, könnte ich alles Gute von ihr sagen, das ich will, und wäre trotzdem noch weit von der Wahrheit entfernt./ Durch nichts ist der Mensch so trefflich wie durch Liebe und Frauendienst, denn hieraus entspringen Lust und Gesang und alles, was zur Tüchtigkeit gehört. Ein Mensch ohne Liebe ist nichts wert, und ich würde nicht die Herrschaft über die ganze Welt haben wollen, wenn ich von ihr keinen *joi* haben könnte).

Das für die hier gewählte Interpretation wahrhaft exemplarische Lied schließt bezeichnenderweise mit einem Lobgesang auf Heinrich II. aus dem Hause Plantagenet. Nachdem der Trobador den *joi*, den einzigen wahren Wert, für sich beansprucht hat, kann er dem Fürsten bedingungslos und freudigen Herzens den Besitz der ganzen Welt zugestehen:

Fons Salada, mos dragomans
me siatz mosenhor al rei.
Digatz li·m que Mos-Azimans
mi te, car eu ves lui no vau.
Si com a Toren'e Peitau
e Anjau e Normandia,
volgra, car li covenria,
agues tot lo mon en poder! (V. 49ff.)

(Fons Salada, seid mein Dolmetscher bei meinem Herrn, dem König. Sagt ihm, dass Mein-Magnet mich zurückhält, zu ihm zu gehen. So wie er die Touraine und Poitou und Anjou und die Normandie besitzt, wollte ich – denn er wäre dessen würdig –, er hätte die ganze Welt in seiner Gewalt).

Vergleichen wir nochmals das „Engagement" von Guiraut mit Bernarts „Desengagement", so kann uns nicht entgehen, dass dessen Implikationen duchaus nicht eindeutig sind. Gerade an den stürmisch bewegten Stellen, an denen Guiraut von den *ric* auch Seelenadel verlangt, rechtfertigt sein Moralismus letztlich die Ungleichheit, vorausgesetzt die Gruppe der Privilegierten zeigt sich bereit, ihre traditionelle soziale Mindestfunktion zu erfüllen. Der unermüdlich verfolgte Vorsatz der *rectitudo*, der als Projekt niemals den glanzvollen Horizont der höfischen Welt übersteigt, die sehnsüchtig in ihren klassischen, besten Zeiten vergegenwärtigt wird, scheint paradoxerweise allein als subtile Komponente der Erhaltung eines entfremdeten gesellschaftlichen Ganzen zu fungieren.

Wenn meine Entzifferung der Ausdrucksmodalitäten von Bernart zutreffend ist, dann stellt er dagegen unmissverständlich die Teilungen dar, auf denen die prekäre Verhaltensvereinbarung zwischen Aristokratie und Rittern beruht, und fixiert die Trennung von öffentlicher und privater Sphäre in einem ersten Gleichnis. Fürst und *joi* – das ist gewissermaßen eine erste Gestaltung der Trennung, die die Fantasie der Modernen immer wieder beschäftigen wird. Von fern erblicken wir bereits das unstete Gleichgewicht Tassos, das in einer „Flucht" vom Hofe gipfelte[31], und nicht von ungefähr wurde Tasso für Goethe ein Sinnbild für die Unversöhnbarkeit von „Leben" und „Poesie", „Ideal" und „Wirklichkeit".

5. Vielleicht kann uns die qualvolle Parabel, die Goethe in seinem *Tasso* (1790) beschreibt, aufgrund der Klarsicht, mit der er ein Krisenmoment, einen Wendepunkt erfasst, ein ebenso zufälliges wie ausgezeichnetes *exemplum* liefern, an dem sich Analogien und Differenzen messen lassen.

In der sehnsuchtsvollen Anfangsszene im Garten lebt der Dichter Tasso in den Augen der Prinzessin und Leonores in einem magischen Kreis, sein Blick ist nicht auf diese Welt gerichtet, sein Ohr vernimmt die Harmonie der Natur, seine Seele sammelt alles Zerstreute und führt das Getrennte, Gegensätzliche zur Einheit zusammen. Aber die dramatische Handlung zeigt sogleich, dass es sich um eine erträumte, irreale Harmonie, um eine auf der Gespaltenheit gründende, subjektive und gewaltsam hergestellte Einheit handelt. Die Tragödie Tassos – und Goethes, wie Giuliano Baioni in seiner einschlägigen Rekonstruktion des goethischen Wegs von den *Hymnen* bis zu den *Wanderjahren* schreibt –, besteht darin, „die Entdeckung gemacht zu haben, dass die Dichtung, für die er sich geboren fühlt, ein tragisches und verhängnisvolles Abenteuer ist, das den Menschen sich selbst entfremdet, also zur Einsicht gelangt zu sein, dass das Ideal der Allmacht des Genies, auf das er dennoch nicht verzichten kann, bereits funktionalisiert ist [...] in den Strukturen der modernen Gesellschaft [...], die jene optimistische

[31] Vgl. L. Caretti, *Ariosto e Tasso*, Torino: Einaudi 1961, S. 53ff.

Einheit von Leben und Poesie, welche die Leidenschaften seiner Sturm- und Drangzeit beseelt hatte, nicht mehr zulässt“[32].

Für Bernart steht das „Leben“ noch ganz auf Seiten des *joi* und des *chan*; auf der anderen Seite steht eine kompakte, glanzvolle Macht, gleichgültig betrachtet von einem Bewusstsein, das nicht fähig oder nicht willens ist, ihre Widersprüche zu durchdringen. Im *Tasso* doppelt sich die Sphäre der öffentlichen Herrschaft bezeichnenderweise in den Charakteren des Fürsten und Antonios. Während dem ersten keinerlei Gewicht für die Peripetie und die Katastrophe des Dramas zukommt, hat der zweite die Rolle des Gegenspielers inne. Tasso verkörpert die Poesie und das Ideal, Antonio ist der Mann der Realität – fast könnten wir sagen: des freudschen Realitätsprinzips –, ist seine „zweite Hälfte“: „Zwei Männer sind's [...]/ die darum Feinde sind, weil die Natur/ nicht einen Mann aus ihnen beiden formte“ (V. 1704–1706).

Bei aller Verinnerlichung schreibt sich Bernarts Gesang metaphorisch noch in die öffentliche Sphäre ein, und zwar aufgrund der unauflöslichen Verquickung von *joi* und *chan*, wobei *joi* den Lobgesang des höfischen Liebenden, die Teilnahme am kollektiven, wenn auch individualisierten Ritual der *fin'amor* bezeichnet. Tassos Gesang dagegen findet keinen Weg mehr zur Wirklichkeit. Seine Funktion besteht nurmehr darin, dem Schmerz über eine unheilbare Trennung Ausdruck zu geben, einen zerstörerisch „inwendigen“ (vgl. V. 1239) Prozess zu besingen und die Integrität des Ichs zu verteidigen, indem alle zwischenmenschlichen Beziehungen unmittelbar auf die beiden gegensätzlichen, absoluten Empfindungen von Liebe und Hass zurückgeführt werden. Es ist der verzweifelte Versuch, im Inneren ein verlorenes goldenes Zeitalter zu neuem Leben zu erwecken: „Die goldne Zeit, die ihm von außen mangelt,/ in seinem Innern wieder herzustellen“ (V. 975–976).

Zwischen den beiden hier skizzierten Polen könnte man als Zwischenfigur vielleicht Petrarca ansiedeln, der allerdings ebenfalls einen Preis für die Trennung zwischen öffentlicher und privater Sphäre zahlt: sei es in Form des Verzichts, der antisinnlichen und antiweltlichen Entsagung, sei es, positiv gewendet, in Form eines restaurierten christlichen „Humanismus“.

Auf der Suche nach dem Ruhm, den die Fürsten – der Staat und das Andere – dem Dichter schenken, theorisiert Petrarca ausdrücklich die Kompensation der Macht, die ihm als unerreichbar äußerlich gilt, durch „seelischen Reichtum“. Schlagen wir das *Secretum* auf:

> Meministi quanta cum voluptate reposto quondam rure vagabaris [...] nunquam otiosus, mente aliquid altum semper agitans, et, solis Musis comitantibus, nusquam solus? Denique virgiliani senis exemplo qui ‚regum equabat opes animo, seraque revertens/ nocte domum, dapibus mensas onerabat inemptis‘ [*Georg.* IV, 130–131] sub occasum solis angustam

---

32 G. Baioni, *Classicismo e rivoluzione. Goethe e la rivoluzione francese*, Napoli: Guida 1969, S. 98.

domum repetens et tuis contentus bonis, nunquid non tibi omnium mortalium longe ditissimus et plane felicissimus videbaris?

(Erinnerst du dich noch, wie glückselig du einst auf dem Lande in stiller Zurückgezogenheit lebtest? [...] nie warst du müßig, immer mit hohen Gedanken beschäftigt, immer in der Musen Gesellschaft, nie allein. Wenn du endlich wie jener Alte bei Vergil [‚Reich wie ein König fühlte er sich, und wenn er abends nach Haus kam, fand er den Tisch mit selbstgezogenem Schmause besetzt'] bei Sonnenuntergang in dein enges Heim zurückkehrtest, zufrieden mit deinem bescheidenen Besitze – hieltest du dich da nicht für den reichsten und glücklichsten aller Menschen?[33]

Die Begrenzung des konkreten Lebensraumes wird errungene Innerlichkeit, Zeichen absoluter Überlegenheit. Wo Petrarca sich jedoch fortwährend vom Volk und vom Chaos der Stadt distanzieren muss[34] – die eine zwar verkommene, jedoch bedrohliche bürgerliche Wirklichkeit und andere Existenzmöglichkeiten anzeigen –, ist Bernart noch durch die fest gefügte Exklusivität der höfischen Sphäre geschützt, in der seine Stimme eines Sängers des *joi* anerkannt ist und ihre Funktion besitzt. Er kennt nur den Wechsel von absolutem Überschwang und der Melancholie des *échec* (*Can vei la lauzeta*), ganz sicher nicht die Krankheit des Willens, den quälenden Abgrund der *acedia*. Für Bernart existiert in erster Linie der Gesang. „Im Gesang lässt der Dichter dem Drang freien Lauf, der ihn zum Heraussingen seiner Freude und seines Schmerzes, zu etwas Dionysischem treibt. Wir können sagen, er denkt nichts außer seinem Gesang, er ahmt nicht nach, stellt nicht dar, übersetzt nicht, führt nicht auf: er singt. Und was er singt, ist das Bedürfnis, der Wunsch zu singen". Auf keinen Trobador treffen diese Worte von Guiette[35] mehr zu als auf Bernart, bei dem der Gesang eine ungeheuer naturhafte, ursprüngliche Kraft erlangt.

Indem Bernart das Paradox der *fin'amor* mit einer Intensität durchlebt, die wohl nur in der sehnsüchtigen *amor de lonh* eines Jaufre Rudel ihresgleichen hat, zerlegt er es wie ein Alchemist in seine letzten reinen und irreduziblen Bestandteile: einerseits die *senhoratge* der Dame und die absolute Herrschaft, andererseits die Aneignung des Prozesses, seine Verinnerlichung in der „freien" Sphäre des Ichs. Bilder dieser schillernden Ambiguität sind die Gleichnisse und Metaphern der Tier- und Pflanzenwelt.

---

[33] Petrarca, *Prose*, hg. von G. Martellotti, P. G. Ricci, E. Carrara, E. Bianchi, Milano, Napoli: Ricciardi 1955, S. 86 (dt. Übers. *Über den geheimen Widerstreit meiner Sorgen*, Frankfurt/Main: Insel 2004, S. 75–76).

[34] Vgl. zu diesem Grundmotiv U. Bosco, *Francesco Petrarca* (1946), Bari: Laterza 1971, S. 97ff., sowie die umfassende Analyse der großen Traktate in A. E. Quaglio, *Francesco Petrarca*, Milano: Garzanti 1967, S. 96ff. Siehe auch K. Heitmann, *Fortuna und Virtus. Eine Studie zu Petrarcas Lebensweisheit*, Köln, Graz: Böhlau 1958, und A. von Martin, *Petrarca und die Romantik der Renaissance*, in: „Historische Zeitschrift", 138, 1928, S. 328–344.

[35] Guiette, *Poésie formelle*, zit., S. 31.

Die von Natur aus freien Vögel schwingen sich leichter und kühner im Flug als der verliebte Dichter. In einer bedeutsamen Verdrehung des Topos steht nicht mehr ihr Gesang, sondern ihre „Bewegung" im Vordergrund:

Ai Deus! car no sui ironda,
que voles per l'aire
e vengues de noih prionda
lai dins so repaire?
(*Tant ai mo cor ple de joia*, V. 49ff.)

(Ach Gott, warum bin ich keine Schwalbe, so dass ich durch die Luft flöge und in tiefer Nacht dort in ihre Kammer käme?)

Das berühmte Gleichnis der *lauzeta*, die freudig der Sonne entgegenfliegt, besiegelt eine tiefe Identität zwischen Andersgeartetem: Der *joi* der *lauzeta* ist natürlicher Art, steht diesseits oder, wenn wir so wollen, jenseits der höfischen Liebe, aber in dem Moment, da der Dichter sich auf die Niedergeschlagenheit und die Abkehr vom höfischen Ritual zurückzuziehen scheint, ist es auch der *joi* der *fin'amor*:

Can vei la lauzeta mover
de joi sas alas contra·l rai,
que s'oblid'e·s laissa chazer
per la doussor c'al cor li vai,
ai! tan grans enveya m'en ve
de cui qu'eu veya jauzion,
meravilhas ai, car desse
lo cor de dezirer no·m fon.
(*Can vei la lauzeta*, V. 1ff.)

(Wenn ich sehe, wie die Lerche aus *joi* ihre Flügel gegen den Sonnenstrahl bewegt und sich vergisst und sich fallen lässt um der Süße willen, die ihr zum Herzen dringt, ach! so großes Begehren ergreift mich dann, wenn ich alle fröhlich sehe, dass es ein Wunder ist, wenn nicht sogleich das Herz mir vor Sehnsucht schmilzt).

Es ist ein wunderbares Beispiel für die freie Unterwerfung unter das Reich des *joi*.

Noch tiefer ist das Echo von Motiven der Pflanzenwelt. Im *Exordium* haben sie als Zeichen der neuen Jahreszeit an der Verklärungsstrategie der oft „winterlichen" Kümmernisse der *fin'amor* teil. An anderen Stellen begleiten sie die Unausweichlichkeit des Liebesdienstes, dessen turbulentes Auf und Ab der natürlichen Beziehung von Blättern und Wind verglichen wird:

Cant eu la vei, be m'es parven
als olhs, al vis, a la color,
car aissi tremble de paor
com fa la folha contra·l ven.
(*Non es meravelha s'eu chan*, V. 41ff.)

(Wenn ich sie erblicke, ist es sogleich sichtbar an meinen Augen, am Gesicht, an der Farbe, denn ich zittere vor Furcht wie das Blatt im Wind).

E s'a leis platz que·m retenha
far pot de me so talen,
melhs no fa·l vens de la rama,
qu'enaissi vau lei seguen
com la folha sec lo ven.
(*Amors, enquera·us preyara*, V. 29ff.)

(Und wenn ihr beliebt, mich in ihrem Dienst zu behalten, kann sie mit mir nach ihrem Willen tun; besser tut es der Wind nicht mit dem Zweig, denn ich folge ihr wie das Blatt dem Wind).

C'aissi com lo rams si pleya
lai o·l vens lo vai menan,
era vas lei que·m guerreya,
aclis per far so coman.
(*Lo rossinhols s'esbaudeya*, V. 17ff.)

(Denn wie der Zweig sich dahin beugt, wohin der Wind ihn treibt, so war ich geneigt, dem Befehl derjenigen zu gehorchen, die mir feindlich ist).

Den beeindruckenden Höhepunkt dieser Zurückführung des *joi* auf die Natur, die ihn unbedingt rechtfertigt, bildet eine begeisterte Verwandlung:

Lancan folhon bosc e jarric,
e·lh flors pareis e·lh verdura
pels vergers e pels pratz,
e·lh auzel, c'an estat enic,
son gai desotz los folhatz,
autresi·m chant e m'esbaudei
e reflorisc e reverdei
e folh segon ma natura.
(*Lancan folhon bosc e jarric*, V. 1ff.)

(Wenn Wälder und Eichengestrüpp wieder Blätter bekommen und in Gärten und auf Wiesen die Blumen und das Grün erscheinen und die Vögel, die verdrossen waren, fröhlich unter dem Laube sind, dann singe auch ich und bin fröhlich und erblühe und grüne wieder und treibe Blätter nach meiner Art).

Bezeichnenderweise wird die Verwandlung auf denjenigen Aspekt bezogen, der sich der Herrschaft am meisten entzieht, ja den „Sieg" über sie darstellt, nämlich auf den Gesang, der *nais e creis e brolha* („entsteht und wächst und knospt") (*Can vei la flor, l'erba vert*, V. 4).

Die Lieder Bernarts bauen also auf der völlig unverbundenen Opposition von Macht und *fin'amor*, Fürst und *joi*, „Realitätsprinzip" und Gesang auf: Dem unerreichbaren Glanz der Macht entspricht auf einem vorgezeichneten, geometrisch parallelen Weg der innere Glanz des *joi*. Aber das Motiv der Naturhaftigkeit, das aus gutem Grund nur teilweise mit dem beschriebenen System übereinstimmt, führt neue Elemente der Ambivalenz ein und offenbart die Verbindungsglieder des Denkgefüges.

Einerseits setzt die Verwandlung des *servir* in etwas Natürliches den Liebesdienst als unvermeidlich und äußerlich und enthüllt plötzlich auch dem höfischen Bewusstsein die „Subjektivität“ der Verherrlichung des *joi*: Gerade weil die Gefühlshierarchie *Domna*/Liebender sich der bejahenden Komponente des *joi* entzieht, wird sie als soziale Hierarchie sichtbar. Andererseits führt die Annäherung des Subjekts des Dichters an die Natur das Thema der Rettung ein.

Für Tasso bedeutet die verbleibende, fatale Natürlichkeit des Gesangs, wie ein Seidenwurm zu spinnen, der sich in seinen eignen Sarg einspinnt:

> Wenn ich nicht sinnen oder dichten soll,
> so ist das Leben mir kein Leben mehr.
> Verbiete du dem Seidenwurm, zu spinnen,
> wenn er sich schon dem Tode näher spinnt:
> das köstliche Geweb' entwickelt er
> aus seinem Innersten, und lässt nicht ab,
> bis er in seinen Sarg sich eingeschlossen.
> (V. 3081–3087)

Für Bernart war es dagegen noch möglich, sich in der Natur zu verlieren und wiederzufinden. Spontan scheinen dem Schoße der Natur Formen zu entspringen, die von der Zivilisation unberührt sind, und der Dichter identifiziert sich mit der ewigen Wiederkehr des Frühlings.

Als Bernart seinen perfekten *joi* von den Banden einer öffentlichen Sphäre erfasst sah, die er für immer verbannt geglaubt hatte, blieb ihm – in einer nicht unterscheidbaren Mischung aus Regression und Utopie – nur eine *quête végétale*, eine Flucht in die Unbestimmtheit.

Wilhelm IX. als „esprit fort“

1. „Seine Erfindungsgabe ist letztlich sehr gering und noch die verrücktesten Fantasien dieses Spielmanns mit der Krone erscheinen uns wie Variationen über konventionelle Themen“. Dieses einschränkende, fast verlegene Urteil von Alfred Jeanroy, der in seiner Ausgabe von 1913 lieber auf die Übersetzung von *Companho, tant ai agutz d'avols conres* und des Endes von *Farai un vers, pos mi sonelh* verzichtet hat – „man wird unschwer einsehen, warum ich gewisse Passagen ausgelassen habe“[1] –, hat sich inzwischen gewissermaßen ins Gegenteil verkehrt. Die „verrückten Fantasien“ des Dichterfürsten stehen im Mittelpunkt eines anhaltenden, vielseitigen Forschungsinteresses, reizen Interpretationslust und Imagination. Nach der existenzialistischen Lesart von Reto Bezzola und der parodistischen von Peter Dronke fordert das *dreyt nien* weiterhin die Leser heraus[2]. In scharfsinnigen Untersuchungen wurden immer neue Ebenen einer aufgrund ihres Naturalismus, ihrer Schonungslosigkeit und ihrer parodischen Seiten betont provozierenden Sprache in diesen Versen entdeckt, ohne sie indes zu erschöpfen[3].

Erich Köhler, der Freund und Lehrer, dessen Andenken diese Seiten gewidmet sind, hat sich mehrfach mit Wilhelm IX. befasst und entscheidend dazu beigetragen, verborgene und beunruhigende Aspekte seiner Dichterpersön-

---

1 A. Jeanroy, *Les chansons de Guillaume IX*, Paris: Champion 1913 (CFMA), 2. Aufl. 1926. Die Zitate stehen auf S. XVII und XX.

2 R. Bezzola, *Les origines et la formation de la littérature courtoise en Occident (500–1200)*, II, 2, Paris: Champion 1966, S. 243–316; P. Dronke, *Guillaume IX and courtoisie*, in: „Romanische Forschungen“, 73, 1961, S. 327–338. Die wichtigsten jüngeren Beiträge zum *dreyt nien* sind: N. Pasero, *„Devinalh“, „non-senso“ e „interiorizzazione testuale“: osservazioni sui rapporti fra strutture formali e contenuti ideologici nella poesia provenzale*, in: „Cultura neolatina“, 28, 1968, S. 113–146; L. Lawner, *Notes towards an interpretation of the „vers de dreyt nien“*, in: „Cultura neolatina“, 28, 1968, S. 147–164; D. Rieger, *Der „vers de dreyt nien“ Wilhelms IX. von Aquitanien: rätselhaftes Gedicht oder Rätselgedicht? Untersuchung zu einem „Schlüsselgedicht“ der Trobadorlyrik* (Sitzungsberichte der Heidelberger Akademie der Wissenschaften, Phil.-hist. Klasse, Jahrgang 1975, 3. Abh.), Heidelberg: Winter 1975; A. Limentani, *„No sai que s'es“ e „no sai qui s'es“. (Lirica/narrativa, poesia/prosa, verso/„oratio soluta“)*, in: ders., *L'eccezione narrativa. La Provenza medievale e l'arte del racconto*, Torino: Einaudi 1977, S. 134–153; L. Milone, *Il „vers de dreit nien“ e il paradosso dell'amore a distanza*, in: „Cultura neolatina“, 40, 1980, S. 123–144.

3 Vgl. insbesondere L. T. Topsfield, *The burlesque poetry of Guilhem IX of Aquitaine*, in: „Neuphilologische Mitteilungen“, 69, 1968, S. 280–302; R. Lejeune, *L'extraordinaire insolence du troubadour Guillaume IX d'Aquitaine*, in: *Mélanges P. Le Gentil*, Paris: Sedes 1973, S. 485–503, jetzt auch in: ders., *Littérature et sociétés occitanes au Moyen Age*, Liège: Marche romane 1979; D. Rieger, *Guillaume IX d'Aquitaine et l'idéologie troubadouresque. Remarques sur l'emploi des noms propres chez le „premier“ troubadour*, in: „Romania“, 101, 1980, S. 433–449.

lichkeit zutage zu fördern. Das *dreyt nien* bezieht seine Faszination aus den Zweifeln eines Bewusstseins, das sich in einer Art phänomenologischem Labyrinth über seine eigene Beschaffenheit befragt. Unter der scheinbaren „amusante gasconnade" verbirgt das Prahllied *Farai un vers, pos mi sonelh* eine wahre Auseinandersetzung mit der klerikalen Weltanschauung und erweist sich, gespickt mit tröstlichen und zugleich beängstigenden archetypischen Symbolen (das Feuer, der Herd, die gastliche Wärme, die Katze, die Wunden), als gleichsam tödliche Provokation[4].

Die Interpretationsarbeit zu Raimbaut von Orange zeigt, dass dieser Meister des *trobar prim* innerhalb der aristokratischen Linie einen fortwährenden Dialog mit Jaufre Rudel und vor allem mit Wilhelm IX. unterhielt, der ihm in Fantasie und Stil so verwandt ist[5]. Aus einem etwas besonderen Blickwinkel möchte ich, anknüpfend an das Forschungsrevival zur Freigeisterei im 16., 17. und 18. Jahrhundert[6], das zu neuen Untersuchungen über die mittelalterlichen „Heterodoxen" anregt, einige Stimmungen des Dichterfürsten in eben diesem Licht neu betrachten. Wilhelm IX. als *esprit fort*? Angesichts des Zusammentreffens bestimmter Themen und Haltungen muss die Frage zumindest gestellt werden.

Das auf unzählige Begegnungen und Verkleidungen projizierte *fictional I* von Wilhelm führt uns mitten in die Debatte über die Wahl, über Lust und Verbot, Wille und Tugend, Treue und Abenteuer, die sich in den Anfängen der romanischen Literaturen mit der Entdeckung des Eros und des Gefühls verband. Besonders augenfällig zeugt davon das Thema des „homme entre deux femmes" oder allgemeiner des „homme à femmes". Die faszinierende und nuancenreiche Marie de France – „Dichterin von Problemmärchen", wie Leo Spitzer sie gern nannte – behandelt es in *Fresne*, mit zwei fast gleichen, rivalisierenden Frauen, den *serurs gemeles* Fresne und Codre, und in *Eliduc*, wo der Verzicht von Guildeluec, die sich stillschweigend ins Kloster zurückzieht, den Weg freimacht für die Liebe ihres Mannes zu Eliduc. Im *Chaitivel* betrachtet Maria das Problem von weiblicher Seite: „une femme entre quatre hommes". Hier treibt die Heldin, außerstande zu wählen, die vier prächtigen Ritter, die sie umwerben, in einen

---

4 E. Köhler, *„No-sai-qui-s'es" – „No-sai-que-s'es". (Wilhelm IX von Poitiers und Raimbaut von Orange)*, in: *Mélanges M. Delbouille*, Gembloux: Duculot 1964, II, S. 349–366, wiederabgedruckt in: *Esprit und arkadische Freiheit*, Frankfurt/Main: Athenäum 1966; E. Köhler, *Wilhelm IX, der Pilger und die rote Katze*, in: *Mélanges P. Le Gentil*, Paris: Sedes 1973, S. 421–434, wiederabgedruckt in: *Vermittlungen*, München: Fink 1976.

5 L. Milone, *Retorica del potere e poetica dell'oscuro da Guglielmo IX a Raimbaut d'Aurenga*, in: *Retorica e poetica*, Padova: Liviana 1979, S. 147–177; L. Milone, *Raimbaut d'Aurenga tra ‚fin'amor' e ‚no-poder'*, in: „Romanistische Zeitschrift für Literaturgeschichte", 7, 1983, S. 1–27.

6 G. Schneider, *Der Libertin. Zur Geistes- und Sozialgeschichte des Bürgertums im 16. und 17. Jahrhundert*, Stuttgart: Metzler 1970; A. Tenenti, *Credenze, ideologie, libertinismi tra Medioevo e Età Moderna*, Bologna: Il Mulino 1978; T. Gregory, *Il libertinismo della prima metà del Seicento*, in: „Intersezioni", I, 1981, S. 287–315.

verhängnisvollen Wettstreit, der dreien von ihnen das Leben kostet, während dem vierten, verletzt und verstümmelt, nichts anderes bleibt als ohne Aussichten – ein Vorläufer Don Ottavios – ein von all dem Unglück und dem möglichen Glück mit anderen verwirrtes Herz zu trösten. Von besonderem Symbolwert ist die Geschichte von Ignaurés (*Lai d'Ignaurés*), den seine Geliebten mit dem Tod bestrafen oder zur Wahl zwingen wollen, nachdem sie seine Untreue entdeckt haben. Doch gerade seine neue Rolle des treuen Liebhabers, in die Ignaurés sich nach einer letzten vergeblichen Auflehnung schickt – „Nel feroie pour nul avoir,/ ains amerai toutes encore" („Ich werde es um nichts auf der Welt akzeptieren, sondern sie weiterhin allesamt lieben")[7] – verrät ihn bei den „bösen Zungen" und dem Ehemann der Dame und führt zu seinem tragischen Ende, einer Variante der Legende vom gegessenen Herzen. Schließlich sind wenigstens noch zu erwähnen: *Ille et Galeron* von Gautier d'Arras, wo Galeron und die Tocher des römischen Kaisers sich den Helden streitig machen, und *Galeran de Bretagne*, wo der Held zwischen Fresne und Fleurie hin und hergerissen ist und überdies von Esmeree geliebt wird, der Tocher des Herzogs, an dessen Hof er zum Ritter geschlagen wurde (am Ende siegt aber sein *amour loyal* für Fresne)[8]; und der sagenumwobene Tristan, der zwischen Isolde, der blonden Königin und Frau von Marke, einem nicht-dauerhaften Besitz, und der gleichnamigen Isolde Weißhand steht, Schwester seines Freundes Kaedin und seine rechtmäßige Braut, die sich in dem furchtbaren Widerstreit zwischen Vernunft und Begehren als nicht-besitzbar erwiesen hat: Tristan, stets inkognito, stets auf der Flucht, durch die Attraktion der Abwesenheit an die Liebe gebunden[9]; und schließlich die schillernden Konstruktionen der Paare von Chrétien de Troyes mit all ihrem Voluntarismus und den gesellschaftlichen Ritualen des Besitzes und der *bienséances*, voller Schicksalsschläge und Ironie: Érec und Énide, Cligès und Fenice, Yvain und Laudine (oder Lunete?), doch schon mit Lancelot und der Königin Guenièvre (eine Königin wie Isolde) nimmt die Reihe einen anderen Weg.

In der zweideutigen, mühsamen Kodifizierung seines *De amore* führt Andreas Capellanus zunächst die wechselseitigen Regeln der leidenschaftlichen Liebe

---

7 R. Lejeune (Hg.), *Le lai d'Ignauré ou lai du Prisonner*, Liège 1938 (Acad. Royale de Langue et Litt. Françaises de Belgique, Textes anciens, III), V. 340–341.

8 Vgl. G. Peron, *Una variante del tema dell'„homme entre deux femmes" nel „Galeran de Bretagne"*, in: „Studi di letteratura francese", 3, 1974, S. 49–60; J. Batany, *„Home and Rome". A device in Epic and Romance: „Le Couronnement de Louis" and „Ille et Galeron"*, in: „Yale French Studies", 51, 1975 (*Approaches to medieval Romance*), S. 42–62, sowie die alte Arbeit von G. Paris, *Le mari entre deux femmes*, in: ders., *La poésie du Moyen Age. Deuxième Série*, Paris: Hachette 1895, S. 109–130.

9 Vgl. in D. de Rougement, *L'Amour et l'Occident*, Paris: Plon 1939, 2. durchgesehene Aufl. 1956 (dt. Übers. *Die Liebe und das Abendland*, Zürich: Diogenes 1987), das Kapitel zum Tristanmythos, sowie M. Blanchot, *L'Entretien infini*, Paris: Gallimard 1969 (dt. Übers. *Das Unzerstörbare: ein unendliches Gespräch über Sprache, Literatur und Existenz*, München: Hanser 1991).

an – III „Nemo duplici potest amore ligari“, XII „Verus amans alterius nisi sui coamantis ex affectu non cupit amplexus“, XXX „Verus amans assidua sine intermissione coamantis imaginatione detinetur“ („Niemand kann gleichzeitig in zwei Liebesbeziehungen leben“, „Der wahre Liebende ersehnt leidenschaftlich nur den Beischlaf mit seiner Geliebten, nicht mit einer Fremden“, „Dem wahren Liebenden steht dauernd und ununterbrochen das Bild des geliebten Partners vor Augen“). Doch am Ende kann er nicht umhin, das Spiel gerade in der letzten Regel aufgrund des nicht planbaren Ausbruchs des Begehrens erneut zu eröffnen: XXXI „Unam feminam nil prohibet a duobus amari et a duabus mulieribus unum“ („Es ist nicht verboten, dass eine Frau von zwei Männern und ein Mann von zwei Frauen geliebt wird“)[10].

Noch vor diesen bedrohlichen Inkarnationen des Begehrens und der Moral sticht Wilhelm IX. hervor, der – unter Verwicklungen und Possen, unter Masken und Witz – von zahlreich genossenem Besitz erzählt, einen unberechenbaren und gefährlichen, mit den Trieben und Gelegenheiten verbundenen Eros besingt[11]. Neben der kurzen *Vida* – „Lo coms de Peitieus si fo uns dels maiors cortes del mon e dels maiors trichadors de dompnas ... E anet lonc temps per lo mon per enganar las domnas“ („Der Graf von Poitou war einer der höfischsten Männer der Welt und einer der größten Frauenbetrüger ... Er zog lange Zeit durch die Welt, um die Frauen zu täuschen“) – führt die Kritik zu Recht die Zeugnisse der zeitgenössischen Geschichtsschreiber, Gottfried von Tiron, Ordericus Vitalis, Wilhelm von Malmesbury, an, denn sie zeichnen ein fast mythisches Bild dieses ersten, unmäßigen Trobadors, der sich nicht auf den Kanon der christlichen Tugenden des guten Fürsten zurückführen lässt. Gottfried von Tiron schrieb gegen 1131: „Totius pudicitiae ac sanctitatis inimicus“ („Feind allen Schamgefühls und alles Heiligen“); Ordericus Vitalis (um 1075 – um 1141): „Hic audax fuit et probus, nimiumque iocundus, facetos etiam histriones facetiis superans multiplicibus“ („Er war kühn und höfisch und ausgesprochen fröhlich und übertraf noch die lustigsten Spaßvögel mit vielerlei Scherzen“)[12]. Es sind allbekannte Seiten, die sich die Provenzalisten seit Chabaneau weiterreichen, und es sind wichtige Texte, um die Rezeption und die einschlagende Wirkung eines Werks nachzuzeichnen – das Misstrauen gegenüber jeder Theorie, die allzu leichtfertig eine Verbindung zwischen Erlebnis und Dichtung herstellt, darf nicht vergessen machen, dass ein Text letztlich immer aus Interessen und

---

10 Andreas Capellanus, *Trattato d'amore*, hg. von S. Battaglia, Roma: Perrella 1947, S. 358; dt. Übers. *Über die Liebe*, eingel., übers. und mit Anm. versehen von Fidel Rädle, Stuttgart: Hiersemann 2006, S. 210–212. Zu *De amore* und Guittone siehe A. S. Avalle, *Ai luoghi di delizia pieni*, Milano, Napoli: Ricciardi 1977 (*Il manuale del libertino*, S. 56–86), und J. E. Ruiz Doménec, *El juego del amor como re-presentación del mundo en Andrés el Capellán*, Barcelona: Publicaciones de la Universidad Autónoma de Barcelona 1980.

11 Und dies, während die *fin'amor* als Distanz, als „Sprechen von der Liebe“ entstand. Siehe im vorliegenden Band *Die Sprache der höfischen Liebe (nach Barthes, Lacan, Irigaray)*.

12 Die Texte stehen in R. Bezzola, *Les origines*, zit., S. 268ff.

Beweggründen hervorgeht. In der erwähnten Reihe bietet sich der Text von Wilhelm von Malmesbury (um 1080 – um 1142) für eine genauere Untersuchung an.

> 2. Erat tunc [1119] Willelmus comes Pictavorum fatuus et lubricus; qui, postquam de Jerosolima, ut superiori libro lectum est, rediit, ita omne vitiorum volutabrum premebat quasi crederet omnia fortuitu agi, non providentia regi. Nugas porro suas, falsa quadam venustate condiens, ad facetias revocabat, audientium rictus cachinno distendens. Denique apud castellum quoddam, Niort, habitacula quaedam, quasi monasteriola construens, abbatiam pellicum ibi se positurum delirabat; noncupatim illam et illam, quaecumque famosioris prostibuli esset, abbatissam vel priorem, ceterasve officiales instituturum cantitans. Legitima quoque uxore depulsa, vicecomitis cujusdam conjugem surripuit, quam adeo ardebat ut clypeo suo simulacrum mulierculae insereret; perinde dictitans se illam velle ferre in praelio, sicut illa portabat eum in triclinio[13].

> (Wilhelm, Graf von Poitou, war damals [1119] frivol und schamlos; kaum war er aus Jerusalem zurückgekehrt, wie im vorangehenden Buch zu lesen ist, suhlte er sich so sehr im Laster, als glaubte er, die Welt sei vom Zufall bewegt und nicht von der Vorsehung gelenkt. Außerdem verwandelte er seine Gedichte [wörtl. dummes Zeug, *nugae*], sie mit falscher Schönheit schmückend, in Witze, so dass seine Zuhörer in schallendes Gelächter ausbrachen. Schließlich baute er in der Nähe eines gewissen Dorfes, Niort, irgendwelche Wohnstätten wie kleine Klöster und faselte, er habe eine Dirnenabtei dort errichtet. In seinen Gedichten sang er, er habe dieser und jener, vorausgesetzt sie seien aus angesehenen Bordellen, das Amt einer Äbtissin oder Priorin oder ähnliche Ämter verliehen. Nachdem er seine rechtmäßige Ehefrau verlassen hatte, machte er irgendeinem Vicomte die Frau abspenstig, und war so entflammt für sie, dass er das Bild dieser Dirne auf sein Schild prägen ließ; und er erzählte überall herum, er wolle sie in die Schlacht mitnehmen, wie sie ihn ins Bett mitnahm).

In einem einfallsreichen, erhellenden Beitrag, in dem allerdings die Vitalität Wilhelms IX., seine „spontane" Sexualität ein wenig zu sehr auf Kosten seines launenhaften, problematischen Charakters betont wird, hat Jean Charles Payen den Implikationen des Textes gebührende Aufmerksamkeit geschenkt und die Schritte nachvollzogen, in denen die Verurteilung Gestalt annimmt. Schon die Präsentation der Person (*fatuus et lubricus*) enthält einen heimtückischen Wink: Mit der Erwähnung Jerusalems wird ein Kontakt zu den abtrünnigen, verkommenen Sarazenern suggeriert. Dann die Anspielung auf die ruhmreichen und raffinierten *nugae (falsa quadam venustate condiens)*, die demagogisch das Herz der Zuhörer verführen. Dann der offene Wahnsinn mit dem verrückten Projekt (*delirabat*) des verkehrten „Klosters" von Niort. Schließlich der Bruch der Ehebande und die Verbindung mit irgendeiner Abenteurerin (*vicecomitis cujusdam*

[13] Wilhelm von Malmesbury, *Historia (gesta) regum Anglorum*, zit. nach der Ausg. von W. Stubbs, London 1887–1889, 2 Bde., (Rerum britannicarum medii aevi scriptores, Rolls Series, 90). Reprint New York: Kraus 1964, Buch V, § 439, S. 510.

coniugem), bis sein Wahn ihn in einen offenen Konflikt mit der Kirche stürzt. Treffend stellt Payen fest: „Die ideologische Verurteilung stellt sich am Ende als sehr viel subtiler heraus als es auf den ersten Blick scheint"[14].

Der Kern der Verurteilung scheint mir aber woanders zu stecken, nämlich in einigen Wörtern, die mehr als bisher beachtet zu werden verdienen: „er suhlte sich so sehr im Laster, als glaubte er, die Welt sei vom Zufall bewegt und nicht von der Vorsehung gelenkt". Wilhelm von Malmesbury geht weiter als andere Chronisten. Er stellt eine ausdrückliche Beziehung zwischen Sündenpfuhl und Luststreben auf der einen und frevelhaften, materialistischen Überzeugungen auf der anderen Seite her. Hedonismus und Zufall gehen Hand in Hand miteinander. Unerbittlich projiziert Wilhelm von Malmesbury den Dichterfürsten in eine „philosophische" Dimension, verurteilt *débauche* und Irreligiosität in einem, schreibt Wilhelm IX. auf die „epikureische Häresie" fest.

Wird Wilhelm IX. demnach als Anhänger Epikurs verurteilt? Vielleicht würde man damit allzu viel aus den zwei Zeilen einer „armseligen" mittelalterlichen Chronik herauslesen wollen. Doch war Wilhelm von Malmesbury ein sehr belesener, vielseitig interessierter Mann, wie wir unter Rekurs auf die Gelehrsamkeit des 19. Jahrhunderts erfahren. Folgendermaßen spricht Wilhelm als Bibliothekar des Klosters von Malmesbury von sich: „Sit qui modo parta conservet, ego ad legendum multa congessi" („Wenn manch einer nur das bereits Erworbene bewahrt, so habe ich dagegen viel neuen Lesestoff zusammengetragen"); in einem Brief an seinen Freund Peter befragt er sich über die Orthodoxie des gräkophilen Johannes Scotus Eriugena – „hereticus putatus est ... Sunt enim in libro perifision perplurima quae multorum aestimatione a fide catholica esorbitare videantur" („er galt als Häretiker ... Tatsächlich gibt es in seinem Buch über die Natur [*De divisione naturae*] vieles, was nach Ansicht zahlreicher Personen über den katholischen Glauben hinausgeht"); und möglicherweise ist er der Autor von *De dictis et factis memorabilibus philosophorum*, einer reichen Blütenlese aus Aulus Gellius, Tertullian, Hieronymus, Augustinus, Cyprianus, Ambrosius, Isidorus, Macrobius und Seneca, die im Harleian 3969 enthalten ist[15].

---

14 J. Ch. Payen, *Le Prince d'Aquitaine. Essai sur Guillaume IX, son oeuvre et son érotique*, Paris: Champion 1980, S. 147.

15 Vgl. die Einleitung von Stubbs, S. XVI, S. CXLIII–CXLVII (wo der Brief über Scotus Eriugena wiedergegeben ist). Der Harleian 3969 ist ein Manuskript aus dem 14. Jahrhundert, „proved to be the work of William of Malmesbury by the following passage, which occurs in the epilogue: Ego Guillielmus Malmesberiensis, hos orthographos hic descripsi ...". „The collection contains six treatises, but the ms. ist imperfect at the beginning: 1. De dictis et factis memorabilibus philosophorum; 2. Cassiodorus de Orthographia; 3. Caper de eadem; 4. Ars Agretii; 5. Albinus de Orthographia; 6. Beda de eadem. The first of these would be a most interesting relic if we could confidently claim it for our author. [...] Unfortunately, there is nothing that definitely determines the personality of the compiler. Yet, when we know that Leland (Coll. IV. 48) saw, in the Library of St. Paul's Cathedral, a book entitled *Gulielmi cujusdam deflorationes de vita et moribus philosophorum, ad Gutlacum*, we cannot repress a wish to identify it with this volume, and ist author with our Wil-

Im Florenz des Trecento waren Epikureertum und Häresie bekanntlich Synonyme, vom Zeugnis Giovanni Villanis (*Cronica*, IV, 30) bis zu Guido Cavalcanti, dem Logiker, Naturphilosophen, Häretiker und Epikureer der Boccaccio-Novelle (*Decameron*, VI, 9). Wahrscheinlich sind in dieser Gleichsetzung auch averroistische Einflüsse gegeben, denn auch für Averroes, der die Vollkommenheit des Menschen in den möglichen universalen Intellekt setzte, stirbt die individuelle Seele mit dem Körper[16].

Im *Convivio* zählt Dante die Epikureer zu den drei Schulen des aktiven Lebens, die im Irdischen die Seligkeit suchten und nicht fanden (IV, 22, 15), oder reiht sie in eine Art *praeparatio evangelica*, einen philosophischen Weg zur Wahrheit, ein: „Per le quali tre virtudi si sale a filosofare a quelle Atene celestiali, dove gli Stoici e Peripatetici e Epicurii, per la luce de la veritade etterna, in uno volere concordevolmente concorrono“ (III, 14, 15) („Mit diesen drei Tugenden steigt man empor zum Philosophieren in jenem himmlischen Athen, wo Stoiker, Peripatetiker und Epikureer angesichts der ewigen Wahrheit einträchtigen Sinnes sind“). Weiterhin verurteilt er im *Convivio* leidenschaftlich die äußerst törichte und verderbliche Abwegigkeit (s. II, 8, 7–8), nicht an ein anderes Leben als das irdische zu glauben. Wird Epikur hier nicht explizit beim Namen genannt, so liegen die Dinge in dem berühmten Passus der *Commedia* anders: „Suo cimitero in questa parte hanno/ con Epicuro tutti i suoi seguaci/ che l'anima col corpo morta fanno“ (*Inf.* X, 13–15) („Auf diesem Teil mit Epikur sich quälen/ Die, so wie er, den Irrtum einst gehegt/ Dass mit dem Körper auch zerfall'n die Seelen“)[17].

---

liam. This may wait for more evidence“ (Stubbs, S. CXLI-CXLII). M. Manitius, *Geschichte der lateinischen Literatur des Mittelalters*, Bd. III, München: Beck 1931, S. 469, schließt sich Stubbs' Meinung an: „Dass die Sammlung auf Wilhelm zurückgeht, ist im hohen Grad wahrscheinlich“.

16 Zum Epikureertum in Florenz vgl. P. Renucci, *L'aventure de l'Humanisme européen au Moyen Age*, Paris: Les Belles Lettres 1953, S. 151–156, und G. C. Garfagnini, *Da Seneca a Giovanni di Salisbury: „auctoritates“ morali e „vitae philosophorum“ in un ms. trecentesco*, in: „Rinascimento“, 20, 1980, S. 201–247. Garfagnini publiziert das Traktat *De divisione et laude philosophie, que ad mores pertinet*, das im Ms. Conv. sopp. G.4.1111 der Nationalbibliothek Florenz enthalten ist und sich im Besitz von fra' Zenobio Guasconi befunden hatte; fra' Zenobio war seit 1362 Prior von Santa Maria Novella, wurde 1369 Magister regens der Theologie und war unter den Angehörigen des Dominikanerordens eine herausragende Persönlichkeit. Auf das Ms. aus der zweiten Hälfte des Trecento hatte schon Eugenio Garin im Rahmen seiner Untersuchungen zum Epikureertum im Quattrocento hingewiesen. Es handelt sich um eine Anthologie mit Texten von Seneca, Laktanz, Augustinus, Isidor von Sevilla und Johannes von Salisbury, in der Epikur viel Platz eingeräumt wird (Par. VII, *De doctrina Epicuri quam detestabilis fuerit*, S. 215–216, und *De Epicuro philosopho*, S. 230–233). Auch bei den Predigern tauchte Epikur auf, z.B. bei Giordano da Pisa, *Quaresimale fiorentino del 1305–1306*, hg. von C. Delcorno, Firenze: Sansoni 1974, in den Predigten X (S. 45), XXXIV (S. 177) und LXXV (S. 360). Völlig abwegig A. Pézard, *Un Dante epicurien?*, in: *Mélanges E. Gilson*, Toronto, Paris: Vrin 1959, S. 499–536, der in Dante einen *sectator Epicuri* und Verfechter des Naturgesetzes der Sinnenlust erblickt.

17 Vgl. *Dantes Gastmahl*, Freiburg: Herder 1911, und *Die göttliche Komödie. Erster Teil: Hölle*, Berlin: BMV Berliner Wissenschafts-Verlag 2003.

Nachdem im Lichte des großen Entwurfs der „Reise" das Vertrauen in die Philosophie geschwunden war, veranschaulicht Dante „in der Unterteilung der glühenden Gräber den typischen Aufbau eines Traktats *de haeresibus*, in dem nach und nach die verschiedenen Häresien mitsamt ihren Vertretern und ihren dem Glauben widersprechenden Lehrsätzen aufgezählt werden"[18], und macht aus Epikur einen Häresiarchen, den Hauptverfechter eines verderbten Dogmas, das der Hoffnung auf Wiederauferstehung und damit dem christlichen Glauben und seinen überirdischen Werten zuwiderläuft.

Abgesehen von den Versuchen eines Gassendi, einen tugendhaften Epikur zu retten, oder der von Pierre Bayle eingeführten Unterscheidung zwischen zügellosen Libertins und asketischen Atheisten, die imstande seien, sich den Gesetzen des gesellschaftlichen Lebens zu unterwerfen[19], gehen im gesamten Freidenkertum, um es mit La Bruyère zu sagen, „déréglement de coeur et d'esprit" stets miteinander einher. So äußert sich die Ungezügeltheit der Libertins für den orthodoxen Bossuet in einer Art *libertinage de l'esprit,* die sich im Reich der Imagination und der Sinne nichts verwehrt: „La liberté qu'on se donne de penser tout ce qu'on veut fait qu'on croit respirer un air nouveau. On s'imagine de jouir de soi-même et de ses désirs; et, dans le droit qu'on pense acquérir de ne se rien refuser, on croit tenir tous les biens, et on les goûte par avance"[20].

Die Einforderung der sexuellen Freiheit hat nicht von ungefähr die symbolische Bedeutung radikaler Befreiung, denn gerade auf der körperlichen Lust lastet das stärkste Tabu der Gesellschaft. Die Rückkehr zu einem gesetzlosen Zustand jenseits von Gut und Böse, die die Libertins verfolgen, bedeutet die Rückkehr zum Lustprinzip.

3. Sicher können wir Bossuet und Wilhelm von Malmesbury, der fünf Jahrhunderte früher schrieb, nicht ohne Weiteres nebeneinanderstellen. Es verbindet sie aber über die lange Zeit hinweg ein gemeinsamer Zug: Sie sind geradezu besessen vom theologischen Hass gegen das Epikureertum, seine Physik, seine Weltsicht und Gleichgültigkeit gegenüber den Göttern, vom Hass gegen die Atome und die *voluptas*. Sie stehen damit ihrerseits in einer langen Tradition, von der Polemik des Paulus gegen die Ausschweifungen – „Manifesta sunt autem opera carnis: quae sunt fornicatio, immunditia, impudicitia, luxuria, idolorum servitus, veneficia, inimicitiae, contentiones, aemulationes, irae, rixae, dissensiones, sectae,

---

[18] G. Stabile, Stichwort *Epicurei* in der *Enciclopedia dantesca*, Roma: Istituto dell'Enciclopedia Italiana, Bd. II, 1970, S. 697–701, hier S. 699.

[19] Zu den „adoucissements convenables" der epikureischen Philosophie Gassendis siehe T. Gregory, *Scetticismo ed empirismo. Studio su Gassendi*, Bari: Laterza 1961, insbesondere S. 179ff. Zur Unterscheidung zwischen *irréligeux* und *immoral* bei Pierre Bayle vgl. Schneider, *Der Libertin*, zit., S. 210–211.

[20] J.B. Bossuet, *Oraison funèbre d'Anne de Gonzague* (1685), zit. nach G. Schneider, *Der Libertin*, zit., S. 209, der den Passus auf Französisch wiedergibt.

invidiae, homicidia, ebrietates, comessationes, et his similia" (*ad Galatas*, 5, 19) („Offenbar sind aber die Werke des Fleisches, als da sind: Unzucht, Unreinigkeit, Ausschweifung, Unkeuschheit, Götzendienst, Zauberei, Feindschaft, Hader, Eifersucht, Zorn, Zank, Zwietracht, Spaltungen, Neid, Totschlag, Saufen, Fressen und dergleichen") – bis zum Vorwurf der Frevelhaftigkeit, den die frühen Kirchenväter, vor allem Arnobius und Laktanz, gegen Epikur richteten: Er erscheint als Verleugner der Vorsehung, Verkünder der Sterblichkeit der Seele, Zerstörer der Religion, Prediger der Lüste des Fleisches.

Hochmütig wendet sich der Epikureer, der nach Sinnenlust Strebende, den eitlen irdischen Dingen, statt den transzendentalen Werten zu. Seine Seele ist eine Beute der Unbeständigkeit, wie im *Fourier* von Roland Barthes beschrieben: „Die Variante (oder Alternierende oder Schmetterlingstrieb) ist das Bedürfnis nach periodischer Wandlung (alles Tun und jedes Vergnügen sollen alle zwei Stunden wechseln). Das ist, wenn man so will, die Disposition des Subjekts, das nicht auf beständige Weise in das ‚richtige Objekt' investiert: eine Leidenschaft, deren mythische Figur Don Juan wäre"[21]. Der Hedonist ist ein solcher, *weil* er nicht ans jenseitige Leben glaubt; nur wer nicht ans Jenseits glaubt, nur der Frevler, kann sich aus Prinzip und nicht aus Verfehlung der Faszination des Irdischen überlassen.

Das ist ein unumstößlicher Zusammenhang, den die mittelalterlichen Verteidiger der Orthodoxie, gleich ob sie Vertreter der Patristik oder der Scholastik waren, ohne zu zögern als solchen erfassen und anklagen, wie später ein Bossuet oder ein Père Garasse. Dem Hl. Thomas zufolge hat die Wollust, die vor allem die höheren Fähigkeiten des Menschen, nämlich Vernunft und Willen (*ratio et voluntas*) aus den Fugen bringt (*deordinantur*), eine Reihe furchtbarer Auswirkungen auf die Gesamtharmonie des Menschen: Unbeständigkeit, Eigenliebe (*amor sui*), Gotteshass (*odium Dei*), Weltsinn und Entsetzen vor der Zukunft (*horror vel desperatio futuri*). Die Wahl zwischen weltlichem Leben und Leben des Geistes, die ausschlaggebende Wahl für Schicksal und Erlösung des Menschen, dreht sich wesentlich um die *voluptas*. Wer sich der Liebe zur diesseitigen Welt hingibt und in ihr die Lust genießen will („affectus praesentis saeculi, in quo scilicet vult frui voluptate"), verfällt in das Entsetzen vor der Zukunft, denn wer allzu sehr mit der fleischlichen Lust beschäftigt ist, kümmert sich nicht um die geistigen Dinge, sondern empfindet Widerwillen gegen sie („desperatio futuri saeculi, quia dum nimis detinetur carnalibus delectationibus, non curat pervenire ad spirituales, sed fastidit eas")[22].

---

[21] R. Barthes, *Sade, Fourier, Loyola*, Paris: Éd. du Seuil 1971, wiederveröffentlicht in der Reihe Points 1980, S. 106 (dt. Übers. *Sade, Fourier, Loyola*, Frankfurt/Main: Suhrkamp 1974, S. 117f.).

[22] *Summa theologiae*, 2–2, q. 153 a.5. Ich zitiere nach der Edition der Biblioteca de Autores Cristianos, Madrid 1961ff., Bd. III, S. 881.

Bei Arnobius tritt das ethische Streben klarer hervor – verspürte er noch die Faszination Epikurs? Unermüdlich beschreibt er die Psychomachie (Opfer, Anstrengung, Lohn ...) gegen Neigung, Trieb und Leidenschaft:

> Rursus vero si animae leti adeunt ianuas, Epicuri ut sententia definitur [...] Nam si communiter obeunt et cum ipsis corporibus sensus eis deperit extinguiturque vitalis, non tantum est erroris maximi verum stolidae caecitatis, frenare ingenitos adpetitus, cohibere in angustiis vitam, nihil indulgere naturae, non quod cupidines iusserint atque instigaverint facere, cum nulla te praemia tantis laboris expectent cum dies mortis advenerit et corporalibus fueris vinculis exsolutus[23].
>
> (Dagegen aber, wenn die Seelen dem Tore des Todes zugänglich sind, wie des Epikurs Lehre erklärt wird [...] denn gehen sie insgesamt zu Grunde, und geht ihnen mit den Körpern selbst die Lebenskraft verloren, dann ist der Irrtum nicht sehr groß, ja es ist törichte Verblendung, die angeborenen Begierden zu zügeln, das Leben durch Entsagungen einzuschränken, der Natur nichts zu gestatten, was die Leidenschaften fordern, und wozu sie anreizen nicht zu tun: da für solche Anstrengung kein Lohn dich erwartet, wenn der Tag des Todes herankommen und dich der körperlichen Bande entfesseln wird).

Das Verhalten des Libertins fordert die Gottheit und die Zweckgerichtetheit heraus, seine Leichtfertigkeit ist eine Sünde wider den Geist, und es ist wohl kein Zufall, dass ein Connaisseur wie Kierkegaard die Ursprünge Don Juans, Geist der Musik und dämonische Provokation, gerade im Mittelalter erblickt:

> Indem der Geist sich also von der Erde löst, tritt die Sinnlichkeit mit ihrer ganzen Macht hervor; sie hat nichts gegen den Wechsel einzuwenden, sieht auch die Nützlichkeit der Scheidung ein und ist froh darüber, dass die Kirche sie nicht zum Zusammenbleiben veranlasst, sondern das Band, das sie verbunden hat, zerschneidet. Stärker denn je zuvor erwacht nun die Sinnlichkeit in ihrem ganzen Reichtum, in ihrer ganzen Wonne, ihrem ganzen Jubel, und wie der Einsiedler in der Natur, das eingeschlossene Echo, das niemals das erste Wort spricht, niemals spricht, ohne gefragt zu sein, so großes Gefallen an des Ritters Jagdhorn fand und seinen Minneweisen, am Hundegebell und an der Rosse Schnauben, dass es niemals müde ward, es immerfort zu wiederholen, zuletzt gleichsam ganz leise vor sich hin, um es nicht zu vergessen, so ward die ganze Welt zu einer von allen Seiten widerhallenden Wohnstatt für den weltlichen Geist der Sinnlichkeit, während der Geist die Welt verlassen hatte. Das Mittelalter weiß viel von einem Berg zu erzählen, der noch auf keiner Karte gefunden ist, dem

[23] Arnobius, *Adversus nationes*, II, 30, zit. nach der Ausg. von A. Reifferscheid, Wien 1875 (Corpus Scriptorum Ecclesiasticorum Latinorum, 4). Reprint New York: Johnson 1975 (dt. Übers.: *Des Afrikaners Arnobius sieben Bücher wider die Heiden*, Landshut: Vogel'sche Verlagshandlung 1842, S. 72). Zur Vorstellungswelt, die Moralität und göttliche Strafe verknüpft, vgl. das faszinierende Werk von J. Le Goff, *La naissance du Purgatoire*, Paris: Gallimard 1981 (dt. Übers. *Die Geburt des Fegefeuers*, Darmstadt: Wissenschaftliche Buchgesellschaft 1984).

> *Venus-Berg*. Dort hat die Sinnlichkeit ihr Heim, dort hat sie ihre wilden Freuden; denn sie ist ein Reich, ein Staat. In diesem Reiche ist die Sprache nicht zu Hause, nicht die Besonnenheit des Denkens, der Reflexion mühevolles Erringen, dort ertönt allein die elementarische Stimme der Leidenschaft, das Spiel der Lüste, der wilde Lärm des Rausches, dort genießt man nur in ewigem Taumel. Der Erstling dieses Reiches ist *Don Juan*[24].

Der Libertin lebt in der Kontingenz: *quasi omnia fortuitu agi*, wie Wilhelm von Malmesbury über Wilhelm IX. sagt. Der Kern des verderbten Dogmas Epikurs ist die Leugnung der Zielgerichtetheit und der Vorsehung, der Sieg des Zufalls, von Laktanz – „principium sumere, quae videtur prima esse natura, sitne providentia quae rebus omnisbus consulat an *fortuito* vel facta sint omnia vel gerantur; cuius sententiae auctor est Democritus, confirmator Epicurus" („... um bei dem Problem anzusetzen, das seiner Natur nach das wichtigste zu sein scheint, ob es nämlich eine Vorsehung gibt, die alle Dinge lenkt, oder ob alles *zufällig* geschieht; eine Lehre, deren Erfinder Demokrit ist und die durch Epikur bekräftigt wurde") – bis zum Hl. Thomas: „Quidam totaliter providentiam negaverunt, sicut Democritus et Epicurei, ponentes mundum factum esse *casu*" („Es haben einige eine Vorsehung vollständig geleugnet, wie Demokrit und Epikur, indem sie angenommen haben, dass die Welt vom Zufall gemacht sei")[25].

Um zu den Kreisen der höfischen Kultur zurückzukehren, finden wir schließlich bei Johannes von Salisbury ein vollständiges Bild des epikureischen Irrtums, von der törichten Moral bis hin zur Physik, die Finalität und Ursache ausschließt. Schon Cicero schrieb gegen den *clinamen*, gegen eine Abweichung der Atome, die ganz willkürlich und ohne jede Finalität gedacht werde („nam ipsa declinatio ad libidinem fingitur"): „und für einen Naturwissenschaftler gibt es doch nichts Entehrenderes als die Behauptung, etwas geschehe ohne Ursache" („quod nihil turpius physico, quam fieri quicquam sine causa dicere")[26]. Im *Policraticus* steht Epikur, auch wenn er den Sinnenfreuden frönt („volutatus in voluptatibus"), für eine der drei antiken Schulen, die auf verschiedene Weise die Seligkeit finden, wie später in Dantes *Convivio*; eine breite Abhandlung seiner Lehre finden wir aber im 1157 verfassten *Entheticus*, im Rahmen einer Übersicht über die antiken Philosophien, wo zunächst folgende Definition gegeben wird: „Esse boni summam putat alter gaudia mentis,/ atque voluptati cuncta subesse

---

24 S. Kierkegaard, *Enten – Eller*, dt. Übers. *Entweder – Oder*, Erster Teil, in: *Gesammelte Werke*, Bd. 1, Jena: Diederichs 1922, S. 108–109.

25 Laktanz, *Divinae institutiones*, I, 2, 2. Ich zitiere nach der gekürzten Ausgabe von U. Boella, Firenze: Sansoni 1973, S. 76. Thomas von Aquin, *Summa theologiae*, I, q. 22 a.2 (*De providentia Dei*) (dt. Übers. *Summe der Theologie*, Kröner Verlag: Stuttgart 1985, Bd. 1, S. 176).

26 Cicero, *De finibus*, I, 6 (dt. Übers. *De finibus bonorum et malorum: Das höchste Gut und das schlimmste Übel*, München: Heimeran 1960, S. 23).

docet“ (V. 529–530) („Dieser Philosoph hält die Freuden des Geistes für das höchste Gut und lehrt, dass alles den Sinnenfreuden unterworfen ist“)[27].

Johannes von Salisbury verzichtet nicht auf den Versuch, einen „guten Epikur“ zu retten, der eine *pura voluptas* verkörpere und imstande sei, mit Hilfe der *ratio* zwischen Statthaftem und Unstatthaftem zu wählen, mit Hilfe der *virtus* die *gaudia vera*, die *vera quies*, die *gaudia tranquillae pacis* (V. 531ff.) zu finden. Aber das Wohlwollen gegenüber dem *sobrius Epicurus* tritt sogleich hinter der scharfen Verurteilung des *ebrius Epicurus* zurück, der Zufall und *voluptas* vergöttlicht: „Mancipium ventris non curat, quid sit honestum,/ Fortunamque putat numinis esse loco,/ nil ratione geri, sed casu cuncta; voluptas/ numen excolitur, res mala, venter edax“ (V. 581ff.) („Dieser Sklave der Lüste kümmert sich nicht darum, was ehrbar ist oder nicht, und hält die Fortuna für eine Gottheit, nichts sei von der Vernunft, sondern alles vom Zufall gelenkt; die Sinnenfreude wird wie ein Gott verehrt, sowie alles Üble und der gefräßige Bauch“); der *ventris Venerisque sacerdos* (V. 589) wird seinen gerechten Lohn allein im Feuer, im Mist, unter den Würmern der Verwesung finden (*ignes, stercora, vermes*, V. 591).

In der zentralen Passage der Verurteilung werden die Vorstellungen von der zufälligen Bewegung der Atome und der Sterblichkeit der Seele, das heißt der Sinnlosigkeit der Tugend und der Inexistenz eines außerirdischen Lohns für die Guten, mit würzigen Zutaten einer höfischen *voluptas* vermengt: Liebesfreuden und Würfelspiel, Müßiggang, Wein und die Freiheiten der Spielleute. So können wir uns den idealen Hof Wilhelms IX. vorstellen:

569 Conflat in immensum corpuscula casus acervum
ut fiat mundi maximus iste globus,
fixaque sint elementa locis sub lege perenni,
utque vices peragant tempora certa suas.
Haec quoque secta docet animam cum carne perire
et frustra leges justitiamque coli.
Flatibus assimulat subtilia corpora mentes,
mentiturque piis praemia nulla dari.
Quid deceat, nescit; Venus, alea, somnus, odores,
crassa culina, jocus, otia, vina juvant.
Istis addatur plausus, fallacia, nugae
et quicquid mimus, histrio, scurra probant.

(Der Zufall häuft die Atome zu einer riesigen Masse auf, woraus ihres Erachtens der weite Globus dieser Welt entsteht, und die Elemente sind unabänderlich unter ein ewiges Gesetz gestellt, und festgesetzte Zeiten bestimmen ihren Wechsel. Diese Schule lehrt auch, dass die Seele mit dem Körper stirbt und es zwecklos ist, die Gesetze und die Gerechtigkeit hochzuhalten. Den Geist als feiner Körper vergleicht sie einem Windhauch und behauptet lügnerisch, dass den Guten kein Lohn zuteil werde. Sie weiß nicht, was schicklich ist; nur Venus, Würfel, Schlaf, Gerüche, fette Küche,

[27] Johannes von Salisbury, *Entheticus*. Ich zitiere nach der Ausgabe von R. E. Pepin, in: „Traditio“, 31, 1975, S. 127–193.

Spiel, Müßiggang und Wein ergötzen sie. Hinzu kommen die Schmeichelei, die Falschheiten, die poetischen Albernheiten und alles, was Mimen, Histrionen und Possenreißer gutheißen).

Wenn wir uns vor dem Hintergrund der Bezugspunkte der Kultur und Sitten, die Johannes von Salisbury uns an die Hand gibt, erneut der *Historia regum Anglorum* von Wilhelm von Malmesbury zuwenden, werden wir nicht enttäuscht. Die ausdrückliche Verurteilung des Epikureertums als verderbter Lehre geht, in einem explizit „philosophischen" Kontext, aus einer schillernden, erbaulichen Geschichte in Buch III, *De doubus clericis sociis*, hervor[28], die dem Leser zu moralischem Nutzen gereichen soll („Ista pro utilitate legentis me inserire non piguit"). Sie ist ein wichtiges Steinchen in dem Mosaik, das wir um den von Wilhelm IX. handelnden Passus aus Buch V, namentlich um die Formel *omnia fortuitu agi*, und seine möglichen Folgen für die Interpretation zusammenzusetzen suchen.

Zwei Kleriker aus Nantes, gebildete *presbyteri*, die sich mehr den weltlichen als den göttlichen Dingen widmen – „id officium magis precario quam bonae vitae merito ab episcopo loci exegerant ... pluribus se annis nunc litteris, nunc seculi lucris, mentes exercuisse, nec satiasse, magis ad distortum quam ad rectum intentas" („ihr Amt hatten sie mehr aus Gnade als durch das Verdienst eines ehrbaren Lebens erhalten ... viele Jahre lang haben sie ihren Geist bald an die Wissenschaft, bald an die Erlangung weltlichen Reichtums gewandt, und waren unersättlich, denn sie waren mehr auf das Schlechte als auf das Rechte bedacht") –, werden durch die langjährige Freundschaft, die sie verbindet, zu einem gewagten Pakt getrieben: Wer von ihnen zuerst sterben wird, verpflichtet sich, aus der anderen Welt zurückzukehren und dem Freund zu erscheinen. Geschieht dies, so wird die Unsterblichkeit der Seele und die Existenz eines überirdischen Lebens bewiesen sein, andernfalls ... Der Pakt ist ruchlos und geheim („in secreto conclavi hujusmodi sententias fudere") und bildet einen ständigen Gesprächsstoff der beiden Freunde („ita data acceptaque fide, cotidianis colloquiis sacramentum frequentabant"). In der Tat steht Großes auf dem Spiel (die Unsterblichkeit oder Sterblichkeit der Seele) und das wird auf streng philosophische Weise formuliert: „Pasciscuntur ergo ut quisquis eorum ante obiret, superstiti, vel dormienti vel vigilanti, appareret infra triginta proculdubio dies: si fiat, edocturus quod, secundum Platonicos, mors spiritum non extinguat, sed ad principium sui Deum tanquam e carcere emittat; sin minus, Epicureorum sectae concedendum, qui opinantur animam corpore solutam in aerem evanescere, in auras effluere"[29] („Sie versprechen also, dass derjenige von beiden, der zuerst

---

[28] Wilhelm von Malmesbury, *Historia regum Anglorum*, Buch III, § 237. Zit. nach der Ausg. von Stubbs, S. 295–297.

[29] J. Le Goff, *La naissance du Purgatoire*, zit., führt die Geschichte von dem kurzfristig gestorbenen und dann wieder zum Leben erwachten Soldaten an, der Gregor dem Großen von seinem Blick in die Hölle berichtet (Kapitel 2), und er erzählt von den Pietro Damiani erschienenen Seelen Verstorbener, die die Qualen des Fegefeuers erlitten und gekommen

stirbt, dem Hinterbliebenen unfehlbar, sei es im Schlaf, sei es im Wachen, innerhalb von dreißig Tagen erscheinen wird: wenn dies geschieht, so wird bewiesen sein, dass der Tod den Geist nicht auslöscht, wie die Platoniker meinen, sondern Gott ihn zu seinem Ursprung zurückschickt, ihn gleichsam aus einem Gefängnis befreiend; im gegenteiligen Fall wird man dagegen der Schule der Epikureer Recht geben müssen, die meinen, die vom Körper getrennte Seele verschwinde in der Luft, verliere sich im Wind"). Eines Tages stirbt einer der beiden Kleriker und der hinterbliebene Freund wartet gespannt auf die Erfüllung des Versprechens. Offensichtlich gibt es das Jenseits, wie die schreckliche Erscheinung des Toten beweist – „vultu, qualis solet esse morientium anima fugiente, exanguis" –, der in den Schwefelschlünden der Hölle ewige Qualen erleidet, denn unwandelbar ist das Schicksal dessen, der durch den göttlichen Urteilsspruch dorthin verdammt wurde: „ibi ‚dum rotat astra polus, dum pulsat litora pontus', pro criminibus meis volvar; inflexibilis sententiae manet rigor, aeterna et innumera poenarum genera comminiscens" („hier werde ich, solange die Gestirne sich um ihre Achse drehen, solange das Meer ans Ufer schlägt, für meine Vergehen gequält; von unerbittlicher Strenge ist das Urteil, das ewige und unzählige Arten der Strafe auferlegt"). Ein grauenerregendes Mal der Hölle auf dem Fleisch des erschütterten, unschlüssigen Hinterbliebenen wird die Wahrheit der nächtlichen Erscheinung beweisen: „ille, curvatis in volam digitis, tres guttas defluentis tabi super eum jaculatus est, quarum duae tempora, una frontem contingentes, cutem et carnem sicut ignito cauterio penetrarunt, foramen nucis capax efficientes" („Der Tote schleuderte mit gekrümmten Fingern drei Tropfen eines Verwesungssaftes auf ihn, von denen zwei die Schläfen und einer die Stirne trafen und wie ein Brandmal die Haut und das Fleisch durchdrangen, so dass sie ein nussgroßes Loch bohrten"). Angesichts dieses schwer wiegenden *documentum* des Schicksals seines Freundes und des *singulare monimentum* für sein eigenes Los bleibt dem Hinterbliebenen nichts anderes als sein Leben zu ändern und unter den staunenden Blicken der Welt, die Zeuge einer von Gottes Hand gewirkten plötzlichen Bekehrung geworden war, in ein Kloster in der Nähe von Rennes einzutreten, nachdem er sein ganzes Hab und Gut an die Kirche und die Armen

---

waren, um Fürbitte zu erflehen (Kapitel 5). Eingehend untersucht er in Kapitel 5 außerdem vier Reisen von Klosterbewohnern ins Jenseits: 1. die Vision der Mutter von Guibert de Nogent, die in *De vita sua* (um 1116) wiedergegeben ist, 2. die Vision von Alberico Settefrati (um 1130), 3. die *Visio Tungdali*, die von einem irländischen Mönch in Deutschland, in der Gegend von Regensburg verfasst wurde, 4. das *Purgatorium Sancti Patricii* (um 1118) von H. De Saltrey, ein Mönch der Zisterzienserabtei von Huntingdonshire. Von besonderem Interesse ist in unserem Zusammenhang die Vision der Mutter von Guibert de Nogent, die auf einem Pakt zwischen zwei Lebenden fußt, mit dem die zuerst Scheidende sich verpflichtet, der Hinterbliebenen ihre Erfahrung im Jenseits zu schildern. Allerdings hegen die Mutter von Guibert und ihre Freundin keinerlei Zweifel an der Existenz des Jenseits, sie möchten nur wissen, ob sie ins Paradies oder an den Ort der Strafe kommen. Dagegen ist der Kern der Geschichte der beiden Kleriker aus Nantes der philosophische Zweifel hinsichtlich der Sterblichkeit oder Unsterblichkeit der Seele.

verteilt hat: „omnes audientes et videntes de subita conversione admonens ut dicerent: Haec est mutatio dexterae Excelsi".

Der Zweifel an der Existenz des Jenseits und seiner Qualen, der dazu treibt, sich den weltlichen Freuden zu widmen, und der die gesamte christliche Vorstellungswelt von Frevel und Strafe durcheinanderbringt, ist also für Wilhelm von Malmesbury als Richter Wilhelms IX. die charakteristische Verderbtheit der „epikureischen Häresie". Die Geschichte der beiden Kleriker aus Nantes speist sich aus den tiefsten geistigen Beunruhigungen der mittelalterlichen Kultur, denen auch die Idee zu der großen Reise Dantes entspringen wird.

4. Wilhelm IX. als *esprit fort*. Ich habe versucht, seine Gestalt *ex negativo* nachzuzeichnen, durch die orthodoxe Brille Wilhelms von Malmesbury: ein privilegierter Beobachtungsstand, um Schockwirkung und Provokation zu ermessen. Aber der Blick des Inquisitors, der sich seiner Überzeugungen so sicher ist, sieht freilich nicht, wohin uns die wechselnde Liebe des Dichterfürsten, seine Frauenfantasien, seine *nugae* führen, und will es auch nicht sehen. Auch die moderne Forschung hat keine leichte Aufgabe, denn sie läuft stets Gefahr, die Extravaganz Wilhelms zu unterschätzen oder seine Weltbejahung überzubewerten.

Das Kaleidoskop des Dichterfürsten lässt Bilder entstehen und verschwinden. Es verwirrt. Wer ist die Frau für Wilhelm IX.? Das erotische Abenteuer, die Herausforderung, der Beinahe-Tod wie im *Gap* (Nr. V)? Der Besitz von ein oder zwei Stuten, wie der Besitz einer Burg (Nr. I)? Die neue, bessere Frau – „qu'ie·n sai gensor e belazor,/ e que mais vau" („weil ich eine edlere und schönere kenne, die mehr wert ist") –, die für einen Augenblick an die Stelle der fernen, nicht besessenen Frau tritt (Nr. IV)? Der magische Lebensquell, der das Fleisch neu zu beleben versteht, damit es nicht altert, „que no puesca envellezir" (Nr. IX)? Die Freundin, die er wegen eines Streits verloren hat, jedoch gewiss, sie wiederzufinden und erneut zu besitzen, wie schon in der Vergangenheit, da wo die Verbindung stärker ist als die Distanz, das Misstrauen und die üble Nachrede der bösen Zungen (Nr. X)? Unversiegbarer Ursprung, unzerstörbarer Wald, der desto mehr wächst, je mehr man ihn beschneidet (Nr. III)?

Zärtlichkeit, Rückkehr der Geliebten und zur Geliebten, Bilder der Zerbrechlichkeit und der Erneuerung, aber auch der Angst und der Herausforderung, wie in dem Abenteuer der roten Katze (Nr. V), in dem Prahllied *Ben vuelh que sapchon li pluzor* (Nr. VI) oder in dem überwältigenden heidnischen Naturalismus der *lei del con* (Nr. III), die mit Begeisterung und Bestürzung dem unerschöpflichen weiblichen Geschlecht huldigt[30]. Wilhelm hat nicht so sehr zwei Gesichter, wie eine bestimmte Richtung der Kritik seit Rajna meint, als deren

[30] Zu Recht weist G. Lachin, *Malas femnas*, in: „Cultura neolatina", 40, 1980, S. 33–47, auf die obszöne und entsetzliche Seite der Frauenbilder in der Trobadorlyrik, die Kehrseite der *Domna* hin. Abgesehen von einigen offensichtlichen Analogien sind die Positionen von Wilhelm IX., Jaufre Rudel und Marcabru jedoch auch im Verhältnis zur Frau grundsätzlich verschieden.

viele. Er ist der Andere. *Diversité, c'est ma devise*. Selbstbehauptung, Treiben, genossene und verlorene Macht. Die Faszination der Macht ist in allen Liedern zu spüren, gibt der Erotik Nahrung und erschwert die Zärtlichkeit, verherrlicht und verzerrt das Bild eines Fürsten, der zugleich Spielmann ist. Sogar in dem Grenzfall des „Abschieds von der Welt", dem umstrittenen, schwer zu deutenden *Pos de chantar* (Nr. XI) ist sie gegeben, wo Wilhelm zwischen einer Art transzendentem Alter ego und seiner Verleugnung im Namen einer weltlichen Dimension zu schwanken scheint, der sein Geist für immer verbunden bleibt[31]. Fürst und Spielmann. Ein unentwirrbares Geflecht aus Hedonismus und *seigneurie – obediensa deu portar* ... ist vor allem das Gesetz, das für die anderen, für die Untertanen gilt – im Zeichen der Verstellung und des Privilegs. Auch dies ist eine Konstante der freidenkerischen Tradition, wo der Kult der Sinnenlust leicht in einen Macht- oder Gewaltkult übergeht. Siehe Sade.

Wagemut und Melancholie. Wie im *vers de dreyt nien* (Nr. IV) und im „Tot es niens" der Nr. VII, wo das Nichts sicher *amor de lonh* ist – „Dieses Das-was-nicht-ist erweist sich als eine Art Halluzination, ein Trugbild, eine Illusion, eine von den Trobadors bevorzugte Beschreibungsweise der *amor de lonh*"[32] –, worin aber auch das Echo einer weiter reichenden Vergänglichkeit mitschwingt. Einem suggestiven Interpretationsgedanken von Lynne Lawner zufolge handelt es sich gleichsam um ein Vorgefühl der Krise, die die Welt der Provence erfasst: „Das Thema der *vanitas vanitatum*, das diesem Gedicht zugrunde liegt, scheint im Widerspruch zu anderen Aspekten der Persönlichkeit Wilhelms IX. zu stehen, wie seine Zeitgenossen sie interpretierten und noch heute viele Leser sie sehen – dem Zynismus, der Zügellosigkeit, dem Gefallen an Zoten –, aber in Wirklichkeit bildet es deren Kern. Unzweifelhaft gibt es in seinem Werk so etwas wie eine Vorahnung der historischen Krise und eine Vision vom Ende seiner Welt: die historischen Realitäten des 12. Jahrhunderts, die Städte, die zunehmend an die Stelle der Burgen treten, der Zusammenbruch einer pyramidal aufgebauten Gesellschaft, die durch eine Klassenstruktur mit genau definierten Blöcken und ein aufstrebendes Bürgertum abgelöst wird, die allmähliche Herausbildung der Nationen, der Monarchien – all dies bedeutete in Frankreich die völlige Zerstörung der Kultur des Südens ..."[33]. Ein aristokratisches Bewusstsein von der Krise und der Wille, sich ihr zu entziehen, „das Bestreben, einen verbalen Raum, einen vom Rest der Welt abgesonderten Raum ohne Aggressionen, Zerstörungen und Veränderungen zu schaffen"[34]. Rettung bietet einerseits das Verfassen der *nugae*, aber auch – der klerikalen *vanitas vanitatum* spiegelbildlich entgegengesetzt – der Triumph des Weltlichen als Experiment und als Abgrund, ein offenes Durchstreifen der Orte des Nichts. Bisweilen scheint bei Wilhelm IX., der ebenso

---

[31] N. Pasero (Hg.), Guglielmo IX di Aquitania, *Poesie*, Modena: Stem Mucchi 1973, hebt hervor, dass das „übliche dualistische Schema des religiösen Moralismus" (S. 272) fehlt.

[32] L. Lawner, „*Tot es niens*", in: „Cultura neolatina", 31, 1971, S. 155–170, hier S. 159.

[33] Ebd., S. 165.

[34] Ebd.

beherzt ergreift wie er furchtlos verliert, jener materialistische Sinn des Nichts durchzublicken, der das Gegenteil der Allmacht des Augenblicks einer erlebten und festgehaltenen Lust ist: jener sehnsuchtsvolle, schreckliche Drang ins Nichts, der sich einstellt, wenn das Verlangen sich jenseits alles Absoluten in der bloß irdischen Dimension seiner Fantasien erkennt.

Tot es niens. Fast wird man an einen „unzeitgemäßen" Weg der Neuzeit wie den von Leon Battista Alberti erinnert, der sich zwischen dem Maß des Architekten, der ironischen Weisheit des Sokrates und dem Verzicht des Wanderers mit seiner nicht zufälligen Vorliebe für das Anonymat und für Pseudonyme bewegt, auch wenn dieser Weg sicher von größerer Angst vor den dunklen, das chaotische Werden der Dinge bewegenden Kräften geprägt ist: „Tota machina est Deus et continue volvit. Piglia qual sentier vòi, tucto è niente"[35] („Gott ist das Triebwerk aller Dinge, das sich ewig dreht. Gleich welchen Weg du nimmst, alles ist nichts").

Cavalaria et orgueill. Mit einem ausgeprägten Sinn für Vergnügen und Täuschung, für die Veränderlichkeit und den Zufall. Wie jener Graf aus Poitiers, von dem Etienne de Bourbon[36] berichtet. Einige Interpreten, angefangen bei Chabaneau[37], wollen Wilhelm IX. in diesem Grafen aus Poitiers sehen, der verkleidet herumlief wie der Kalif Harún ar-Rashíd aus *Tausend und einer Nacht*, um verschiedene Berufe auszuprobieren und ihre jeweiligen Mühen und Freuden zu vergleichen. Die Anekdote ist wertvoll für die Rezeptionsgeschichte, auch wenn „ein zweifacher, literarischer wie psychologischer Fälschungsverdacht"[38] auf ihr lastet, und sie ist wertvoll, um die Stimmung des Grafen zu verdeutlichen, der am Ende all seiner „Lebensentwürfe" in einem plötzlichen, fingierten Verzicht auf seinen Rang, aus Liebe zum Zufall und zur Sinnenfreude dem feinen Leben der Markthändler die Hand reicht: die Markthändler, die alles, was Freude bereiten kann, zum Erwerb vor sich ausgebreitet haben, „qui intrant tabernas, in quibus inveniunt promptas et paratas quas volunt delicias".

---

35 L. B. Alberti, *Dicteria*, zit. von E. Garin in seiner gelungenen Charakteristik Albertis, in: ders., *Rinascite e rivoluzioni*, Bari: Laterza 1975, S. 159.

36 Dominikaner, 1223 in Lyon, über dreißig Jahre lang Prediger und unvergleichlicher Sammler von Apologen und Anekdoten aller Art.

37 Die im *Tractatus de diversis materiis praedicabilibus* enthaltene Anekdote wird von C. Chabaneau wiedergegeben in: „Revue des langues romanes", 24, 1881, S. 99. Sie wird außerdem in der zitierten Ausgabe von N. Pasero, S. 115, erörtert und auszugsweise referiert.

38 N. Pasero, ebd.

Die fröhliche Wissenschaft: Stendhal und Nietzsche

1. Die Vorstellungswelt der Trobadors mit ihren konstitutiven Elementen, von denen einige wie Liebesdienst, Feudalmetaphorik, Euphorie/Dysphorie, Distanz, Kult des unerfüllbaren Verlangens inzwischen gut erforscht sind, andere wie Lob, Hindernis, Fiktion, Wiederholung, Form, Sinnenlust dagegen schwerer in den Griff zu bekommen sind, macht diese Texte immer wieder zu einer faszinierenden Lektüre und zu einem Wagnis der Interpretation.

Sie entstanden als Lyrik, als Gesang der Sehnsucht und des *joi*, als der moderne „Staat" mit seinen politischen, religiösen und ethischen Gesetzen sich eben herauszubilden begann und wurden in der Tat im so genannten Kreuzzug gegen die Albigenser durch das Heer des Königs von Frankreich unter den Legaten und Predigern von Papst Innozenz III., Simon von Montfort und dem Hl. Dominikus, zerstört. Gerade aufgrund dieses Entstehungszusammenhangs können sie einige ungewöhnliche Mosaiksteine zur Genealogie der Moderne, zur Beschreibung der Verdrängungen und Spaltungen liefern, auf denen unsere blassen, langlebigen Kategorien gründen: Subjekt, Wille, Wert, Vorstellung, Charakter, Sittlichkeit und Form. Denn „die genealogisch aufgefasste Historie will nicht die Wurzeln unserer Identität wiederfinden, vielmehr möchte sie sie in alle Winde zerstreuen; sie will nicht den heimatlichen Herd ausfindig machen, von dem wir kommen, jenes erste Vaterland, in das wir den Versprechungen der Metaphysiker zufolge zurückkehren werden; vielmehr möchte sie alle Diskontinuitäten sichtbar machen, die uns durchkreuzen"[1].

> Wer jetzt aus den moralischen Dingen ein Studium machen will, eröffnet sich ein ungeheures Feld der Arbeit. Alle Arten Passionen müssen einzeln durchdacht, einzeln durch Zeiten, Völker, grosse und kleine Einzelne verfolgt werden; ihre ganze Vernunft und alle ihre Werthschätzungen und Beleuchtungen der Dinge sollen an's Licht hinaus! Bisher hat alles Das, was dem Dasein Farbe gegeben hat, noch keine Geschichte: oder wo gäbe es eine Geschichte der Liebe, der Habsucht, des Neides, des Gewissens, der Pietät, der Grausamkeit?[2]

So heißt es im Aphorismus 7 der *Fröhlichen Wissenschaft*, und gerade Nietzsche war es, der in einigen Aufzeichnungen und Fragmenten zu den Trobadors aus der Entstehungszeit der *Fröhlichen Wissenschaft* (1882) – provenzalisch *gay saber*

1 M. Foucault, *Nietzsche, die Genealogie, die Historie*, dt. Übers. in: ders., *Von der Subversion des Wissens*, Frankfurt/Main: Fischer 1987, S. 86.

2 F. Nietzsche, *Die fröhliche Wissenschaft*, Aph. 7, KSA 3, 378f. Ich zitiere nach F. Nietzsche, *Sämtliche Werke. Kritische Studienausgabe in 15 Bänden*, hg. von G. Colli und M. Montinari, München: Deutscher Taschenbuch Verlag; Berlin, New York: de Gruyter 1980 (= KSA).

–, aber auch in *Jenseits von Gut und Böse* und noch 1888 in der Welt der Trobadors ein Zusammenspiel anderer als der gewohnten Figuren fand. Für ihn wie für Stendhal in seinem Roman-Traktat *De l'amour* (1882) – Stendhal, den Nietzsche sehr gern las, der ein bevorzugter Gesprächspartner und verwandter „freier Geist" war – ist die Provence ein Ort der Fröhlichkeit, der Amoralität und der Galanterie, der Freigeisterei, der Leichtigkeit und des Tanzes.

Mit dem ebenso leichten wie radikalen Gestus der Connaisseurs geben Stendhal und Nietzsche uns ihr Bild der Trobadors, ihre Beschreibung der Momente, an denen sich ihnen ein unverwechselbarer „Stil" zu erkennen gibt. Im Licht ihrer Eindrücke werden bedeutende und verbreitete Konstruktionen der Kritik brüchig. Wie sehr haben mich diese Eindrücke anfänglich überrascht und wie sehr habe ich sie zu widerlegen gesucht – in der Hoffnung, es möge mir nicht gelingen. Kategorien wie Distanz, Liebesdienst oder Vervollkommnung ändern ihren Stellenwert, rücken an einen anderen Platz. Selbst der Begriff des höfischen „Wertes" wird hinterfragt und zerlegt.

Dennoch steht die Kategorie des Liebesdienstes zweifelsohne im Mittelpunkt der Vorstellungswelt der Trobadors, ist in die Texte selbst eingeschrieben. Das ist völlig unbestreitbar. Nehmen wir ein weniger bedeutendes, aber besonders anschauliches Textbeispiel:

> Sj quo·l solelhs nobles per gran clardat,
> on plus es autz, gieta mais de calor
> e·ls plus bas luecx destrenh mais per s'ardor
> que·ls autz, que son pels vens plus atemprat,
> tot enaissi amors ab nobla cura,
> auta per pretz, destrenh me plus fortmen,
> que·m troba bas et a tot son talen,
> no faj un ric, en cuy amors peiura,
> quar orguelhs hi cossen[3].

> (Wie die Sonne, erhaben in ihrem großen Glanz, um so mehr Wärme ausstrahlt, je höher sie steht, und die Niederungen mit ihrer Glut mehr umschließt als die Höhen, die kühler sind wegen des Windes, so umschließt mich die Liebe, hoch in ihrem Wert, mit edler Sorge fester, weil sie mich in niederer Stellung und ihrem Willen gefügig findet, als sie es mit einem Reichen tut, wo die Liebe verfällt, weil der Hochmut Platz hat).

Es zählt zu den wichtigsten Errungenschaften der Geistesgeschichte im Bereich der Mediävistik und der historisch-soziologischen Forschung – von Wechssler bis Hauser, von Köhler bis Le Goff –, dass sie entgegen jedem platt sentimentalen Idealismus die steinige Präsenz dieser Metaphernfelder herausgearbeitet hat. Zu Beginn des 20. Jahrhunderts formulierte Eduard Wechssler das Problem klar und provozierend wie folgt: Das Minnelied ist wesentlich „ein politischer Pane-

---

3 Peire Cols d'Aorlac, *Si quo·l solelhs*, V. 1ff., in: C. Appel, *Provenzalische Inedita aus Pariser Handschriften*, Leipzig 1892 (Reprint Wiesbaden: Sändig 1967), S. 229.

gyrikus in der Form persönlicher Huldigung"[4]. Er erklärt damit die Konventionalität der höfischen Botschaft, die auf lehensrechtlichen Begriffen beruht, und die verbreitete, rätselhafte Gattung des Sirventes, in der sich Herrenlob und Damenlob, Lehnsdienst und Frauendienst mischen. Das vollständigste, systematischste Bild dieses paradoxen Liebesdienstes lieferte Erich Köhler in einer beeindruckenden Reihe von Aufsätzen, indem er die Träger der *fin'amor* im niederen Adel der Ritter ohne Lehen ausmachte, rastlosen, ehrgeizigen *marginal men* auf der Suche nach Gaben, Ehre und sozialer Anerkennung. Dabei gelang es ihm, auch die andernfalls unbegreiflichen Kontroversen über die Freigebigkeit (*largueza*), den Adel (Geburtsadel oder Gesinnungsadel?) und die Formen des höfischen Verhaltens in seine Interpretation des Liebesdienstes einzubeziehen[5].

In jüngerer Zeit hat Jacques Le Goff in seiner Studie *Le rituel symbolique de la vassalité*[6] die betont symbolische Atmosphäre verdeutlicht, die die Zeremonie des Lehnsvertrags in all ihren Momenten umgibt. Die erste Stufe beim Eintritt in den Vasallendienst, die Huldigung, ist der mehr oder minder unverhüllte Ausdruck der Unterordnung des Vasallen unter seinen Herrn. Die zweite, die *fides*, bringt mit dem rituellen Kuss (*osculum*) eine symmetrische Position, eine rein ideelle Gleichheit zum Ausdruck, während die dritte, die Belehnung, mit der materiellen Gegengabe des Herrn die Wechselseitigkeit des Vertrags betont. „Das Vasallensystem ein Vertrag zwischen zwei Personen, von denen die eine, der Vasall, der anderen zwar unterlegen ist (wie die Huldigung ‚symbolisiert'), aber auch gleichgestellt wird aufgrund eines wechselseitigen Vertrags (wie das Lehen ‚symbolisiert'), und sich daher von allen unterscheidet, die außerhalb dieses Vertragssystems stehen"[7].

Vom Lehnsdienst – dieser ausgeklügelten Mischung aus Wechselseitigkeit und Ungleichheit, „Hierarchie der Gleichen", wie Jacques Le Goff treffend zur Benennung des Paradoxes schreibt – scheinen sich im Liebesdienst die konstitutive unüberwindbare Distanz zwischen dem Liebhaber und der Dame sowie die Unerfüllbarkeit des Verlangens als notwendige Implikationen herzuleiten. Eine klassische Formulierung fand dies in Huizingas *Herbst des Mittelalters*:

> Es vollzog sich eine der wichtigsten Wendungen des mittelalterlichen Geistes, als er zum erstenmal ein Liebesideal mit einem negativen Grundton entwickelte. Gewiss hatte auch das Altertum die Sehnsucht und die Schmerzen der Liebe besungen; aber sah man dort in dem Schmachten nicht eigentlich nur ein Hinausschieben und den Reiz der sicheren Erfüllung? [...] Erst in der höfischen Minne der Troubadours ist die Unbefrie-

---

4 E. Wechssler, *Das Kulturproblem des Minnesangs*, Halle: Niemeyer 1909 (Reprint Osnabrück: Zeller 1966), S. 113.

5 E. Köhler, *Trobadorlyrik und höfischer Roman*, Berlin: Rütten und Loening 1962, und ders., *Esprit und arkadische Freiheit*, Frankfurt/Main: Athenäum 1966.

6 J. Le Goff, *Le rituel symbolique de la vassalité*, in: ders., *Pour un autre Moyen Age*, Paris: Gallimard 1977, S. 349–420.

7 Ebd., S. 371.

digtheit selbst zur Hauptsache geworden. Damit war eine erotische Gedankenform geschaffen, die fähig war, ein Übermaß an ethischem Gehalt in sich aufzunehmen, ohne deshalb je den Zusammenhang mit der natürlichen Frauenliebe ganz aufzugeben. [...] Nun wurde die Liebe das Feld, auf dem man alle ästhetische und sittliche Vollkommenheit erblühen ließ[8].

Gestützt wird diese These natürlich vor allem durch Jaufre Rudel mit seiner sehnsüchtigen und unerreichbaren Fernliebe:

Lanquan li jorn son lonc en mai
m'es belhs dous chans d'auzelhs de lonh,
e quan mi sui partitz de lai
remembra·m d'un' amor de lonh:
vau de talan embroncx e clis
si que chans ni flors d'albespis
no·m platz plus que l'iverns gelatz[9].

(Wenn die Tage lang sind im Mai, entzückt mich der süße Vogelgesang von fern, und als ich von dort fortgegangen bin, blieb mir die Erinnerung an eine ferne Liebe: ich gehe düster und von Sehnsucht gebeugt, so dass weder Gesang noch die Blüten des Weißdorns mich mehr erfreuen als der eisige Winter).

Bis zu welchem Punkt kann aber die unmögliche Liebesgeschichte des melancholischen Fürsten von Blaye – so könnten wir uns mit Stendhal fragen – als repräsentativ für die gesamte höfische Liebe gelten, die auch *joi*, Galanterie und Glückssuche ist? Ein uneingeschränktes Festhalten an der Kategorie der Distanz im Sinne der Unmöglichkeit oder im Sinne eines Verzichts, der ethische Errungenschaft wird, beinhaltet allzu viele Aporien. Von Wilhelm IX. über Raimbaut von Orange bis zu Alfons II. von Aragon strebte der gesamte aristokratische Flügel der Trobadors ausdrücklich nach Befriedigung des Verlangens und rühmte sich dessen, ebenso wie die Ritterdichter – Bertran de Born, Raimon de Miraval, Bertran d'Alamanon –, und doch standen sie deshalb ihrem Selbstverständnis nach nicht außerhalb der Höfischkeit, der *cortezia*.

Überhaupt erscheint es unangebracht, bei der Deckung zwischen der feudalen Symbolsphäre und der Symbolsphäre der *fin'amor* stehen zu bleiben. Selbst Wechssler sah sich gezwungen, auf die Kategorie der Fiktion zurückzugreifen, während er die massive Präsenz der Vasallen-Thematik im Minnelied feststellte: „Real war das Lob, real beim dienenden Sänger der Dienst, aber die Liebe mehr oder weniger nur Fiktion"[10]. Er löste damit einen wahren Proteststurm im gesamten Romanistenstand von Ferdinand Lot bis zu Edmond Faral, von Carl

8 J. Huizinga, *Herbst des Mittelalters* (1919), dt. Übers. Stuttgart: Kröner Verlag 1953, 7. Aufl., S. 111.

9 Jaufre Rudel, *Lanquan li jorn*, V. 1–7, zit. nach der Ausg. von A. Jeanroy (CFMA), Paris: Champion 1924, 2. Aufl., S. 12.

10 E. Wechssler, *Das Kulturproblem*, zit., S. 213.

Vossler bis zu Walther Küchler, von Myrra Lot-Borodine bis zu Dimitri Scheludko aus, die bald die Aufrichtigkeit des Gefühls, bald den gesunden Menschenverstand, dann wieder die philologische Ernsthaftigkeit verteidigten (in seinen Analogien und Assoziationen bezieht sich Wechssler nämlich auch auf Autoren wie Goethe und Otto Weininger, Krafft-Ebing und Heinrich von Kleist). Es war eine *querelle*, die vielleicht als bedeutendes Kapitel der Geschichte der Mediävistik und vieler ihrer Biedermeierweisheiten im Detail untersucht zu werden verdiente[11]. Man gewinnt in der Tat den Eindruck, als sei Wechsslers Interpretation von seinen zeitgenössischen Kritikern in vielen Punkten vor allem deshalb zurückgewiesen worden, weil seine *Domna*, nachdem sie „Objekt der Begierde" geworden war, allzu beunruhigende Züge aufwies.

Wenn man die Implikationen des Fiktionsbegriffes entwickelt, der in Wechsslers Buch so zentral ist, lassen sich vielleicht Schritte in Richtung auf eine Beschreibung des mittelalterlichen Hofes machen, bei der gewinnbringend auf die Phänomenologie späterer Höfe zurückgegriffen wird. Von Autoren wie La Rochefoucauld müsste man auf Autoren wie Johannes von Salisbury (*Policraticus*) zurückgehen, Elemente und Formen ihrer Analyse vergleichend, und Johannes von Salisbury so lesen lernen, wie wir La Rochefoucauld lesen, ohne Furcht vor den Dogmen des Historizismus, auf der Suche nach wertvollen Analogien und Differenzen: der Hof als Feld des Verführungsspiels, als Negation der Moral, stattdessen als Ort der Darstellung, der galanten Sprache und der Verstellung, des *esprit*, des *wit* oder *Witzes*, ein Ort, der Hindernis und Genuss bedeutet.

Wenngleich es ein gewagter Schritt ist, wird an diesem Punkt auch die Anknüpfung an Jacques Lacans Denken unvermeidlich, der sich so oft mit mittelalterlichen Texten befasst hat – und es sind Seiten von außergewöhnlichem Interesse für uns:

> Ich tue nichts anderes, seit ich zwanzig Jahre bin, als die Philosophen auszuforschen über das Sujet der Liebe. Natürlich, ich habe das nicht gleich zentriert auf das Geschäft der Liebe, sondern das ist mir mit der Zeit gekommen, mit justament dem Abbé Rousselot, von dem ich Ihnen sprach vorhin, und dann der ganze Streit um die physische Liebe und die ekstatische Liebe, wie sie sagen. Ich verstehe, dass Gilson ihn nicht so gut finden mochte, diesen Gegensatz. Er hat gedacht, dass Rousselot da eine Entdeckung gemacht hatte, die keine war, denn das gehörte zu dem Problem dazu, und die Liebe ist ebenso ekstatisch bei Aristoteles wie bei Saint Bernard, unter der Bedingung, dass man nur die Kapitel über die *philía* zu lesen weiß, die Freundschaft. Es sind einige hier, die doch wissen müssten, welch ein Sumpf von Literatur sich produziert hat da herum, Denis de Rougement – sehen Sie sich das an, *L'Amour et l'Occident*, da setzt es was!

---

[11] Einige Überlegungen in meiner Einleitung zu E. Köhler, *Sociologia della „fin'amor". Saggi trobadorici*, Padova: Liviana 1976, S. XVII-XIX (mit einem Verzeichnis der Rezensionen zu *Das Kulturproblem*), sowie in meinem Beitrag *„Tan volh sa senhoria". Sulla metafora feudale*, in: *Metafora feudale. Per una storia dei trovatori*, Bologna: Il Mulino 1993, S. 163–186.

> – und dann noch einer, auch nicht dümmer als andere, der Nygren heißt, ein Protestant, *Eros und Agape*. Schließlich, nur natürlich, dass man im Christentum am Ende dahin gekommen ist, einen Gott zu erfinden derart, dass er es ist, der genießt![12]

Wenn das Geschlechtsverhältnis nicht zustande kommt, wenn es keinen Sinn ergibt und dies dennoch das Interesse, das wir für den Anderen hegen, nicht mindert, dann versteht sich, wie wichtig in dieser Überlegung die höfische Liebe ist, denn sie benennt die Impasse: „[H]öfische Liebe. [...] Das ist eine durch und durch raffinierte Weise, der Abwesenheit von Geschlechtsverhältnis zu supplieren, indem fingiert wird, dass wir es sind, die hier Hindernis aufrichten. Das ist wahrlich die tollste Sache, die man je versucht hat. Aber wie die Finte beim Namen nennen?“[13]

Die Distanz ist bei Lacan aber nicht die eines Huizinga mit ihrem ganzen Verzicht und ihren ethischen Implikationen: „höfische Minne [...] eine erotische Gedankenform [...], die fähig war, ein Übermaß an ethischem Gehalt in sich aufzunehmen [...] Nun wurde die Liebe das Feld, auf dem man alle ästhetische und sittliche Vollkommenheit erblühen ließ“. Es ist die Distanz, die sich einstellt, wenn die Frau sich demjenigen, der im Körper des Anderen den Genuss sucht, als *nicht-alles* erweist und zugleich Subjekt bleiben will (aber das Subjekt entgleitet in einer Kette von Signifikanten und ein Subjekt hat als solches wenig mit dem Genießen zu tun). Es handelt sich um eine unaufhebbare Distanz, die dem Tier ‚Mensch‘ eigen ist, ein nicht-notwendiges Genießen, eine abenteuerliche *jouissance* in der Kontingenz aber nicht auszuschließen scheint, wie die Kontingenz auch der Ort der Sprache ist.

> Es gibt kein Geschlechtsverhältnis, weil der Genuss des Anderen, aufgefasst als Körper, stets inadäquat ist – pervers auf der einen Seite, sofern der Andere sich reduziert auf das Objekt *a* – und auf der anderen, ich würde sagen, verrückt, rätselhaft. Ist es nicht aus der Gegenüberstellung zu diesem Unweg, zu dieser Unmöglichkeit, woraus ein Reales sich abgrenzt, dass die Liebe auf die Probe gestellt ist? Vom Partner vermag die Liebe nur das zu realisieren, was ich durch eine Art Poesie, um mich verständlich zu machen, den Mut genannt habe, im Hinblick auf diese fatale Bestimmung. Aber geht es wirklich um Mut, oder um die Wege einer Anerkenntnis? Diese Anerkenntnis ist nichts anderes als die Art und Weise, in der das sogenannte geschlechtliche Verhältnis – hier Verhältnis geworden von

---

12 J. Lacan, *Le séminaire. Livre XX. Encore*, Paris: Seuil 1975, S. 70 (dt. Übers. *Encore. Das Seminar. Buch XX*, Weinheim, Berlin: Quadriga 1991, 2. Aufl., S. 82). Beschränkt auf die *fin'amor* habe ich in *Die Sprache der höfischen Liebe (nach Barthes, Lacan, Irigaray)* (im vorliegenden Band) eine erste Erforschung von Lacans Bezugnahmen auf die mittelalterliche Liebe versucht. Eine vollständigere Darlegung müsste die Betrachtungen zum Zusammenhang Aristoteles – Hl. Thomas (vgl. z.B. *Sém. XX*, S. 103/S. 124) und zum Problem des Mystikers als Begehren nach einem Gut zweiten Grades, einem „jenseitigen“ Gut (S. 70–71/S. 83–84) berücksichtigen.

13 J. Lacan, *Sém. XX*, S. 65/S. 76.

> Subjekt zu Subjekt, Subjekt insoweit, als es nur der Effekt des unbewussten Wissens ist – zessiert, sich nicht zu schreiben.
> *Zessieren, sich nicht zu schreiben*, das ist da eine Formel, vorgebracht auf gut Glück. Ich habe sie bezogen auf die Kontingenz, wohingegen ich Gefallen gefunden habe beim Nezessären als dem, was *nicht zessiert, sich zu schreiben*, denn das Nezessäre ist nicht das Reale[14].

Für diese Dimension der Kontingenz, der jeder Moralismus und jede Enthaltsamkeit fremd sind, die offen ist für das „Perverse" und das „Verrückte", gibt Lacan keine Beispiele aus der Trobadorlyrik. Wir finden sie bei Stendhal und bei Nietzsche. Aus ihren Seiten spricht eine ungewohnte, strahlende Provence, die sich außerhalb der Moral, jenseits von Gut und Böse ansiedelt, auf der Suche nach einem nicht-notwendigen Glück, imstande, sich der Oberfläche und dem Tanz hinzugeben.

2. Wenden wir uns also Stendhal und seinem kaleidoskopischen Werk *De l'amour* (1822) zu. Es ist ein sonderbares, leidenschaftliches Buch über die Liebe, wie sie je unterschiedlich in Frankreich oder England, in Spanien oder den Vereinigten Staaten gelebt wird und wie sie unterschiedlich gelebt wird, je nachdem, ob Stolz oder Zärtlichkeit, Eitelkeit, *esprit* oder Melancholie überwiegen; ein Buch zwischen Traktat und Roman. Gleichzeitig und vor allem ist es aber ein Tagebuch der unglücklichen Liebe Stendhals zu Matilde Viscontini Dembowski, die ihn von März 1818 bis zu seiner Abreise von Mailand nach Paris (Juni 1821) in einem Auf und Ab von zögernder Hingabe und verächtlichem Rückzug – aus Gleichgültigkeit oder Befangenheit? aus Furcht oder Stolz? – grausam quälte. In diesem Kaleidoskop glänzen auch einige Steinchen der Trobadorzeit: die Geschichte von Guillem de Balaon (in einer Anmerkung zu Kap. 32), das gesamte Kapitel 51, *De l'amour en Provence jusqu'à la conquête de Toulouse en 1228, par les barbares du Nord*, das Kapitel 52, *La Provence au XII siècle*, das die *Razo* von Guilhem de Cabestanh mit der Geschichte vom gegessenen Herzen vollständig übersetzt, einige Verse von Guillem de la Tor, die in Kap. 59, *Werther et Don Juan*, übersetzt sind, die Vida von Jaufre Rudel, übersetzt in den *Fragments divers* (Nr. 163) und der Anhang, der den *excursus Des cours d'amour*, die einunddreißig Artikel aus *De amore* von Andreas Capellanus (*Code d'amour du XII siècle*) und eine Anmerkung über den Autor (*Notice sur André, le chapelain*) umfasst.

Man kann sicher nicht behaupten, dass die Mediävisten diesem Werk sehr viel Aufmerksamkeit geschenkt hätten. Offensichtlich betrachteten sie es als gelehrte Kuriosität oder als recht fantastisches, ergötzliches *hors d'oeuvre* des großen Beyle. Doch entstand *De l'amour* in der Blütezeit der Trobador-Studien, gleich nach Erscheinen des sechsbändigen *Choix des poésies originales des troubadours* von Raynouard, der zwischen 1816 und 1821 bei Firmin Didot in Paris pu-

---

[14] J. Lacan, *Sém. XX*, S. 131/S. 157.

bliziert wurde und von Stendhal zitiert wird, und zur Zeit der Forschungen des großen Provenzalisten Claude Fauriel, der seit 1830 an der Sorbonne lehrte: „esprit très curieux, très ouvert et vraiment génial, mais aventureux, qui, après avoir longtemps dispersé son activité, paraissant enfin l'avoir concentrée sur un vaste et beau sujet, l'histoire politique, sociale et littéraire du Midi de la France depuis les invasions jusqu'àu coeur du moyen âge“[15]. Claude Fauriel war Stendhal bestens bekannt:

> Ich lernte bei Frau Cabanis einen Mann kennen, der gewiss kein Scharlatan war, den Akademiker Fauriel. Dieser, Mérimée und ich, das sind die einzigen mir bekannten Beispiele von Nicht-Scharlatanen unter den Leuten, die sich mit Schreiben abgeben. Fauriel stand in Beziehungen mit einer kleinen halbbuckligen Vogelscheuche, Fräulein Clarke. Sie war eine geistreiche Engländerin, – das kann man nicht leugnen – aber von einem Geiste wie die Hörner des Gemsbockes, trocken, hart und verschroben. Fauriel, der damals Gefallen an mir hatte, führte mich schleunigst bei ihr ein. Nach ein oder zwei Jahren brach Miss Clarke mit mir einen Streit vom Zaun. Infolgedessen besuchte ich sie nicht mehr, und Fauriel nahm ihre Partei, was mich sehr betrübte. Fauriel und Victor Jacquemont standen turmhoch über allen, die ich in jenen ersten Pariser Monaten kennen lernte[16].

Hatten die Mediävisten *De l'amour* entschieden vernachlässigt, so nahm Denis de Rougemont in seinem faszinierenden und erfolgreichen *L'Amour et l'Occident* das Werk weitaus ernster, unterzog es jedoch einer radikalen Kritik: „Die These des Traktats ist bekannt. Es gibt vier verschiedene Arten von Liebe: Die leidenschaftliche Liebe, die galante Liebe (*amour goût*), die sinnliche Liebe und die Liebe aus Eitelkeit. Nur die erste findet Gnade vor den Augen des Autors. Die Theorie der Kristallbildung soll sie erklären“[17]. In de Rougemonts Augen droht

---

15 A. Jeanroy, *La poésie lyrique des troubadours*, Toulouse, Paris: Privat 1934 (Reprint Genève: Slatkine 1973), S 24. Die *Histoire de la poésie provençale* von Fauriel wurde 1846 postum veröffentlicht (Reprint Genève: Slatkine 1969).

16 Stendhal, *Souvenirs d'égotisme*, Kap. 5, in: *Oeuvres intimes* (Pléiade), Paris: Gallimard 1982, Bd. II, S. 466 (dt. Übers. *Das Leben eines Sonderlings*, Leipzig: Insel-Verlag 1921, S. 566–567).

17 D. de Rougemont, *L'Amour et l'Occident*, Paris 1962 (Nachdruck der 2. Aufl. 1956) (dt. Übers. *Die Liebe und das Abendland*, Zürich: Diogenes 1987, S. 266; die Übersetzung wurde in einigen Punkten abgeändert). In jüngerer Zeit ist allerdings ein wachsendes Interesse der Mediävisten festzustellen. Vgl. F. Gegou, *Stendhal et l'amour en „Provence“ au Moyen Age*, in: „Cultura neolatina“, 38, 1978, S. 95–103, und U. Mölk, *Stendhal, die Liebe und das Mittelalter. Bemerkungen zu „De l'amour“*, in: *Romanisches Mittelalter. Festschrift für R. Baehr*, Göppingen: Kümmerle 1981, S. 179–190. Mölk rekonstruiert die Quellen der provenzalischen Seiten von *De l'amour* mit großer Genauigkeit. Was die Zitate betrifft, schöpft Stendhal aus dem Kapitel *Les cours d'amour* von Raynouards *Choix*: „Fast jeder Satz, alle Zitate aus Nostredame oder Andreas, alle Seiten- und Blattzahlen, sogar alle Fußnoten sind, ohne dass dies kenntlich gemacht wäre, von Raynouard abgeschrieben“ (S. 180). Was *De amore* von Andreas Capellanus anbelangt, hat Stendhal dagegen die Ausgabe von 1610 eingesehen, wie einige charakteristische Textmerkmale erkennen lassen:

diese Kristallisationstheorie (*cristallisation*), die den geliebten Gegenstand idealisiert, indem sie stets neue Vollkommenheiten an ihm entdeckt, aus der Leidenschaft eine bloße Krankheit des Geistes zu machen. Stendhal habe nie wirklich geliebt und sei vor allem nie wirklich geliebt worden. Seine Beschreibung, wenngleich „bewunderungswürdig, lebendig, exakt, manchmal in die Tiefe gehend", sei daher seltsam unangemessen und ungenau: „Als grober Materialist – und er ist einer von der guten Sorte, ein ganz offenherziger – unterdrückt er einfach jedes Problem zugunsten seiner Theorie von der Kristallisation, seiner Theorie vom Irrtum also. Was seiner Ansicht nach die Leidenschaft erklärt, ist ein der Begierde genehmer Irrtum". Von romantischen Einflüssen berührt, aber in einer denkbar skeptischen Gesellschaft verkehrend, vom Bedürfnis nach Leidenschaft, von der unstillbaren Sehnsucht nach dem Unbekannten gequält, aber Opfer einer allzu rationalistischen Kultur, habe Stendhal sich in den beiden langen Kapiteln über die Liebe in der Provence zwar dem Mythos der Trobadorliebe genähert – aber nur um sie zu profanieren und zu verkennen:

> „Eine einzigartige Kultur", sagt er, Und er träumt ein wenig darüber. Man möchte meinen, er ahne etwas ... Aber nein: „Ein Dutzend Geschichten, die ich anführen könnte, liefern durchweg den Beweis für eine auf den Grundsätzen der Gleichberechtigung beruhende liebenswürdige, geistreiche Galanterie zwischen den beiden Geschlechtern ..." Und natürlich zitiert er zum Schluss diese Anekdoten[18].

Einem Autor wie de Rougemont mit seinem glühenden, von Wagner, Kierkegaard und Novalis gespeisten Existenzialismus müssen die stendhalschen Reflexionen über die Langeweile und das Gefühl, über Begierde, Irrtum, Lust und die Illusionen der Sittlichkeit unweigerlich abwegig erscheinen. Er kann dessen Annäherung an den Mythos der Trobadorliebe mittels banaler Anekdoten und einer so wenig metaphysischen Leichtigkeit nur als leer und unerbötig empfinden. Aber genau hier liegt Stendhals Größe. Wir müssen uns den Abschweifungen unseres „groben Materialisten" zur Liebe in der Provence demnach mit mehr Sympathie und weniger romantischer Furore zuwenden. Es handelt sich zudem um Abschweifungen, die für die Interpretation von *De l'amour* insgesamt von zentraler Bedeutung sind, eine wahre *mise en abyme* des Werkes darstellen, denn

„Wir stellen also fest, dass die Vorlage für Stendhals Schlussbemerkungen die gedruckte Ausgabe des Traktats von 1610 war, und dürfen annehmen, dass Stendhal selbst sie eingesehen hat" (S. 183). Während Gegou zwar die „saveur" von Stendhals Seiten über die Trobadors würdigt, ihre Bedeutung jedoch unterschätzt, stellt Mölk sich dem Problem des Interesses Stendhals für das Mittelalter: Das Mittelalter gilt Stendhal als die Epoche der *énergie*, *force* und *passion*, so wie die *amour-passion* die höchste Anstrengung des Menschen zur Erlangung des Glückes darstellt. „Die Liebe, ‚cette fleur de la vie' ... hat der Vernunft den Rang abgelaufen (Fragment 40, 121, 127). Und Stendhal, Ideologen und Aufklärung hinter sich lassend, hat sich der europäischen Romantik genähert" (S. 189).

18 D. de Rougemont, *Die Liebe und das Abendland*, zit., S. 267–269; das Stendhal-Zitat wird nach der verwendeten Ausgabe von *Über die Liebe* (s. Fn. 19) wiedergegeben.

wir begegnen darin den beiden Hauptformen, die in der gleichsam idealen Deutlichkeit ihres Ursprungs erfasst werden: der leidenschaftlichen und der galanten Liebe.

Für die Darstellung der erstgenannten führt Stendhal als erhabenes Beispiel der Kristallisation die berühmte unglückliche Liebesgeschichte von Jaufre Rudel an, der in Tripolis in den Armen der Gräfin starb, die er bis dahin nie gesehen, sondern nur von fern geliebt und erträumt hatte, indem er die Worte der mittelalterlichen Vida übersetzt: „Geoffroy Rudel, de Blaye, fut un très grand gentilhomme, prince de Blaye, et il devint amoureux de la princesse de Tripoli, sans la voir, pour le grand bien et pour la grande courtoisie qu'il entendi dire d'elle ...“[19].

Es lässt sich kaum ein schärferer Kontrast zu dieser pathetischen, tödlichen Geschichte und ihrer Absolutheit denken, als die anderen Seiten Stendhals zu den Trobadors – ich denke vor allem an Kapitel 51 –, die ein Bild voller Farben, Höfischkeit, Raffinement und *bonheur* vermitteln:

> Die Liebe hatte in der Provence von 1100 bis 1228 einen eigentümlichen Charakter. Es gab feste Gesetze für die Liebesbeziehungen der beiden Geschlechter; sie wurden ebenso streng und ebenso genau befolgt wie heute höchstens die Gesetze in puncto Ehre. Diese Gesetze der Liebe sahen zunächst völlig von den geheiligten Rechten der Ehemänner ab. Sie duldeten keine Heuchelei; und da sie die menschliche Natur so nahmen, wie sie ist, mussten sie viel Glück bewirken. (*Ces lois, prenant la nature humaine telle qu'elle est, devaient produire beaucoup de bonheur*).
>
> Es gab eine offizielle Formel, wenn man einer Frau seine Liebe erklären wollte, und eine andere, wenn die Frau einen Mann als Liebhaber anerkannte. Nachdem man ihr soundso viele Monate nach einer bestimmten Vorschrift den Hof gemacht hatte, durfte man ihr die Hand küssen. [...] Nachdem man einer Frau die Hand geküsst hatte, schritt man kraft seiner Verdienste, ohne besondere Vergünstigungen von Stufe zu Stufe weiter. Man muss aber bemerken, dass, wenn die Ehemänner auch stets aus dem Spiel blieben, doch die sich auf erlaubte Art einander entgegenkommenden Liebenden vor dem haltmachten, was wir die Wonnen der zärtlichsten Freundschaft (*les douceurs de l'amitié la plus tendre*) zwischen Personen verschiedenen Geschlechts nennen würden. Wenn aber nach mehreren Monaten oder Jahren der Prüfung eine Frau des Charakters und der Diskretion eines Mannes völlig sicher war und dieser Mann bei ihr allzu große Nachsicht, all das fand, was die zärtlichste Freundschaft überhaupt gewäh-

---

[19] „Geoffrey Rudel, Fürst von Blaye, ein gar stattlicher Edelmann, verliebte sich in die Gräfin von Tripolis, ohne sie je gesehen zu haben, weil ihm die Pilger, die aus Antiochia kamen, viel Gutes und Edles von ihr berichtet hatten“. *De l'amour*, Fragment 163, S. 301/S. 304. Ich zitiere *De l'amour* nach der von H. Martineau (Paris: Garnier 1959) besorgten Ausgabe und nach der deutschen Übersetzung von Günther Steinig: *Über die Liebe*, Berlin: Rütten und Loening 1963. Im Folgenden werden die Zitate unter Angabe von Teil bzw. Kapitel, gefolgt von den Seitenangaben der französischen Ausg. und der deutschen Übers., im fließenden Text nachgewiesen. Abweichend von der verwendeten deutschen Übers. wird für den Nachweis entsprechender Textstellen hier nicht „Splitter“, sondern „Fragment“ benutzt.

> ren kann, musste diese Freundschaft die Tugend doch sehr stark beunruhigen (*cette amitié devait donner à la vertu de bien fortes alarmes*) (Kap. 51, S. 178/S. 176f.).

Eine artige Freundschaft, die jedoch keine Grenzen kannte, ein langsames Hinausschreiten der Gefühlsbeziehung aus den heiligen Gesetzen der Moral, zwischen Formalismus und Spontaneität, Ritual und Zärtlichkeit. Durch ein geheimnisvoll-glückliches Paradox war die *Form* in jenem goldenen Zeitalter der Sinnlichkeit und der Lust keine starr begrenzte, sondern sie war in den Lebensrhythmus selbst eingelassen: „Die noch junge Gesellschaft gefiel sich in Formalitäten und Zeremonien, die damals ein Beweis für Zivilisation waren, bei denen wir aber heute vor Langeweile sterben würden. [...] Alles, was man in der Gesellschaft als ‚Form' bezeichnet und was heute so abgeschmackt ist, besaß damals alle Frische und Würze der Neuheit (*Tout ce qui est forme dans la société, et qui aujourd'hui est si insipide, avait alors toute la fraîcheur et la saveur de la nouveauté*)" (S. 178/S. 176f.).

Statt die Tugend- und Ehranforderungen zu schützen, hatten die seltsamen Gesetze dieser „bezaubernden Form der Zivilisation" allein das Glück zum Ziel und zeigen uns ein Paradigma, das der Natur näher steht als der Tugend. Wie nicht zuletzt die Sitten im Paris des 19. Jahrhunderts beweisen, erzeugt das Handeln wider die Natur nämlich nur ein unsicheres Gleichgewicht, das aus Unterdrückung und oberflächlichem Erotismus, aus einer tugendhaften Heuchelei besteht:

> Keine Pariserin, die sich selbst achtet, hat einen Liebhaber. Man sieht, dass die Klugheit Recht hat, wenn sie den Frauen von heute vielmehr rät, sich nicht der leidenschaftlichen Liebe zu ergeben. Aber rät ihnen nicht eine andere Klugheit, die ich ganz gewiss nicht billige, sich durch die sinnliche Liebe zu rächen? Wir haben mit unserer Heuchelei und Askese nicht erreicht, dass der Tugend eine Huldigung erwiesen wird, denn man widerspricht niemals ungestraft der Natur, sondern dass es weniger Glück und unendlich viel weniger edle Begeisterung auf Erden gibt (S. 180/S. 178f.).

Die gleichsam planlos, aber mit subtilem anthropologischem Interesse angeführten Anekdoten helfen dem Leser dabei, sich eine genauere Vorstellung von dieser ungewöhnlichen Gefühlsdimension zu machen, wo die Galanterie eine neue Beziehung zwischen den Geschlechtern, einen neuen „Stil" einweiht – und zwar weil die Kultur des Südens den Frauen eine ungewohnte Macht gegeben hat, weil wir hier „diese armen und schwachen Geschöpfe, die in der Liebe das meiste zu verlieren haben und deren Reize so schnell dahinschwinden, als Herrinnen des Schicksals der Männer, die sich ihnen nähern" (S. 180/S. 178), sehen:

> Man muss das Gesamtbild der Sitten nach einigen besonderen Vorfällen beurteilen. Man kennt die Anekdote über jenen Dichter, der seine Dame beleidigt hatte. Nachdem er zwei Jahre in Verzweiflung gelebt hatte, geruhte sie endlich, auf seine zahlreichen Botschaften zu antworten; sie ließ ihm sagen, dass sie ihm vielleicht verzeihen könnte, wenn er sich einen

> Fingernagel ausreißen und ihr diesen von fünfzig treuen und verliebten Rittern überbringen ließe. Der Dichter eilte, sich dieser schmerzhaften Operation zu unterziehen. Fünfzig bei ihren Damen in hoher Gunst stehende Ritter überbrachten der gekränkten Schönen unter allerlei Gepränge jenen Nagel. Diese Zeremonie war nicht weniger eindrucksvoll als der Einzug eines Fürsten von Geblüt in eine Stadt des Königreiches. Der in Bußgewänder gehüllte Liebhaber folgte von ferne seinem Fingernagel. Nachdem die Dame die ganze Zeremonie, die sehr lange dauerte, vor sich hatte abrollen lassen, geruhte sie, ihm zu verzeihen; alle Seligkeiten seines früheren Glücks (*toutes les douceurs de son premier bonheur*) wurden ihm wieder zuteil. Der Geschichte nach haben die beiden viele glückliche Jahre miteinander verbracht. Ohne Zweifel beweisen jene beiden Unglücksjahre, dass ihre Leidenschaft echt war oder dass eine solch echte Leidenschaft sie ergriffen hätte, wenn sie nicht schon vorher so heftig gewesen wäre (S. 180/S. 179f.).

Die Anekdote – es handelt sich um die Razo zu *Lo vers mou mercejan ves vos* von Guilhem de Balaon – spricht glänzend für sich. Sie spricht für sich mit dem Zeichen der Barbarei und Gewalt, die sie bewahrt (der ausgerissene Fingernagel) – aber wie Stendhal weiter oben ausführt, sind wir kaum „den Greueln des Mittelalters und des Feudalismus entronnen, wo die Macht alles war", und „die armen und schwachen Geschöpfe", die zuvor gewaltsam tyrannisiert und unterdrückt wurden, schicken sich nun im Gegenzug dazu an, „Herrinnen des Schicksals der Männer, die sich ihnen nähern", zu sein –; und sie spricht für sich mit ihrer fantasmagorischen Mischung aus Nichtigkeiten und hohem Zeremoniell. Fünfzig verliebte Ritter, jeder erdenkliche Pomp, eine beeindruckende Zeremonie, Bußgewand und ein endloser Aufzug: Es ist nicht zuletzt deshalb ein Aufsehen erregendes und genau geregeltes Ritual, weil die Frau den Platz des Mannes eingenommen hat, und das bringt der Text unmissverständlich zum Ausdruck: „Diese Zeremonie war nicht weniger eindrucksvoll als der Einzug eines Fürsten von Geblüt in eine Stadt des Königreiches".

> Ein Dutzend Geschichten, die ich anführen könnte, liefern durchweg den Beweis für eine auf den Grundsätzen der Gleichberechtigung beruhende liebenswürdige, geistreiche Galanterie zwischen den beiden Geschlechtern; ich sage Galanterie, denn zu allen Zeiten bildet die leidenschaftliche Liebe eine eher merkwürdige als häufige Ausnahme, und man könnte ihr keine Gesetze aufzwingen. Was sich aber daran berechnen und unter die Herrschaft der Vernunft stellen lässt, war in der Provence auf Gerechtigkeit und Gleichheit der beiden Geschlechter gegründet. Dies bewundere ich besonders deshalb, weil es so weitgehend wie möglich das Unglück ausschaltet (*voilà ce que j'admire surtout comme éloignant le malheur autant qu'il est possible*) (S. 181/S. 180).

Es folgen nicht sofort weitere Anekdoten. Stendhal lässt jetzt zunächst seinen Assoziationen freien Lauf: Mittelmeerkultur, die Araber, die angenehme Lebensauffassung, Albigenser-Kreuzzüge, das traurige Ende der Trobadorkultur. Dafür ist das gesamte folgende Kapitel 52, *La Provence au XII siècle*, der integralen

Übersetzung der Razo, die *Lo dous cossire* von Guilhem de Cabestanh voransteht, in der längeren Version des Ms. P gewidmet. Sie erzählt die berühmte Geschichte vom gegessenen Herzen, die auch Boccaccio inspiriert hat (Decameron IV, 9): „Messer Guglielmo Rossiglione dà da mangiare alla moglie sua il cuore di messer Guglielmo Guardastagno ucciso da lui e amato da lei; il che ella sappiendo, poi si gitta da una alta finestra in terra e muore, e col suo amante è seppellita" („Wilhelm Roussillon gibt seiner Gemahlin das Herz des Guardastagno, ihres Geliebten, den er umgebracht, zu essen. Sie stürzt sich, als sie es erfährt, aus einem Fenster, stirbt und wird mit ihrem Liebhaber begraben")[20].

Die Liebesgeschichte zwischen Guilhem und *madona Marguerite* entwickelt sich nach einem langsamen Zeremoniell, in einer betont formalisierten Sprache, welche die Liebesgedanken – „Il commença à être pensif, et Amour aussitôt lui chercha guerre; et les pensers qu'Amour envoie aux siens lui entrèrent dans tout le profond du coeur" ... „et le voilà qui commence à prendre la dame si fort de pensers et de réflexions d'amour" ... „que ja ne serez par moi trompé, et que vos pensers ne seront pas vains ni perdus" – und den Liebesdienst hervorhebt: „et de là en avant il fut des servants d'amour" ... „Or, Amour qui accorde à ses servants leur récompense quand il lui plaît" ... „Madona, ainsi Dieu me soit en aide, du moment en ça que j'ai été votre servant"[21].

Es ist nicht nur eine treue, sondern auch eine sehr feinsinnige, in Wortwahl und Syntax archaisierende Übersetzung. Das provenzalische *donçel* wird mit *donzel*, *semblanz* mit *semblants*, *trobar* mit *trouver* wiedergegeben (in der Fn. erklärt mit *faire*), *lai comenseron lor drudaria* mit *et ils commencèrent leur druerie* (in der Fn. auf Italienisch kommentiert: *a far all'amore*) und *ma domna* wird mit *madame*, daneben aber auch mit *madona* übersetzt. Stendhal war sich des Sinnes seines Vorgehens vollauf bewusst: „Die Anekdote ist sicherlich sehr bekannt, und die Art, in der sie geschrieben ist, spiegelt die ganze Feinheit [der Sitten] wider. Man gestatte mir, Wort für Wort zu übertragen, ohne irgendwie die Eleganz der gegenwärtigen Sprache anzustreben (*Toute la nuance des moeurs est dans le style. Je supplie qu'on me permette de traduire mot à mot et sans chercher aucu-*

[20] G. Boccaccio, *Decameron*, IV, 9, hg. von V. Branca, Milano: Mondadori 1976, S. 412 (dt. Übers. *Das Decameron*, Gütersloh: P. P. Kehlen Verlagsgesellschaft 1980, S. 284). Für Überblicksdarstellungen zur Legende vom „gegessenen Herzen" vgl. L. Rossi, *Il cuore, mistico pasto d'amore: dal „Lai Guirun" al „Decameron"*, in: *Studi provenzali e francesi* 82 („Romanica vulgaria – Quaderni", 6), L'Aquila: Japadre 1983, S. 28–128, und M. Maio, *Il cuore mangiato. Storia di un tema letterario dal Medioevo all'Ottocento*, Milano: Guerini e Associati 1996.

[21] „Er begann nachdenklich zu werden, und alsbald schoss Amor einen Pfeil auf ihn ab; und die Gedanken, die Amor den Seinen schickt, drangen ihm tief ins Herz"; „und siehe, er hub an, der Dame mit Gedanken und Betrachtungen über die Liebe derart zuzusetzen"; „dass ich Euch nicht täuschen werde [...] und dass Eure Gedanken nicht eitel und nutzlos gewesen sein sollen"; „und von nun an gehörte er zu den Knechten Amors"; „Amor, der seine Knechte belohnt, wenn es ihm gefällt"; „Madonna, Gott helfe mir, aber von dem Augenblick an, da ich Euer Diener geworden bin" (*Über die Liebe*, S. 184).

nement l'élégance du langage actuel)" (S. 184/S. 183). In einer reizvollen Fußnote geht er sogar so weit, seine Philologie eines Connaisseurs – hinter ihm steht allerdings Fauriel – der Philologie Raynouards, des offiziellen Trobador-Experten, entgegenzusetzen: „Das Manuskript befindet sich in der Laurenziana. Raynouard berichtet darüber im V. Band seiner „Troubadours", Seite 189. Sein Text enthält mehrere Fehler; er hat die Troubadours zu sehr gelobt, aber zu wenig gekannt (*Il a trop loué et trop peu connu les troubadours*)" (S. 184 Fn./S. 182 Fn.).

Im Umgang mit den Versen von Bernart de Ventadorn, die Guilhem anführt, um sein Recht auf Geheimhaltung seiner Liebe zu verteidigen, stellt Stendhal seine außerordentliche Einfühlungsgabe noch eindrücklicher unter Beweis, indem er wie gefesselt die Bewegungen von Ventadorns „Stil" wiedergibt. Ich gebe im Folgenden den provenzalischen Text, die stendhalsche Übersetzung und die moderne Übersetzung von Lazar wieder:

> D'una re m'aonda mos sens:
> c'anc nulhs om mo joi no·m enquis,
> qu'eu volonters no l'en mentis;
> car no·m par bos essenhamens,
> ans es foli'et efansa,
> qui d'amor a benanansa
> ni·n vol so cor ad autre descobrir,
> si no l'en pot o valer o servir.
> En une chose ma raison me sert,
> que jamais homme ne m'a demandé ma joie,
> que je ne lui en aie menti volontiers.
> Car cela ne me semble pas bonne doctrine,
> mais plutôt folie et acte d'enfant
> que quiconque est bien traité en amour
> en veuille ouvrir son coeur à un autre homme,
> a moins qu'il ne puisse le servir et l'aider.

> Mon bon sens m'aide en une chose: jamais quelqu'un ne s'enquit de ma joie, sans que je lui mente sciemment; car il ne me paraît guère raisonnable, mais au contraire insensé et enfantin, celui qui jouit d'un amour heureux et découvre son coeur à autrui, alors que cela ne peut nullement lui servir[22].

Nachdem man das 51. Kapitel gelesen hat, kann man sich leicht vorstellen, was Stendhal an der Geschichte von Guilhem und Madonna Marguerite faszinierte. Zunächst einmal das prächtige Zeremoniell, das die Gesetze der *cortezia* perfekt illustriert, dann der subtile Kontrast zwischen zwei Grundstimmungen, Freude

---

22 „In einem hilft mir mein Verstand: Dass nie ein Mensch mich nach meinem *joi* gefragt hat, den ich nicht gern darüber belogen hätte, denn es scheint mir nicht weise, sondern töricht und kindisch, wenn der, der in der Liebe gut behandelt wird, sein Herz einem andern öffnen will, es sei denn, dass er ihm helfen oder dienen kann". Bernart de Ventadorn, *Ab jo mou lo vers*, V. 17ff., zit. nach der Ausg. von C. Appel, Halle: Niemeyer 1915, S. 3. Bernard de Ventadour, *Chanson d'amour*, éd. avec trad. par M. Lazar, Paris: Klincksieck 1966, S. 69.

und Trauer, denn die Geschichte neigt laufend mal der einen, mal der anderen zu:

> et commença à trouver de petits couplets avenants et gais, et des chansons à danser et des chansons de chant plaisant, par quoi il était fort agréé, et plus de celle pour laquelle il chantait.
> ...
> Et elle étendit les bras et l'embrassa doucement dans la chambre où ils étaient tous deux assis, et ils commencèrent leur druerie
> ...
> Alors il [Raymond, der Ehemann] fut grandement peiné et fort grièvement triste, d'abord parce qu'il lui fallait perdre son compagnon-écuyer qu'il aimait tant, et plus encore pour la honte de sa femme.
> ...
> Quand Guillaume le vit venir, il s'en étonna beaucoup, et sur-le-champ il lui vint de sinistres pensées
> ...
> Elle [Agnès, die Schwester von Marguerite] dit cela parce qu'elle voyait Guillaume triste et pensif[23]
> ...
> Une telle réponse causa une grande joie à Raymond
> ...
> Agnès et Guillaume sortirent de la chambre, le souper fut préparé et l'on soupa en grande gaieté
> ...
> Et aussitôt que Raymond le put, il se sépara de Guillaume et s'en vint à sa femme, et lui conta ce qu'il avait vu de Guillaume et de sa soeur, de quoi eut sa femme une grande tristesse toute la nuit[24].

Am meisten müssen Stendhal jedoch der verhängnisvolle Mechanismus der Eifersucht – mit dem Verdacht, dem Hinterhalt, der Tötung und dem barbari-

---

23 In dem von Stendhal übersetzten Ms. P. ist die Geschichte komplizierter als in den anderen Versionen. Es wird hier eine Schwester von Marguerite, Agnes, eingeführt, die Guilhem zu lieben vorgibt, um den Verdacht abzulenken.

24 „Und [er] fing an, hübsche und fröhliche kleine Reime und Lieder zum Tanzen und gefälligen Singen zu verfassen. Dadurch machte er sich überall beliebt, am meisten aber bei der Frau, für die er sie sang"; „Und sie breitete die Arme aus und umschlang ihn zärtlich in der Kammer, wo sie beide saßen, und sie begannen miteinander das Spiel der Liebe"; „Da bemächtigte sich seiner [Raymonds, des Ehemanns] großer Kummer, und er war ernstlich traurig, nicht nur, weil er seinen Schildknappen und Gefährten, den er so sehr liebte, verlieren musste, sondern auch ganz besonders um der Schande seiner Frau willen"; „Als Guillaume ihn kommen sah, wunderte er sich darüber sehr, und sofort kamen ihm unheilvolle Gedanken"; „Sie [Agnes, die Schwester von Marguerite] bejahte dies, weil sie Guillaume traurig und nachdenklich sah"; „Eine solche Antwort erfreute Raymond sehr"; „Agnes und Guillaume kamen aus der Kammer, das Abendessen wurde aufgetragen, und man speiste in großer Fröhlichkeit"; „Und sobald Raymond konnte, trennte er sich von Guillaume, begab sich zu seiner Frau und erzählte ihr, was er von Guillaume und ihrer Schwester gesehen. Darüber war seine Frau die ganze Nacht hindurch von großer Traurigkeit befallen" (*Über die Liebe*, S. 184–187).

schen Mahl –, aufgrund dessen die Trauer über die Freude siegt, und die Rache beeindruckt haben, die die adligen Herren Kataloniens und die vollkommenen Liebenden an dem eifersüchtigen Ehemann nahmen:

> Dieser Vorfall wurde in ganz Katalonien und in allen Landen des Königs von Aragon bekannt. König Alphonse und alle Barone jener Gegend empfanden großes Leid und tiefe Trauer über den Tod des Herrn Guillaume und der Frau, die Raymond so schimpflich ums Leben gebracht hatte. Sie bekriegten ihn mit Feuer und Schwert. König Alphonse von Aragon nahm das Schloss Raymonds ein und ließ Guillaume und seine Dame in einer Gruft vor der Kirche eines Fleckens namens Perpignac beisetzen. Alle vollkommenen Liebhaber, alle vollkommenen Geliebten beteten zu Gott für ihre Seelen. Der König von Aragon nahm Raymond gefangen, ließ ihn im Kerker sterben und schenkte all seine Güter den Verwandten Guillaumes und den Verwandten der Frau, die um seinetwillen gestorben war (S. 189/S. 188f.).

Die soziale Dimension der höfischen Werte mit der abschließenden Apotheose der beiden Liebenden und dem traurigen Ende des Eifersüchtigen markiert den grundsätzlichen Unterschied zu einer anderen großen Geschichte von Liebe und Tod, der Geschichte von Jaufre Rudel. Der freimütige, höfische und leidenschaftliche Guilhem gibt der Liebe nach, die die Kastilierin in ihm erweckt, er sucht und erfährt das Glück in einer Situation offener Gefahr. Die Geschichte vom gegessenen Herzen ist wesentlich eine Geschichte des Wagemuts und der Kühnheit. Nicht von ungefähr finden wir sie in *Le rouge et le noir* wieder, diesmal in der französischen Version, die sie an die Person des Châtelain de Coucy knüpft – Stendhal nennt ihn Vergy und vermischt die Legende vom gegessenen Herzen dadurch mit einer anderen pathetischen Geschichte, nämlich mit der Geschichte der Châtelaine de Vergy. Hier begegnen wir ihr in der leidenschaftlichen Sorge von Mme de Rênal um ihren jungen Liebhaber, den stolzen und unerschrockenen Julien Sorel. Wir erinnern uns:

> Elle revenait du village. Elle était allée entendre la messe dans l'église de Vergy. Une tradition fort incertaine aux yeux du froid philosophe, mais à laquelle elle ajoutait foi, prétend que la petite église dont on se sert aujourd'hui était la chapelle du château du sire de Vergy. Cette idée obséda madame de Rênal tout le temps qu'elle comptait passer à prier dans cette église. Elle se figurait sans cesse son mari tuant Julien à la chasse, comme par accident, et ensuite le soir lui faisant manger son cœur[25].

---

25 „Sie kam aus dem Dorf zurück. Sie hatte in der Kirche von Vergy der Messe beigewohnt. Eine alte Überlieferung, die zwar in den Augen kühler Philosophen recht unsicher war, an die aber Frau de Rênal felsenfest glaubte, besagte, die kleine Kirche, in der noch heute Gottesdienst abgehalten wurde, sei ursprünglich die Schlosskapelle des Grundherrn von Vergy gewesen. Dieser Gedanke lastete die ganze Zeit hindurch auf Frau de Rênal, während sie in der Kirche weilte und betete. Unablässig stellte sie sich ihren Mann vor, wie er Julien auf der Jagd wie zufällig tötete und sie dann am Abend zwang, sein Herz zu verspeisen."

Bei Jaufre Rudel ist die Gefahr dagegen ganz und gar innerer Art. Die ferne Frau, die er nie gesehen hat, *conditio sine qua non* seiner Liebe, macht ihn zum Gefangenen einer „Kristallisation", die, je abstrakter und formloser, desto verhängnisvoller und unabwendbarer ist. Das Fragment, das in *De l'amour* auf die Geschichte von Jaufre Rudel folgt, stammt aus den *Memoiren* von Mrs Hutchinson, die zur Zeit Cromwells verfasst wurden. Stendhal ließ sich gegen Ende 1820 die 1816 in London erschienene Ausgabe nach Mailand schicken:

> Einen eigentümlichen Beweis für jene Art Tollheit, die man Kristallisation nennt, findet sich in den „Memoiren" von Mistress Hutchinson:
> ... He told to Mr. Hutchinson a very true story of a gentleman who not long before had come for some time to lodge in Richmond, and found all the people he came in company with, bewailing the death of a gentlewoman that had lived there. Hearing her so much deplored he made inquiry after her, and grew so in love with the description, that no other discourse could at first please him, nor could he at last endure any other; he grew desperately melancholy, and would go to a mount where the print of her foot was cut, and lie there pining and kissing of it all the day long, till at length death in some months' space concluded his languishment. This story was very true (Fragment Nr. 164, S. 302/S. 305).

Die Annäherung ist sicher kein Zufall, wie nichts in diesem unsystematischen und faszinierenden, ausschweifenden und geometrischen Werk zufällig ist. Der melancholische Gentleman von Richmond und der melancholische Jaufre Rudel sind ein und dieselbe Person.

3. Die Provence, die Galanterie, die die Seligkeiten der Liebe vorbereitet und verteidigt, Guilhem de Cabestanh und die Jagd nach dem Glück, Jaufre Rudel und die „Tollheit, die man Kristallisation nennt": Gerade im Zusammenhang mit den provenzalischen Texten gewinnen die beiden Grundformen der Liebe, die leidenschaftliche Liebe und die galante Liebe, entscheidende Nuancen hinzu.

In der Klassifikation, mit der das erste Kapitel von *De l'amour* beginnt, wird die leidenschaftliche Liebe (*amour-passion*) nicht beschrieben, sondern nur genannt: „Die leidenschaftliche Liebe, die der portugiesischen Nonne, die Héloïses zu Abélard ...". Stendhal geht sogleich zur galanten Liebe (*amour-goût*) über, die alle Gesetze der Galanterie genau befolgt, alle Verhaltensweisen, die es zu beachten gilt und die sie in den verschiedenen Phasen zu erwarten hat, im voraus kennt – ganz genau wie in der Provence des 12. Jahrhunderts –, und die sich auf die Welt, den Anstand, die Feinheit versteht. Aber plötzlich verkehrt sich das Bild ins Negative:

> Da bei ihr weder Leidenschaft mitspielt noch Überraschungen vorkommen, besitzt sie oft mehr Feinheit als die wirkliche Liebe; denn immer

---

Stendhal, *Le Rouge et le Noir*, Kap. 21, in: *Romans et nouvelles*, (Pléiade), Paris: Gallimard 1952, Bd. 1, S. 336 (dt. Übers. *Rot und Schwarz. Chronik aus dem Jahr 1830*, übers. v. Walter Widmer, München: Winkler 1971 [1. Aufl. 1953], S. 156f.).

> überwiegt der Verstand (*il a souvent plus de délicatesse que l'amour véritable, car il y a toujours beaucoup d'esprit*). Verglichen mit einem Gemälde der Carracci, ist diese Liebe eine niedliche, kühle Miniatur; während uns die leidenschaftliche Liebe über alle unsere Interessen hinaushebt, weiß sich ihnen die galante Liebe (*amour-goût*) stets anzupassen. Allerdings bleibt, wenn man von dieser dürftigen Liebe die Eitelkeit abzieht, ein sehr karger Rest; einmal der Eitelkeit beraubt, gleicht sie einem kraftlosen Genesenden, der sich kaum fortschleppen kann (S. 5/S. 10).

Die Unterschiedlichkeit des Tons im Vergleich zu dem Bild der Provence, dem wir uns soeben zugewandt haben, ist geradezu verblüffend. Heißt das, dass Stendhal sich selbst widerspricht? Vielleicht ist das Provence-Bild auch nur unfassbar, geht ganz in den Nuancen auf, wie das Phänomen Liebe, von dem er spricht, überhaupt. Die Liebe ist eine Leidenschaft, die feststehenden Gesetzen gehorcht, verkündet er apodiktisch: „Alle Arten von Liebe, die man auf Erden entstehen sehen kann, werden geboren, leben und sterben oder erheben sich zur Unsterblichkeit nach denselben Gesetzen" (S. 7/S. 12); er hält hartnäckig an seiner Unterteilung in vier verschiedene Arten fest (leidenschaftliche Liebe, galante Liebe, sinnliche Liebe, Liebe aus Eitelkeit). Die Unterteilung kehrt – selbstverständlich mit Variationen – zu verschiedener Gelegenheit wieder. Erstmals notierte er sie 1819 in einem Bändchen von Tommaso Valperga, das zu seiner Mailänder Bibliothek gehört, dann 1822 in unserem *De l'amour* (Kapitel 1 und 40), daraufhin im so genannten *Puff-article*, den Stendhal 1822, zum Zeitpunkt der Erstausgabe von *De l'amour* entwarf und 1825 wieder aufnahm, um eine geplante Zweitausgabe des Werkes zu lancieren (*puffer* von englisch *to puff*, schreibt er), und schließlich 1826 in der zweiten, erweiterten Auflage von *Rome, Naples et Florence*[26]. Hier wird die Klassifikation Mme Gherardi zugeschrieben, die nach Stendhals Aussagen auch einige Passagen von *De l'amour* inspiriert hat, und – wie in einem System chinesischer Schachteln – auf den 16. Januar 1817 datiert.

Die Klassifikation baut weniger auf Definitionen als auf Gestalten und Persönlichkeiten auf, Namen der Chronik, Namen aus Tagebüchern und aus der Literatur. Auf Seiten der leidenschaftlichen Liebe finden wir:

1819

portugiesische Nonne, Héloïse

1822

portugiesische Nonne, Héloïse, den Hauptmann von Wesel, den Gendarmen von Cento (Kapitel 1)

Julie d'Étanges (Kapitel 40)

1822–25

[26] Die Klassifikation von 1819 ist in der Martineau-Ausgabe von *De l'amour*, S. 413, wiedergegeben; der *Puff-article* befindet sich unter den Materialien, ebd., S. 397–400 (dt. Ausg. S. 391–395); *Rome, Naples et Florence* (1826), in: *Voyages en Italie*, (Pléiade), Paris: Gallimard 1973, S. 462.

Héloïse
1826
Héloïse, Julie d'Étanges
Auf der anderen Seite finden wir:
1819
„L'amour-goût, celui qu'on sent généralment à Paris, c'est un tableau où il ne doit point entrer d'ombres noires, rien de désagréable sous aucun prétexte".
1822
„L'amour-goût, celui qui régnait à Paris vers 1760, et que l'on trouve dans les mémoires et romans de cette époque, dans Crébillon, Lauzun, Duclos, Marmontel, Chamfort, Mme d'Épinay, etc., etc." (Kapitel 1)
„L'amour-goût, ou galanterie" (Kapitel 40)
1822–25
„C'est l'amour-goût qui a fait la fortune des romans si spirituels de Duclos et des romans, trop négligés, de Crébillon. C'est encore l'amour-goût qui remplit les *Mémoires* de Mme d'Épinay, comme on peut dire qu'il remplissait la vie des êtres aimables, spirituels et légers qui rendaient si jolie et si séduisante la France de 1780".
1826
L'amour-goût, qui pendant le XVIII siècle a amusé les Français, et que Marivaux, Crébillon, Duclos, Mme d'Épinay, ont esquissé avec tant de grâce"[27].

Aber auch wenn die Klassifikation exakt, eigensinnig, mathematisch daherkommt, dient sie Stendhal doch lediglich als Rahmenwerk für die Erzählung, als Netz aufgespannter Fäden, die durch die Improvisationen des Verstandes und der Sensibilität auf vielfältige Weise verschlungen werden. „Mon talent, s'il y a talent, est celui d'*improvisateur*. J'oublie tout ce que j'écris, je pourrais faire quatre romans sur le même sujet et j'oublierais tout également"[28].

Wenn Leidenschaft fürs Detail und Abstraktionsanspruch sich mischen, so entstehen daraus ungeheure, eigenwillige Klassifizierungsvorschläge, die endlos weiter ergänzt werden können. Neben den vier Arten der Liebe müssen auch die sechs Temperamente (der Sanguiniker, der Choleriker, der Melancholiker usw.)

---

[27] 1819: „Die galante Liebe, die man gewöhnlich in Paris empfindet, es ist ein Bild, das unter keinerlei Vorwand durch irgendeinen dunklen Schatten, durch irgendetwas Unangenehmes getrübt werden darf"; 1822: „Die galante Liebe, das heißt die, die um 1760 in Paris Mode war. Man findet sie in den Denkwürdigkeiten und Romanen dieser Epoche, bei Crébillon, Lauzun, Duclos, Marmontel, Chamfort, Mme d'Épinay usw."; 1822–25: „Die galante Liebe hat den so geistreichen Romanen von Duclos und den allzu vernachlässigten Romanen von Crébillon zu Ruhm verholfen. Von der galanten Liebe sind auch Madame d'Épinays ‚Memoiren' erfüllt, wie man überhaupt sagen kann, dass das Leben jener liebenswürdigen, geistreichen und leichtherzigen Geschöpfe, die das Frankreich von 1780 so reizend und verführerisch gemacht haben, von ihr erfüllt war"; 1826: „Die galante Liebe, an der die Franzosen im 18. Jahrhundert ihr Vergnügen hatten und die Marivaux, Crébillon, Duclos, Mme d'Épinay so anmutig gezeichnet haben".

[28] Zitiert nach H. Martineau, in: *Romans et nouvelles*, zit., Bd. II, S. 869.

und natürlich die Regierungen und Nationalcharaktere (asiatischer Despotismus, absolute Monarchie im Stil Ludwigs XIV., durch eine Verfassung getarnte Adelsherrschaft, föderative Republik wie in den Vereinigten Staaten von Amerika ...), dann die Altersunterschiede und schließlich ... die individuellen Besonderheiten berücksichtigt werden. So dass man sagen kann: „Ich stellte beim Grafen von Woltstein in Dresden die Liebe aus Eitelkeit, das melancholische Temperament, monarchistische Gewohnheiten, das Alter von dreißig Jahren und die und die individuellen Besonderheiten fest" (Kap. 40, S. 136/S. 137).

Was soll man von einem solchen Kaleidoskop halten? Es ist nicht leicht, sich zurechtzufinden, doch gewinnt man den Eindruck, als bereicherten die Einzelheiten und subtilen psychologischen Beobachtungen im Verlauf des Roman-Traktats die Typologie der leidenschaftlichen Liebe, die allerdings in zunehmend düsteren Farben gezeichnet wird. Ihre Faszination gleicht der eines Hirngespinstes, das unerschrockenes, aber vergebliches, oder schlimmer noch: gegen das Glück gerichtetes Handeln auslöst: „Zum Unglück für die Frauen bleiben die Beweise dieses Mutes immer geheim und werden fast nicht bekannt. Zu ihrem noch größeren Unglück richtet sich ihr Mut immer gegen ihr Glück: Die Prinzessin von Clèves hätte sich Monsieur de Nemours hingeben sollen" (Kap. 29, S. 83/S. 82).

Oft ist es nur der Abgrund der Langeweile, der sich aufgrund der Einförmigkeit der vollkommenen Tugendhaftigkeit, der „secrète lassitude de la vertu", vor einem auftut; oft ist es nur ein anderer Stolz, ein ideales Muster, das an die Stelle des „triste bonheur de l'orgueil" des früheren Lebens ohne Liebe tritt: „Die in ein solches Unglück gestürzten Frauen haben zu viel Seelengröße, um jemals anders als leidenschaftlich lieben zu können. Sie wären gerettet, wenn sie sich zur Galanterie herablassen könnten" (Kap. 23, S. 55/S. 54). Es sind Frauen, die wesentlich in den „rêveries de l'imagination" leben, die sich leidenschaftlich auf die Seite der *amour-passion* und der *âme tendre* entgegen der *galanterie* und der *âme prosaïque* schlagen, ja die imstande sind, ein Wort wie *prosaïque* überhaupt zu erfinden – „Ein Wort Leonores" (Kap. 24, S. 59/S. 58); Leonore ist einer der Namen von Matilde – und es dem ratlosen Verliebten Salviati – einer der Namen Stendhals – aufzuzwingen, der ihr ergeben ist, aber mehr an der vielförmigen Wirklichkeit der Prosa als an Hirngespinsten hängt: „*Prosaisch* ist ein neues Wort, das ich früher lächerlich fand; denn nichts ist frostiger als unsere Poesie. Wenn in den letzten fünfzig Jahren in Frankreich etwas Wärme ausgestrahlt hat, so war es sicherlich die Prosa. Doch schließlich gebrauchte die Contessina L... das Wort *prosaisch*, und jetzt schreibe ich es gern" (Fragment Nr. 10, S. 243/S. 243).

Im *Puff-article* ist Stendhal der Ansicht, dass sich die leidenschaftliche Liebe gefährlich mit der Eitelkeit vermengt – derselbe Vorwurf, der in der Klassifikation aus Kapitel 1 gegen die galante Liebe vorgebracht wurde: „Allerdings bleibt, wenn man von dieser dürftigen Liebe die Eitelkeit abzieht, ein sehr karger Rest ..." –: „die Liebe aus Eitelkeit [...] Sie säumt nicht, sich als leidenschaftliche

Liebe auszugeben. Manchmal ist sie ehrlich davon überzeugt. Nur wenige unter uns haben sich wohl mit achtzehn Jahren nicht eingebildet, wie Saint-Preux oder Werther in irgendeine Frau verliebt zu sein, die ein großes Haus führte, deren Salon sehr besucht war und die hübsche Bälle gab. So säumte auch J.-J. Rousseau nicht, sich in alle großen Damen zu verlieben, denen er begegnete" (S. 399/S. 393f.).

So wirkt es manchmal fast, als verteidige Stendhal den Überschwang der leidenschaftlichen Liebe auf sehr galante Art und Weise, sozusagen aus hartnäckiger Treue zu Matilde, in einem letzten Versuch, sie für sich einzunehmen; als habe seine geistreiche, raffinierte Form, ihr den Hof zu machen, sich nur aufgrund ihrer Widerspenstigkeit, aufgrund des eitlen, unglücklichen Stolzes der schönen Matilde in leidenschaftliche Liebe verwandelt[29]. Für ihn war das sicher ein Unheil, kann er sich doch nicht enthalten, in Bezug auf Salviati, den unglücklich Verliebten einer der Geschichten in dem Roman-Traktat und sein Pendant, festzustellen: „Er erlaubte sich, mit seinen Freunden nur noch über trübselige Gedanken zu sprechen, die ihm zwar die Leidenschaft eingab, die aber im Übrigen ein wenig Interesse in den Augen der Philosophie beanspruchen konnten. Mich trieb die Neugier, diese sonderbare Seele zu beobachten; gewöhnlich findet man nämlich leidenschaftliche Liebe nur bei etwas unbeholfenen Leuten wie den Deutschen. Salviati zählte dagegen zu den sichersten, geistvollsten Männern, die ich je gekannt habe" (Kap. 31, S. 90/S. 89).

Wenn die Verliebten der leidenschaftlichen Liebe unausweichlich dem Unglück zustreben, so suchen die Anhänger der galanten Liebe so weit wie möglich das Glück. Zwischen den wunderbar hellen, höfischen Provence-Kapiteln und der galanten Liebe des 18. Jahrhunderts kristallisiert sich eine behutsam unterstrichene präzise Affinität heraus. Im Abstand vieler Seiten kehren dieselben Ausdrücke wieder:

> En Provence ... une galanterie *aimable*, *spirituelle* et conduite entre les deux sexes sur les principes de la justice (Kap. 51, S. 181/S. 180).
>
> ...
>
> C'est l'amour-goût qui a fait la fortune des romans si *spirituels* de Duclos et des romans, trop négligés, de Crébillon. C'est encore l'amour-goût qui remplit les *Mémoires* de Mme d'Épinay, comme on peut dire qu'il remplissait la vie des êtres *aimables*, *spirituels* et légers qui rendaient si jolie et si séduisante la France de 1780 (*Puff-article*, S. 399/S. 393).
>
> ...
>
> N'étaient-elles pas plus gaies, plus *spirituelles*, plus heureuses en 1174 qu'en 1822? (Anhang, S. 310/S. 313).

Die faszinierende Kultur der Provenzalen ist für Stendhal ein Gleichnis des fröhlichen 18. Jahrhunderts, auch wenn die Provence genau wie das Frankreich von 1760 oder 1780 in den grauen Zeiten politischer und religiöser Restauration, in

[29] „Chaque instant de la création est l'écho des rélations avec Métilde", so M. Crouzet in seiner Einleitung zu *De l'amour*, Paris: Garnier-Flammarion 1965, S. 16.

denen er schreibt – eine Zeit, in der man, wie Graf Mosca sagen wird, als oberste Eigenschaft von einem jungen Mann verlangt, „de n'être pas susceptible d'enthousiasme et de n'avoir pas d'esprit"[30] –, der Vergangenheit, der Erinnerung angehören: Daher die Mischung aus Fröhlichkeit und Melancholie.

Wie Stendhal in einem für einen Musikliebhaber wie ihn sehr tiefen Vergleich schreibt, ist das Ende der Provence unter der Barbarei der Nordfranzosen etwa so, als halte man sich nach dem Ende einer Opera buffa, die uns bezaubert hat, einer Oper von Rossini, noch ein wenig im Theater auf:

> Hast du einmal im Theater das Finale einer schönen Spieloper von Rossini erlebt? Alles auf der Bühne atmet Heiterkeit, Schönheit und vollendete Pracht. Dort sind wir von den hässlichen Seiten der menschlichen Natur tausend Meilen weit entfernt. Die Oper endet, der Vorhang fällt, die Zuschauer gehen hinaus, der Kronleuchter schwebt nach oben, man löscht die Rampenlichter. Der Geruch schlecht gelöschter Lampen erfüllt den Saal. Der Vorhang hebt sich noch einmal zur Hälfte, und man bemerkt, wie sich schmutzige und übel angezogene Kerle auf der Bühne plagen und sich in ekelerregender Weise tummeln; sie nehmen dort den Platz der jungen Frauen ein, die die Bühne erst vor einem Augenblick mit ihrer Anmut erfüllten.
> Ähnlich wirkte auf das Königreich Provence die Eroberung von Toulouse durch das Heer der Kreuzfahrer. An die Stelle der Liebe, der Schönheit und Heiterkeit waren die Barbaren des Nordens und der heilige Dominikus getreten" (Kap. 51, S. 183/S. 181f.).

Wie ein Leitmotiv kehrt zur Evokation der Trobadorkultur in Kapitel 51 indessen das Wort *gaieté* wieder, in dem bei Stendhal stets ein großer Bedeutungsreichtum mitschwingt:

> Un exil de trois ans en Palestine, le passage d'une civilisation pleine de *gaieté* au fanatisme et à l'ennui d'un camp de croisés
> ...
> Le génie éminemment *gai* des Provençaux d'alors avait traversé la religion chrétienne sans en être alteré.
> ...
> Ils avaient, ce me semble, moins de passion et beaucoup plus de *gaieté* que les italiens. Ils tenaient de leurs voisins les Maures d'Espagne, cette agréable manière de prendre la vie.
> ...
> Avez-vous vu à l'Opéra le finale d'un bel opéra-comique de Rossini, tout est *gaieté*, beauté, magnificence ...
> ...

30 *La Chartreuse de Parme*, Kap. 6, in: *Romans et nouvelles*, zit., Bd. II, S. 133.

> Au lieu d'amour, de grâces et de *gaieté*, on eut les Barbares du Nord et saint Dominique.
>
> ...
>
> Tout fut fini pour ceux-ci, plus d'amour, plus de *gaieté*, plus de poésie ...[31]

Die Provence der galanten Liebe, ein gelungenes Paradox des Verstandes und der Sinnlichkeit, ist eine *occasion à sensations*[32]. Sie ähnelt dem glanzvollen Mailand der Jahre 1796–1799, das in euphorischer Feststimmung die Offiziere der ersten napoleonischen Truppen empfing – ein Mailand, das den „südlichen" Frohsinn der Visconti und Sforza wiedergefunden hatte, der ausgelöscht worden war von den stolzen, verschlossenen Spaniern, welche genau dieselbe Rolle spielen wie in *De l'amour* die Barbaren des Nordens im Verhältnis zur Provence; sie ähnelt dem wunderbaren Szenario am Anfang der *Chartreuse de Parme*:

> La volupté naturelle aux pays méridionaux avait regné jadis à la cour des Visconti et des Sforce, ces fameux ducs de Milan. Mais depuis l'an 1624, que les Espagnols s'étaient emparés du Milanais, et emparés en maîtres taciturnes, soupçonneux, orgueilleux, et craignant toujours la révolte, la *gaieté* s'était enfuie. Les peuples, prenant les mœurs de leurs maîtres, songeaient plutôt à se venger de la moindre insulte par un coup de poignard qu'à jouir du moment présent.
>
> La joie folle, la *gaieté*, la volupté, l'oubli de tous les sentiments tristes, ou seulement raisonnables, furent poussés à un tel point, depuis le 15 mai 1796, que les Français entrèrent en Milan ...[33]

---

[31] „Eine dreijährige Verbannung nach Palästina, der Übergang von einer Zivilisation voller Heiterkeit zu dem Fanatismus und der Langeweile des Kreuzfahrerlagers"; „Das überaus heitere Wesen der Provenzalen von damals war durch das Christentum hindurchgegangen, ohne Schaden zu nehmen"; „Sie waren, wie mir scheint, weniger leidenschaftlich, aber viel heiterer als die Italiener. Sie hatten diese angenehme Lebensauffassung von ihren Nachbarn, den Mauren Spaniens, übernommen"; „Hast du einmal im Theater das Finale einer schönen Spieloper von Rossini erlebt? Alles auf der Bühne atmet Heiterkeit, Schönheit und vollendete Pracht"; „An die Stelle der Liebe, der Schönheit und Heiterkeit waren die Barbaren des Nordens und der heilige Dominikus getreten"; „Alles war für diese zu Ende; es gab keine Liebe, keine Heiterkeit, keine Poesie mehr".

[32] Zu Stendhals Sensibilität vgl. den wunderschönen Aufsatz von J. P. Richard, *Connaissance et tendresse chez Stendhal*, in: ders., *Littérature et sensation*, Paris: Seuil 1954, auch in: ders., *Stendhal et Flaubert*, Paris: Seuil 1970, S. 17–133. Siehe außerdem M. Blanchot, *Stendhal et les âmes sensibles*, in: *Faux pas* (1943), Paris: Gallimard 1975, und R. Barthes, *On échoue toujours à parler de ce qu'on aime*, in: „Tel Quel", 85, 1980, S. 32–38.

[33] „Die Sinnenlust, die den Südländern angeboren ist, hatte vor Zeiten an den Höfen der Visconti und der Sforza, der berühmten Herzöge von Mailand, geherrscht. Doch seit dem Jahre 1624, als die Spanier sich in den Besitz des Gebietes um Mailand gesetzt und sich als schweigsame, argwöhnische, hochmütige Herren des Landes bemächtigt hatten, als Herren, die immerfort einen Aufstand fürchteten, seit jener Zeit war aller Frohsinn geflohen. Die Bevölkerung machte sich die Sitten ihrer Herren zu eigen und sann eher darauf, für den geringfügigsten Schimpf mit einem Dolchstoß Rache zu nehmen, als sich des gegenwärtigen Augenblicks zu freuen. Die toll überbordende Freude, der ausgelassene Übermut, Sinnenlust und Vergessen aller düstern oder auch bloß vernünftigen Gedanken und Emp-

4. Stendhals Lesart der provenzalischen Kultur ist nicht nur an sich von außerordentlicher Suggestivkraft – sie gleicht einem schönen kritischen Traum, einer Glücksfantasie –, sondern vor allem, wenn wir sie auf die Texte beziehen. Eine ganze Reihe von Stellen erstrahlt gleichsam in einem anderen Licht.

Seine Betonung der *gaieté* erweckt den Eindruck, als sei er unwiderstehlich mitgerissen von der Ausgelassenheit, die aus so vielen Trobadorliedern spricht, als hätte Stendhal sie vor Augen – doch wie viele kannte er tatsächlich und was verdankt sich stattdessen seiner außergewöhnlichen Einfühlsamkeit? –, er lenkt unsere Aufmerksamkeit auf das Wort *gai*, fordert uns auf, ihm auf neue Weise zu lauschen:

> Mais am *guays* endeptatz
> esser que ricx malvatz;
> qe ricx sui, sol *guays* sia,
> e *guays*, quan vey m'amia.

> (Lieber bin ich verschuldet und fröhlich als ein ruchloser Reicher; und reich bin ich, wenn ich fröhlich bin, und fröhlich, wenn ich meine Freundin seh).

> Ab joi et ab joven m'apais
> e jois e jovens m'apaia,
> que mos amics es lo plus *gais*,
> per qu'ieu sui coindet'e *guaia*;
> e pois ieu li sui veraia,
> bei·s taing qu'el me sia verais,
> qu'anc de lui amar non m'estrais
> ni ai cor que m'estraia[34].

> (Mit *joi* und *joven* bin ich zufrieden und *joi* und *joven* machen mich zufrieden, denn mein Freund ist der allerfröhlichste und darüber bin ich heiter und froh, und da ich ehrlich mit ihm bin, ist es richtig, dass er es mit mir sei, und ich habe nie davon abgelassen, ihn zu lieben, und habe nicht vor, es jemals zu tun).

Er führt uns das Wort als Leitmotiv in der nicht oft zitierten, aber reichen Liedersammlung von Cadenet vor Augen:

> Que·l mieus cors fos per vos *gais*.
> (Damit mein Herz für Euch fröhlich sei).

---

findungen, all dies wurde vom 15. Mai 1796, als die Franzosen in Mailand einzogen […] so weit getrieben …". *La Chartreuse de Parme*, Kap. 1, in: *Romans et nouvelles*, zit., Bd. II, S. 30 (dt. Übers. *Die Kartause von Parma*, übertragen von Walter Widmer, München: Winkler Verlag 1952, S. 20).

34 Gui d'Uisel, *N'Ebles, pus endeptatz*, V. 35ff., in: H. Carstens, *Die Tenzonen aus dem Kreise der Trobadors Gui, Eble, Elias und Peire d'Ulsel*, (Diss.), Königsberg: Leupold 1914, S. 70. Comtessa de Dia, *Ab joi et ab joven*, V. 1ff., in: O. Schultz, *Die provenzalischen Dichterinnen*, Leipzig 1888 (Reprint Genève: Slatkine 1975), S. 17.

Sobre totas es *gaia*, bella, blonda.
(Sie ist fröhlich, schön und blond, mehr als alle andren Frauen).

E si fui tant per s'amor *gais*!
(Und wegen ihrer Liebe war ich so fröhlich!)

que de cela per qu'ieu soi *gais*
(der Dame, wegen der ich so fröhlich bin)

Q'ieu sui ben tengutz
per mon joi, si l'ai,
que no sia mutz
lai

on serant li *gai*.

(Und deshalb muss ich wegen meines *joi*, da ich ihn habe, nicht stumm sein, da wo fröhliche Menschen sind).

bell'ab *gai* solatz
(eine schöne, fröhlich gesellige Dame)

cella qe·m soli'atraire
mas chanssos e mos *gais* sos

(die mir meine Lieder eingab und meine fröhlichen Weisen)

mas l'amoros e·il *gai*
dirian: „e que fai?
meravillas n'avem tuich gran,
segon que·s era *gais* antan,
cossi pot esser que no chan".

(aber die Liebenden und die Fröhlichen würden sagen: aber was macht er? Mit großer Verwunderung fragen wir uns alle, wie es möglich ist, dass er, der er gerade so fröhlich war, nicht singt).

Cadenet, pro domna e *gaia*[35]
(Cadenet, eine höfische und fröhliche Dame)

Das von Stendhal in Kapitel 51 angesprochene Thema der Gleichheit zeigt auch bei raschem Durchblättern der Liedersammlungen mit Blick auf einige Schlüsselwörter (*egal, comunal* ...) seinen zentralen Stellenwert:

En agradar et en voler
es l'amors de dos fis amans.
Nula res no i pot pro tener,
si·lh voluntatz non es *egaus*.

---

[35] C. Appel, *Der Trobador Cadenet*, Halle: Niemeyer 1920 (Reprint Genève: Slatkine 1974). Ich gebe im Folgenden Seitenzahl, Liednummer und Verszahl der Zitatstellen an: S. 2, Nr. 5, V. 9; S. 33, Nr. 18, V. 25; S. 42, Nr. 4, V. 17; S. 43, Nr. 4, V. 52; S. 49, Nr. 21, V. 5ff.; S. 51, Nr. 21, V. 62; S. 54, Nr. 12, V. 7; S. 57, Nr. 20, V. 8ff.

(Im Zustimmen und Wollen liegt die Liebe zweier edler Liebender. Es kann nichts Gutes entstehen, wenn beide nicht Gleiches wollen).

Doi fin aman devon esser *egal*
en ben amar; pero cel que mais val
ni qui mais pot ni es plus avinens,
deu un pauc mais destreigner chausimens.

(Zwei höfische Liebende müssen in der Liebe gleich sein; aber wer mehr wert ist oder mächtiger oder schöner ist, muss ein wenig mehr Rücksicht üben).

Aiso me par ben iuecs *dezegalaz*

(So scheint es mir ein ungleiches Spiel)

E ges no·m part ioc *cominal*[36]

(Und sie billigt mir kein gemeinsames Spiel zu)

Auch die *Partimens* über die Liebe, etwa das Perdigons mit Dalfin d'Alvernha oder das Gui d'Uissels mit Maria de Ventadorn, müsste man erneut lesen. Die wahre Bedeutung von *engal* ergibt sich aus dem Spiel (*iuecs*, *ioc*), das aus der Situation der *fin'amor* entsteht und stets aufs Neue zwei „Personen" einbezieht, aus dem galanten Gespräch, das den anderen als freien, gleichberechtigten Gesprächspartner setzt. Um es nochmals mit Stendhals Worten zu sagen: „Ein Dutzend Geschichten, die ich anführen könnte, liefern durchweg den Beweis für eine auf den Grundsätzen der Gleichberechtigung beruhende liebenswürdige, geistreiche Galanterie zwischen den beiden Geschlechtern (*une galanterie aimable, spirituelle et conduite entre les deux sexes sur les principes de la justice*) [...]. Was sich aber daran berechnen und unter die Herrschaft der Vernunft stellen lässt, war in der Provence auf Gerechtigkeit und *Gleichheit* der beiden Geschlechter (*sur la justice et* l'égalité *de droits entre les deux sexes*) gegründet. Dies bewundere ich besonders deshalb, weil es so weitgehend wie möglich das Unglück ausschaltet" (Kap. 51, S. 181/S. 180). Wenn in der komplizierten Feudalmetaphorik Dienst und Wechselseitigkeit herrschen und stets das Pathos der Befehlsherrschaft und Unterwerfung durchscheint, so bedeutet die Gleichheit hier dagegen erwünschte Übereinstimmung der Liebenden in Geist und Körper, auf die Lust gerichtete Bewegung:

Domna, s'eu fos de vos auzitz
si charamen com volh mostrar,
al prim de nostr'enamorar
feiram chambis dels esperitz.

---

[36] Bernart de Ventadorn, *Chantars no pot gaire valer*, V. 29ff., nach der Ausg. von C. Appel, zit., S. 86. Cadenet, *Meravill me*, V. 35ff., nach der Ausg. von C. Appel, zit., S. 30. Lanfranc Cigala, *Ges eu non vei*, V. 8, nach der Ausg. von F. Branciforti, Firenze: Olschki 1954, S. 214. Peire Rogier, *Tant no plou*, V. 15, zit. nach der Ausg. von C. Appel, Berlin: Reimer 1882, S. 42.

Azautz sens m'i fora cobitz,
c'adonc saubr'eu lo vostr'afar
e vos lo meu, tot par a par,
e foram de dos cors unitz.

(Frau, wenn ich so liebevoll von Euch gehört würde, wie ich es Euch sage, dann hätten wir zu Beginn unserer Liebe unsere Seelen ausgetauscht. Dann wäre mir rechtes Empfinden zuteil geworden, denn dann würde ich wissen, wie es mit Euch, und Ihr, wie es mit mir steht, gleich zu gleich, und unsere beiden Herzen wären geeint).

Ja no·m man letra ni sagelh,
ni no·m don cordo ni anelh,
mas digua·m (e·l digz er mi dos):
„Aissi com vos m'avetz ai vos"[37].

(Und schickt mir weder Brief noch Siegel und schenkt mir weder Gürtel noch Ring, sondern sagt mir (und das Wort wird süß mir klingen): „Wie Ihr mir, so ich Euch).

Die Philosophie der Galanterie und des *bonheur*, die aus Stendhals Seiten spricht, stützt alle immer noch misstrauisch beäugten Interpretationen, die auf die verbreitete Sinnlichkeit der Trobadors abheben und eine grundsätzlich amoralische Lesart vorschlagen. Beispielsweise Moshé Lazar: „ein sinnliches Vokabular [...] erotische Vorstellungen von großer Dichte [...] die Tendenz, sexuelles Begehren unter stilisierten Ausdrücken zu verschleiern, erhöht die erotische Dichte der Sprache und der poetischen Bilder"[38]. Oder René Nelli: „*Domnei* wurde jede galante Begegnung genannt, bei der ein Liebhaber Gelegenheit hatte, seiner Dame den Hof zu machen. Aber dieser *Flirt* hatte nicht immer dieselben Merkmale: Je nach Epoche und natürlich je nach Umständen konnte er rein platonischer und verbaler Art oder, im Gegenteil, recht libidinös sein"[39]. In Erwiderung auf derlei Interpretationen wurden seit jeher diejenigen Aspekte des Entwick-

---

37 Bernart de Ventadorn, *Can lo boschatges*, V. 57ff., nach der Ausg. von C. Appel, zit., S. 227. Daude de Pradas, *En un sonet*, V. 51–52, zit. nach der Ausg. von A. H. Schutz, Toulouse, Paris: Privat-Didier 1933, S. 52.

38 M. Lazar, *Amour courtois et „fin'amor" dans la littérature du XII siècle*, Paris: Klincksieck 1964, S. 118. „Verschleiern" (camoufler) ist allerdings kein gelungener Ausdruck, denn die Höfischkeit will nichts verschleiern, sondern stellt die Ambiguität offen zur Schau, ist ein galanter Diskurs. Mit Entschiedenheit wendet sich Glynnis Cropp, wie zahlreiche andere Kritiker, gegen Lazar: „Moshé Lazar, de son côté, affirme fortement et peut-être de façon eccessive le côté sensuel de la *fin'amor*. Nous lui reprochons surtout son emploi de l'expression ‚désir sexuel' qui, à notre avis, rappelle trop l'érotique moderne ..." (G. Cropp, *Le vocabulaire courtois des troubadours de l'époque classique*, Genève: Droz 1975, S. 357). Wenn man aber eine Kritik gegen Lazar vorbringen kann, dann ist es meines Erachtens die Tatsache, dass er ein allzu einheitliches Bild entwirft. Er will selbst Jaufre Rudel der Sinnlichkeit und Galanterie zuordnen, und das ist freilich ein verzweifeltes Unterfangen.

39 R. Nelli, *L'érotique des troubadours*, Paris: Union Gén. d'Éditions 1974, S. 398 (1. Aufl. 1963).

lungswegs des *fin amant* hervorgehoben, die eine Veredlung des Menschen bedeuten; Begriffe wie *onor*, *proeza*, *pretz* und *valor* wurden grundsätzlich moralisch gedeutet: „Sich den Anforderungen der *fin'amor* unterwerfend, verändert und veredelt sich der Mensch; er macht dergestalt eine wahre Erziehung durch. Es scheint uns daher, dass dieser wesentlich menschliche und erzieherische Aspekt es ausschließt, die höfische Liebe einzig als mal galantes, mal erotisches gesellschaftliches Spiel zu betrachten“[40].

Die Galanterie ist Fiktion, doch gerade aufgrund des gewagten Spiels des Begehrens akzeptiert sie die sozialen Grenzen und macht sie in einer Strategie unfassbarer Nuancen gleichzeitig wanken: „Ben a donc passat vassallage/ aquest rix hom, c'aisi m'enquiera“[41] („Er ist weit über den Vasallendienst hinausgegangen, dieser Edelmann, wenn er mich so um Liebe bittet“), ruft Flamenca angesichts der immer offeneren Liebeswerbung von Guilhem überrascht und geschmeichelt aus.

Die Kategorien *galanterie* und *bonheur*, die Stendhal voll Begeisterung auf die Welt der Trobadors anwendet, waren in der Mediävistik des beginnenden 19. Jahrhunderts eher ungewöhnlich. Sismondi nimmt in seinem *De la littérature du Midi de l'Europe* (1813) die Sitten der provenzalischen Kultur, die ihm von Zügellosigkeit und einem „extrême relâchement“ zeugen, ziemlich fassungslos auf und distanziert sich von ihnen: „Die verderblichsten Empfindungen, die Prinzipien, die sich am wenigsten mit der gesellschaftlichen Ordnung oder der Einhaltung anderer Pflichten vereinbaren ließen, zählten zu den Gesetzen der Galanterie“[42]. Chateaubriands *Génie du christianisme* (1802) hat mit seiner Rehabilitierung des Gotischen als Ort des Mysteriums, der Empfindung und des individuellen Schicksals eine andere Sensibilität und eine andere Mode eingeweiht: „Gewaltige gothische Bauten, alte Wälder und einsame Seen gaben mit ihrem romantischen Aussehen jenen Leidenschaften Nahrung, die durch nichts zerstört werden konnten und die zu einer Art Bann oder Zauber wurden“[43].

Stendhal ist ein großer Erbe der Mediävistik des 18. Jahrhunderts. Wenn er die *Histoire littéraire des troubadours* (1774) von La Curne de Sainte-Palaye, in der die Galanterie eine zentrale Interpretationskategorie darstellt, nirgends zitiert (kannte er sie?), so kannte und zitiert er (in den Kapiteln 32 und 59) dagegen einen Essay des Diplomaten und Connaisseurs Mancini-Nivernais, der, wie bereits der Titel *Quelques vies des troubadours, tirées des manuscrits de M. de*

---

40 G. Cropp, *Le vocabulaire*, zit., S. 355.

41 *Flamenca*, V. 4970–4971. Zitiert nach *Les troubadours. Jaufre, Flamenca* …, trad. de R. Lavaud und R. Nelli, Bruges, Paris: Desclée de Brouwer 1960.

42 Sismondi (J. C. L. Simonde de Sismondi), *De la littérature du Midi de l'Europe,* Paris: Didot 1813, Bd. 1, S. 93.

43 R. Chateaubriand, *Génie du christianisme*, éd. P. Reboul, Paris: Garnier-Flammarion 1966, Bd. II, S. 185.

Sainte-Palaye (1746) verdeutlicht, von La Curne ausging[44]. Die Erforschung und Rekonstruktion all dieser Einflüsse und Affinitäten steht noch aus.

Das Erbe des 18. Jahrhunderts erklärt auch die Betonung der „heidnischen“ Dimension der Trobadorkultur: „Man muss das Mittelmeer als den Nährboden der europäischen Zivilisation betrachten. Die glücklichen Gestade dieses schönen, vom Klima so begünstigten Meeres waren noch viel glücklicher durch das gedeihliche Gewerbe der Bewohner und durch das Fehlen jeder trübseligen Religion oder Gesetzgebung. Das überaus heitere Wesen der Provenzalen von damals war durch das Christentum hindurchgegangen, ohne dadurch Schaden zu leiden (*Le génie éminemment gai des Provençaux d'alors avait traversé la religion chrétienne sans en être altéré*)“ (Kap. 51, S. 182/S. 181). Es ist eine Dimension, die sich von dem „gotischen“ Hintergrund düsterer, Furcht einflößender Glaubensformen, nämlich der christlichen, abhebt – „les mystères terribles de la religion des épouventements“, wird Stendhal in *Lucien Leuwen* schreiben[45] –, auf die er in den *Mémoires d'un touriste* (1838) so oft zu sprechen kommt:

> Diese Kirche lässt einen Gedanken in mir aufkommen, den ich oft wiederhole: Durch die Gottlosigkeit des 18. Jahrhunderts haben wir die Fähigkeit eingebüßt, Kirchen zu bauen. Wenn eine Provinzstadt nun aber Geld hat und eine Kirche haben will, dann ahmt die Kirche von Dol nach; nur das Portal ist woanders herzunehmen. Die griechischen Säulen der Madeleine sind der Gipfel des Absurden für den katholischen Kult; zu dieser schrecklichen Religion passten die Palladio-Kirchen besser (*les églises de Palladio allaient mieux à cette religion terrible*). Wenn ihr also unbedingt Säulen haben wollt – die bei unserem Regen im Norden und vor allem bei seiner ewigen, erbarmungslosen Hölle ein Widersinn sind – dann ahmt wenigstens die Kirchen der Lombardei oder Venedigs nach[46].

In den *Mémoires* haben das Romanische und das Antike – die römischen Amphitheater von Arles und Nîmes, der Pont du Gard, die Maison Carrée, der Triumphbogen und das Theater von Orange – eindeutig symbolischen Wert, sie sind der wahre Ausdruck der von der Gotik und dem Geist des Nordens bedrohten Kultur des Südens: „Später, als die Gotik mit ihrer Verachtung der *romanischen Solidität* und in dem Versuch, mit ihren *scheinbaren* Verwegenheiten zu verblüffen (*cherchant à étonner par ses imprudences* apparentes), im Süden Frank-

---

44 Sainte-Palaye (J.B. de La Curne de Sainte-Palaye), *Histoire littéraire des troubadours*, Paris 1774 (Reprint Genève: Slatkine 1967). Vgl. L. Gossman, *Medievalism and the Ideologies of Enlightenment. The World and Work of La Curne de Sainte-Palaye*, Baltimore: The John Hopkins Press 1968; Nivernais (L. J. Mancini-Mazarini, duc de Nivernais), *Oeuvres*, Paris: Didot 1796, Bd. III, S. 321–370. (Ich habe das Exemplar der Nationalbibliothek Wien eingesehen).

45 *Lucien Leuwen*, Kap. 51, in: *Romans et nouvelles*, zit., Bd. I, S. 1216.

46 *Mémoires d'un touriste*, Introduction et notes de V. Del Litto, Paris: Maspero 1981, Bd. II, S. 49 (Saint Malo, den ...).

reichs Fuß zu fassen suchte, fand sie in den Herzen – ein mächtiger Rivale! – die Bewunderung für den *Pont du Gard* und die *Maison Carrée*“[47].

Romanik und Gotik werden nicht zu architekturgeschichtlichen Darlegungen herangezogen, sondern beleben einen Widerstreit zwischen „antikem Geschmack“ (römisch und romanisch) und „christlichem Geschmack“, wobei Stendhal abwechselnd Sympathie und Verachtung bekundet: „Die Kirche von Saint Stephane [in Nevers] gefällt mir sehr; man muss verschiedene Stufen zum Eingang hinuntergehen. Sie wurde 1063 gegründet, als die Mode noch nicht jede Erinnerung an die antike Kunst zerstört hatte. Es ist eine *romanische* Kirche, die – im Verhältnis zur Länge – ein breites Kirchenschiff hat; das liegt mir sehr und ist ein Beweis dafür, dass ich keinen wahren christlichen Sinn besitze. Je schmaler ein Kirchenschiff ist und je mehr es zwischen hohen Pfeilern eingeschlossen ist, desto mehr stellt es das Unglück dar (*Plus la nef d'une église est étroite et resserrée entre de hauts piliers, plus elle représente le malheur*)“. Weiter schreibt Stendhal angesichts der Kirche von Anay in der Nähe von Lyon und der vier gewaltigen Granitsäulen, die der Sage nach zu einem Augustus zu Ehren errichteten Altar gehört haben, wo er sich am 10. August des römischen Jahres 742, elf Jahre vor der christlichen Zeitrechnung, opferte: „Die Vermischung dieser ehrwürdigen Überreste der Antike mit der Gotik erfüllt mein Herz immer mit einem Gefühl der Verachtung, sehr unangenehm. Ich bin nicht christlich genug (*Je ne suis pas assez chrétien*)“[48].

Stendhal lässt die Unglücklichkeit, die vergeistigenden, dunklen Stimmungen, die in der Welt der Trobadors gewiss auch vorkommen, nicht außer Acht. Es ist der Ort, den, wie wir gesehen haben, der melancholische Fürst von Blaye einnimmt, zusammen mit dem schwermütigen, nekrophilen Gentleman of Richmond aus den Memoiren der Mrs. Hutchinson. Die Trennlinie, die Stendhal zwischen Jaufre Rudel und Galanterie zieht, scheint mir von erheblichem Wert für die Forschung zu sein: Distanz, *amar dezamat*, *malheur* und Sublimierung auf der einen Seite, galante Liebe, Galanterie, *chasse au bonheur* auf der anderen.

Mit großem Scharfsinn erfasst Stendhal hier den „Doppelweg“ der provenzalischen Dichtung, auf den unter mancherlei Unschlüssigkeit und Verwirrung auch die positivistische Philologie von Appel über Lewent bis zu Jeanroy zurückkommt: Es ist die berühmte Frage der „zwei Schulen“, der „idealistischen“, die mit gebildetem, verfeinertem Stil die höfische Liebe besingt und für die Eble II. von Ventadorn, Jaufre Rudel, Bernart de Ventadorn und andere stehen, und der „realistischen“, die auf rohe, bisweilen vulgäre Weise das Wesen der höfischen Liebe angreift und von Marcabru und seinen Anhängern repräsentiert wird[49].

Carl Appel erläutert den von Marcabru zwischen *fals'amor* und *fin'amor* errichteten Gegensatz in seinen Überlegungen aus dem Jahr 1923 folgenderma-

[47] *Mémoires*, Bd. 1, S. 258 (Nivernese, 18. Juni).

[48] *Mémoires*, Bd. 1, S. 56 (Nevers, 14. April), und Bd. I, S. 144 (Lyon, 20. Mai).

[49] A. Jeanroy, *La poésie lyrique*, zit., Bd. II, S. 13–30.

ßen: „jene die Liebe Wilhelms von Poitiers und der *escola n'Eblo*, die neumodische, höfische, leichtfertige, die ehebrecherische Liebe der Trobadors; die andere die edle, altmodische, natürliche, die reine Liebe der ehelichen Gemeinschaft"[50].

Die Leichtfertigkeiten der galanten höfischen Liebe riefen in der Welt der Höfe und Städte der Provence selbst Krisen, Neubesinnung und Reuegefühle hervor, häufig genährt vom weltlichen Klerus und der aufsteigenden Geistlichkeit der Zisterzienser. Nur vor diesem Hintergrund erklärt sich ein Marcabru (aber auch ein Jaufre Rudel!).

Der von Stendhal umrissene Gegensatz bildet einen nützlichen Ausgangspunkt, um die Elemente für eine Rekonstruktion der beiden Wege neu zu durchdenken, die sich thematisch, vor allem aber „stilistisch" und ihrer Sensibilität nach grundlegend unterscheiden. Einerseits Moralität, Wertsetzung, Erotismus und Misogynie, Lust am Leiden, Zynismus und Askese, Schwermut und Selbstmitleid – und hier würde ich Jaufre Rudel zusammen mit Marcabru einordnen, die Wesentliches gemeinsam haben, das schwerer wiegt als die Unterschiede. Andererseits Gleichheit, Unbeständigkeit der Gefühle, Prahlerei, Eros und Galanterie, Drang ins Nichts und *humour*, Zärtlichkeit – und auf dieser Seite stehen die Libertins der aristokratischen Linie wie Wilhelm IX. und Raimbaut von Orange, aber auch ein Trobador wie Bernart de Ventadorn. Von diesen entschieden entgegengesetzten Hauptlinien ließe sich vielleicht noch der konstruktive Mittelweg eines „höfischen Moralismus", repräsentiert durch den zahmen, trockenen Guiraut de Bornelh, abgrenzen.

Der erste Weg ist metaphysisch und kreatürlich. Die Frau, Quell des Verderbens und des Zweifels, ist nur als Jungfrau oder Idee, als *amor de lonh* annehmbar. Ihre Kontingenz wird zwischen Eva, der Versucherin, dem Ursprung alles Bösen, und ihrem spiegelbildlichen Gegenteil – Ave, Maria – verleugnet, gespalten, zerstört. Der Schatten von Sade taucht auf, Sade mit seinen Mädchen, reinen Objekten der Begierde und eben deshalb verfolgt. Zeuge Pierre Klossowski:

> Das Bild der keuschen Frau, der Jungfrau, ein Symbol der unbesitzbaren himmlischen Reinheit, wird aufgrund seines grausam provozierenden Charakters an sich, insofern es die männliche Begierde mit einem Fluch belegt, zum bevorzugten Objekt, an dem sich die sadistische Grausamkeit in ihren Vorstellungen übt, bis sie das unberührte–berührbare Objekt unter Verdacht stellt. Es ist die einzige Befriedigung, die sich die verfluchte Männlichkeit dafür verschaffen kann, dass sie die unbesitzbare Reinheit begehrt hat. Genau dies ist die Antwort der *höfischen Liebe*: Die Männlichkeit ist dort tödlich getroffen durch das Bild der unbefleckten Frau, das aber verherrlicht wird bis hin zur Anbetung der himmlischen Reinheit in einem Geschöpf. Doch die Anbetung selbst hält das Bild der unbefleckten Reinheit nur aufrecht, indem sie fortwährend die gegenteilige Vorstellung

[50] C. Appel, *Zu Marcabru*, in: „Zeitschrift für romanische Philologie", 43, 1923, S. 403–469, hier S. 450.

reproduziert: wenngleich unbesitzbar, ist die Reinheit des Geschöpfes, das sie verkörpert, nichtsdestotrotz antastbar. Aus einer *morosa delectatio* im Gegensatz zum Sadismus zerstört der Liebende auch hier unaufhörlich die fleischliche Form der Reinheit, um sie durch sein Streben, in dem Geschöpf die unbesitzbare Reinheit zu besitzen, sogleich wiederherzustellen[51].

Aber Stendhal begegnet Sade mit offenem Misstrauen und stellt ihn im ersten Kapitel von *De l'amour* neben Alfieri und Nero, allesamt Opfer und Werkzeug eines infernalischen Hochmuts, die nur dann Sinnenlust empfinden können, wenn sie an der Gefährtin ihrer Freuden Grausamkeiten verüben, um dergestalt eine möglichst große Befriedigung ihres Stolzes zu erreichen: „Daher die Scheußlichkeiten in *Justine*. Um geringeren Preis können diese Menschen das Gefühl der Sicherheit nicht finden (*De là les horreurs de Justine. Ces hommes ne trouvent pas à moins le sentiment de la sûreté*)“ (S. 7/S. 12). Er gibt Crébillon, Marivaux, Diderot, den „liebenswürdigen, geistreichen und leichtherzigen“ Autoren der galanten Liebe den Vorzug, er zieht die Trobadors, die anderen, vor.

5. Dass wir in dieser von Stendhal imaginierten heiteren und überflüssigen Provence fern der Werte, jenseits von Gut und Böse, auch Nietzsche wiederfinden, wird uns nicht überraschen. Denn der Mythos vom Süden – die Mittelmeerwelt Italiens und Griechenlands, der Provence, des arabischen und andalusischen Spaniens – durchzieht die ‚unzeitgemäße' deutsche Kultur von Goethe bis Heine, bis hin zu Benn, wie in diesem Gedicht mit dem Titel *Mittelmeerisch*:

Ach, aus den Archipelagen,
da im Orangengeruch
selbst die Trümmer sich tragen
ohne Tränen und Fluch,

strömt in des Nordens Düster,
Nebel – und Niflheim,
Runen und Lurengeflüster
mittelmeerisch ein Reim:

Schließlich im Grenzenlosen
eint sich Wahrheit und Wahn,
wie in der Asche der Rosen
schlummert der Kiesel, Titan,

dein aber ist das Schreiten,
dein die Grenze, die Zeit,
glaube den Ewigkeiten,
fordre sie nicht zu weit,

aus ihrer halben Trauer,
rosen- und trümmerschwer,

[51] P. Klossowki, *Un si funeste désir*, Paris: Gallimard 1963, S. 107.

> schaffe den Dingen Dauer –
> strömt es vom Mittelmeer[52].

Das Mittelmeer ist ein Ort der Imagination, wo man sich eine andere Existenz erträumen kann, weit weg von den Nebeln des Nordens mit seinen Gesetzestafeln und Tugendkatalogen, mit seiner metaphysischen Lüge.

> Sie dauern mich in ihrem dies Mal besonders winterlichen und düsteren Norden: wie hält man da eigentlich seine Seele aufrecht! Ich bewundere beinahe Jedermann, der unter einem bedeckten Himmel den Glauben an sich nicht verliert, gar nicht zu reden vom Glauben an die ‚Menschheit', an die ‚Ehe', an das ‚Eigenthum', an den ‚Staat' ... In Petersburg wäre ich Nihilist: hier glaube ich, wie eine Pflanze glaubt, an die *Sonne*. Die Sonne Nizza's – das ist wirklich kein Vorurtheil. Wir haben sie gehabt, auf Unkosten vom ganzen Reste Europa's. Gott läßt sie mit dem ihm eigenen Cynismus über uns Nichtsthuer, ‚Philosophen' und Grecs schöner leuchten als über dem so viel würdigeren militärisch-heroischen ‚Vaterlande' –.

So Nietzsche aus Nizza an Georg Brandes (27. März 1888)[53].

Auf diesen mediterranen Streifzügen ist, neben Goethe und Heine, Stendhal sicher einer der bevorzugten Reisegefährten *in psychologicis*. Stendhal, von dem er natürlich die Romane, aber auch *De l'amour, La vie de Napoléon,* die *Histoire de la peinture en Italie*, die *Mémoires d'un touriste, Racine et Shakespeare* sowie *Rome, Naples et Florence* kennt und mit Vorliebe zitiert. Die Entdeckung Stendhals – der „ehrliche Atheist", „einer der schönsten Zufälle meines Lebens"[54] – bedeutete für Nietzsche die denkwürdige Begegnung mit einem verwandten Geist, genau wie die Entdeckung Schopenhauers und Dostojewskis:

> Von Dostoievsky wußte ich vor wenigen Wochen auch selbst den Namen nicht – ich ungebildeter Mensch, der keine ‚Journale' liest! Ein zufälliger Griff in einem Buchladen brachte mir das eben ins Französische übersetzte Werk l'esprit souterrain unter die Augen (ganz so zufällig ist es mir in meinem 21ten Lebensjahre mit Schopenhauer und im 35ten mit Stendhal gegangen!) Der Instinkt der Verwandtschaft (oder wie soll ich's nennen?) sprach sofort, meine Freude war außerordentlich: ich muß bis zu meinem Bekanntwerden mit Stendhals Rouge et Noir zurückgehen, um einer gleichen Freude mich zu erinnern[55].

---

52 G. Benn, *Mittelmeerisch (Statische Gedichte)*, zit. nach *Gedichte. In der Fassung der Erstdrucke*, Frankfurt/Main: Fischer 1982, S. 307.

53 F. Nietzsche, *Sämtliche Briefe. Kritische Studienausgabe in 8 Bänden*, München: Deutscher Taschenbuchverlag; Berlin, New York: de Gruyter 1986 (= *Briefe*), Bd. 8, S. 278f.

54 *Ecce homo. Warum ich so klug bin*, 3, KSA 6, 285.

55 An Franz Overbeck, 23. Februar 1887, *Briefe* 8, 27. Zu Stendhal und Nietzsche vgl. C. Andler, *Nietzsche. Sa vie et sa pensée (1920–1931)*, Paris: Gallimard 1958, Bd. 1, S. 159–176; B. Donnellan, *Nietzsche and the French Moralists*, Bonn: Bouvier 1982, S. 114–119.

Eine Stelle aus *Jenseits von Gut und Böse* verbindet signifikanterweise das Lob für Stendhal – „wunderlicher Epicureer und Fragezeichen-Mensch“ – mit einem Lob für Bizets provenzalisches Temperament und mediterrane Musik:

> Als Gegensatz zu der deutschen Unerfahrenheit und Unschuld in voluptate psychologica, die mit der Langweiligkeit des deutschen Verkehrs nicht gar zu fern verwandt ist, – und als gelungenster Ausdruck einer ächt französischen Neugierde und Erfindungsgabe für dieses Reich zarter Schauder mag Henri Beyle gelten, jener merkwürdige vorwegnehmende und vorauslaufende Mensch, der mit einem Napoleonischen Tempo durch *sein* Europa, durch mehrere Jahrhunderte der europäischen Seele lief, als ein Ausspürer und Entdecker dieser Seele: – es hat zweier Geschlechter bedurft, um ihn irgendwie *einzuholen*, um einige Räthsel nachzurathen, die ihn quälten und entzückten, diesen wunderlichen Epicureer und Fragezeichen-Mensch, der Frankreichs letzter großer Psycholog war. [...] Im Wesen der Franzosen ist eine halbwegs gelungene Synthesis des Nordens und Südens gegeben, welche sie viele Dinge begreifen macht und andre Dinge thun heisst, die ein Engländer nie begreifen wird; ihr dem Süden zugewandtes und abgewandtes Temperament, in dem von Zeit zu Zeit das provençalische und ligurische Blut überschäumt, bewahrt sie vor dem schauerlichen Grau in Grau und der sonnenlosen Begriffs-Gespensterei und Blutarmuth, – unsrer *deutschen* Krankheit des Geschmacks. [...] Für sie [die geborenen Mittelländer, die ‚guten Europäer‘] hat *Bizet* Musik gemacht, dieses letzte Genie, welches ein Stück *Süden der Musik* entdeckt hat[56].

Stendhalsche Themen sind unmittelbar erkennbar: der Gefühlsgegensatz Norden-Süden, der zugunsten des Südens entschieden wird, der Mythos von der mediterranen Musik (Stendhal als Bewunderer der neapolitanischen Oper, Autor einer *Vie de Rossini* ...). Auch wenn der Schachzug, Bizet *tout court* als Vorläufer einer „tieferen, mächtigeren, vielleicht böseren und geheimnissvolleren Musik [...], einer überdeutschen Musik, welche vor dem Anblick des blauen wollüstigen Meeres und der mittelländischen Himmels-Helle nicht verklingt, vergilbt, verblasst“[57], einzuführen, sicher in seiner wesentlich anti-wagnerischen Funktion gesehen werden muss, als spöttische Provokation, um die Deutschen mit dem Esprit zu ärgern: „Das, was ich über Bizet sage, dürfen Sie nicht ernst nehmen; so wie ich bin, kommt Bizet Tausend Mal für mich nicht in Betracht. Aber als ironische *Antithese* gegen Wagner wirkt es sehr stark; es wäre ja eine Geschmacklosigkeit ohne Gleichen gewesen, wenn ich etwa von einem Lobe Beethovens hätte ausgehen wollen“[58].

Freilich ist Stendhal nicht Nietzsches einzige „Quelle“ für den Süden und für die Trobadors. In einem Fragment aus dem Jahr 1881 finden wir unter dem

---

56 *Jenseits von Gut und Böse*, 254, KSA 5, 199.

57 *Jenseits von Gut und Böse*, 255, KSA 5, 201.

58 An Karl Fuchs, 27. Dezember 1888, *Briefe* 8, 554. Vgl. die schöne Einleitung von M. Bortolotto, in: F. Nietzsche, *Scritti su Wagner*, Milano: Adelphi 1979, S. 9–73, insbesondere S. 37ff.

Titel *Gaya Scienza* eine Aufzählung provenzalischer Gattungen, die nicht aus *De l'amour* stammt:

Albas	Morgenlieder
Serenas	Abendlieder
Tenzoni	Streitlieder
Sirventes	Lob- und Rügelieder
Sontas	Lieder der Freude
Laís	Lieder des Leides[59].

Vielleicht war Herder die Quelle dieser Aufzählung, aber Stendhal ist der privilegierte Gesprächspartner Nietzsches, und über Sinn und Bedeutung von dessen Mittelmeer voll Zauber und unerwartetem Glück wird er sich immer wieder befragen: „Das Gefühl im Süden z.B. bei Stendhal *Reise in Frankreich* ausgedrückt – worin besteht es?"[60]

Der Einsatz ist hoch, es geht um Wichtigeres als um Folklore oder den Zauber einer von Licht und Farben durchfluteten Landschaft. In einem Fragment vom Frühjahr-Sommer 1883 werden die Provenzalen explizit, zusammen mit den Griechen (den Griechen vor Sokrates und vor der Entdeckung der Moral) und den Renaissencemenschen, zu den Vorläufern des Übermenschen, des neuen Menschen, gezählt:

> Ich betrachte die griechische Moralität als die höchste bisherige; was mir bewiesen damit ist, daß sie es mit ihrem *leiblichen* Ausdruck auf das Höchste bisher gebracht hat. *Dabei* aber meine ich die thatsächliche *Volks-Moralität, – nicht die von den Philosophen vertretene*: mit Sokrates beginnt der *Niedergang der Moral*: es sind lauter Einseitigkeiten in den verschiedenen Systemen, die ehemals Glieder eines Ganzen waren – es ist das *auseinandergefallene ältere Ideal*. [...]
> In der neueren Zeit hat die italienische Renaissance den Menschen am höchsten gebracht: ‚der Florentiner' – aus ähnlichen Gründen. Man sieht auch da die *einzelnen Bedingungen*, neben den vollkommenen und *ganzen* Menschen, wie *Bruchstücke*: z.B. ‚der Tyrann' ist solches Bruchstück: der Kunstliebhaber.
> Vielleicht war der Provençale schon ein solcher Höhepunkt in Europa – *sehr reiche*, vielartige, doch von sich beherrschte Menschen, die sich ihrer Triebe nicht schämten[61].

Im Bild des Provenzalen tauchen zwei für Nietzsches Reflexion zentrale Begriffe auf: Scham und Trieb. Die Scham ist der Drehpunkt der Moral wegen ihrer

---

[59] *Nachgelassene Fragmente*, Frühjahr-Herbst 1881, 11 [337], KSA 9, 573. In Jean de Nostredame, *Les vies des plus celèbres et anciens poètes provençaux*, Lyon 1575 (Reprint Hildesheim, New York: Olms 1971), S. 14, finden wir folgende Reihe: „Chant ... Syrventez, Tensons, Layz, Deports, Soulas & autres". Nietzsche wird einen ähnlichen Text vor Augen gehabt haben. Statt *Sontas* (so in KSA) wird man in Nietzsches Heft *Soulas* lesen müssen.

[60] *Nachgelass. Fragm.* Sommer-Herbst 1884, 26 [315], KSA 11, 234. Mit *Reise in Frankreich* bezieht Nietzsche sich auf die *Mémoires d'un touriste*.

[61] *Nachgelass. Fragm.* Frühjahr-Sommer 1883, 7 [44], KSA 10, 256–257.

Fähigkeit, die Triebe und die Natur „verächtlich zu machen", sie zu deformieren: „Das sind mir unangenehme Menschen, bei denen jeder natürliche Hang sofort zur Krankheit wird, zu etwas Entstellendem oder gar Schmählichem, – *diese* haben uns zu der Meinung verführt, die Hänge und Triebe des Menschen seien böse; *sie* sind die Ursache unserer grossen Ungerechtigkeit gegen unsere Natur, gegen alle Natur!"[62] Die Scham ist eine beliebte Zielscheibe seiner Angriffe: „*Wen nennst du schlecht?* – Den, der immer beschämen will. *Was ist dir das Menschlichste?* – Jemandem Scham ersparen. *Was ist das Siegel der erreichten Freiheit?* – Sich nicht mehr vor sich selber schämen"[63].

Der Provenzale ist ein Freigeist, ist vornehm – „Die Vornehmheit (*ghennaîos* so viel wie ‚naiv'!): das instinktive Handeln und Urtheilen gehört zur guten Art; das Sich-selber-Annagen und -Zersetzen ist unnobel"[64] –, weil er fähig ist, seinen Trieben, seiner Natur zu vertrauen. „Sehr reiche, vielartige, doch von sich beherrschte Menschen, die sich ihrer Triebe nicht schämten". Der „Vornehme" ist an tradierte Werte nicht gebunden, er besitzt einen instinktiven Wertkodex, er führt sich selbst als wertbestimmend. Er braucht weder eine Norm, um sich zu legitimieren, noch Werte, um sich ihnen zu widersetzen: Da er weder Schuld noch Verantwortung noch Scham kennt, verletzt er unwillkürlich, ohne es zu wollen, die Norm der Moral. Anstatt sich dem Mythos vom freien und verantwortlichen Subjekt, den Konventionen und Sprachen, die die scheinbare Stabilität des Individuums produzieren, zu unterwerfen, macht er aus der eigenen *Differenz* einen Grund der Bejahung. Das provenzalische Thema führt zu einer fundamentalen Frage, einer Frage, die für die Umwertung der Werte entscheidend ist: Was ist vornehm?[65]

Nicht von ungefähr werden die Provenzalen (und die Araber) in einem Fragment aus dem Frühjahr 1884 in eine Reihe gestellt, in der auch Montaigne, Napoleon, Stendhal, Corneille und La Rochefoucauld auftauchen. Die Aufzählung, die mit „Ich will etwas [...] sagen" eingeführt wird, ist summarisch, aufgrund der Verbindungen, die sie suggeriert, jedoch äußerst signifikant:

- über Beethoven abhängig vom Gefühle Rousseaus – dessen Ausklingen.
- von der Rangordnung, z.B. Montaigne im Verhältniß zu Luther
- die prachtvollen Franzosen als *noble* Menschen
- über Napoleon und seinen Einfluß auf das 19te Jahrhundert.
- über Richard Wagner. Schluß ein vae victis! Menschen *der* Art thun recht, sich vor dem Kreuze zu erniedrigen.

---

62 *Die fröhliche Wissenschaft*, 294, KSA 3, 534.

63 *Die fröhliche Wissenschaft*, 273–275, KSA 3, 519.

64 *Nachgelass. Fragm.* Sommer 1883, 8 [15], KSA 10, 335.

65 Zur „Herrenmoral" vgl. die erhellende Darstellung von G. Deleuze, *Nietzsche et la philosophie*, Paris: PUF 1962, vor allem Kap. 4, *Du ressentiment à la mauvaise conscience*, S. 127–168, und Kap. 5, *Le surhomme: contre la dialectique*, S. 169–222 (dt. Übers. *Nietzsche und die Philosophie*, Hamburg: Europäische Verlagsanstalt 2002).

- die Gebrüder Goncourt, Mérimée, Stendhal.
- ein Religionsstifter *kann* unbedeutend sein, ein Streichholz, nichts mehr!
- die Araber in Spanien, die Provençalen: Lichtpunkte
- auch zu Gunsten Louis XIV und Corneille's
- La Rochefoucauld[66].

Der Provenzale ist weit entfernt von der *tartuferie* – eine weitere wichtige Kategorie Nietzsches, aber auch Stendhals –, nahe stehen ihm dagegen die Orientalen, wie Hafis, bei denen der Geist ebenso vertraut ist mit den Sinnen wie die Sinne mit dem Geist: „Es ist wahrscheinlich, daß bei solchen vollkommenen und wohlgerathenen Menschen zuletzt die allersinnlichsten Verrichtungen von einem Gleichniß-Rausche der höchsten Geistigkeit verklärt werden; sie empfinden an sich eine Art Vergöttlichung des Leibes ..."[67]. Süden und Orient können so miteinander assoziiert werden, wie in diesem Fragment vom August-September 1885: „Süden Morgenland (zwei Süden: Venedig und die Provence)"[68].

In einem anderen Fragment (April-Juni 1885) werden die Provenzalen zum Thema „Vergeistigung" der Liebe angeführt:

> Ich bin feindselig 1) gegen die *Entsinnlichung*: sie stammt von den Juden, von Plato, der durch Ägypter und Pythagoreer verdorben war (und diese durch Buddhisten)
> Dem provençalischen Geiste, der heidnisch geblieben ist, ich meine *‚nicht* germanisirt', verdankt man die Vergeistigung des *amor* der Geschlechtsliebe: während es das Alterthum nur zu einer Vergeistigung der Päderastie gebracht hat[69].

Im Unterschied zur „Entsinnlichung", die negativ bestimmt wird und oft in Zusammenhängen auftaucht, in denen von Spinoza oder der stolzen Passivität der Stoiker die Rede ist, impliziert „Vergeistigung" ein *Raffinement.* In einem Fragment von 1885 werden die beiden Begriffe einander als Gegensatzpaar gegenübergestellt:

> Entsinnlichung zu erstreben: das scheint mir ein Mißverständnis oder eine Krankheit oder eine Kur, wo sie nicht eine bloße Heuchelei oder Selbstbetrügerei ist. Ich wünsche mir selber und allen denen, welche ohne die Ängste eines Puritaner-Gewissens leben – leben *dürfen*, eine immer grössere Vergeistigung und Vervielfältigung der Sinne; ja wir wollen den Sinnen dankbar sein für ihre Feinheit, Fülle und Kraft und ihnen das Beste von Geist, was wir haben, dagegen bieten. Was gehen uns die priesterlichen und metaphysischen Verketzerungen der Sinne an! Wir haben diese Verketzerung nicht mehr nöthig: es ist ein Merkmal der Wohlgerathenheit,

---

66 *Nachgelass. Fragm.* Frühjahr 1884, 25 [419], KSA 11, 121–122.
67 *Nachgelass. Fragm.* August-September 1885, 41 [6], KSA 11, 680.
68 *Nachgelass. Fragm.* August-September 1885, 40 [70], KSA 11, 668.
69 *Nachgelass. Fragm.* April-Juni 1885, 34 [90], KSA 11, 449.

wenn Einer gleich Goethen mit immer größerer Lust und Herzlichkeit an ‚den Dingen der Welt' hängt ...[70]

Aber die Provenzalen sind auch die Erfinder der Liebe im Sinne von Ehrfurcht und Hingabe, der Liebe als Passion, wie aus dieser Textstelle von *Jenseits von Gut und Böse* erhellt:

> Ein letzter Grundunterschied: das Verlangen nach *Freiheit*, der Instinkt für das Glück und die Feinheiten des Freiheits-Gefühls gehört ebenso nothwendig zur Sklaven-Moral und –Moralität, als die Kunst und Schwärmerei in der Ehrfurcht, in der Hingebung das regelmässige Symptom einer aristokratischen Denk- und Werthungsweise ist. – Hieraus lässt sich ohne Weiteres verstehen, warum die *Liebe als Passion* – es ist unsre europäische Spezialität – schlechterdings vornehmer Abkunft sein muss: bekanntlich gehört ihre Erfindung den provençalischen Ritter-Dichtern zu, jenen prachtvollen erfinderischen Menschen des ‚gai saber', denen Europa so Vieles und beinahe sich selbst verdankt[71].

Die Liebe als Passion, die jegliche Ethik transzendiert, impliziert Gefahr – eine vornehme Gefahr, denn „Leidenschaft ist besser als Stoizismus und Heuchelei"[72] –, sie verlangt den Mut des vornehmen Menschen. Einer nivellierenden allgemeinen Freiheit, die lästig und im Kern utilitaristisch ist, werden Hindernis und Gefahr entgegengesetzt. Wir könnten dies mit Stendhal kommentieren: „In Europa wird Begierde durch den Zwang entfacht, in Amerika erlischt sie durch die Freiheit"[73]. Aber in diesen Sätzen ist zweifellos das Echo der „leidenschaftlichsten" Seiten des Mythos von der „mittelländischen Musik" zu spüren: Warum Ehrfurcht und Hingabe, wenn an anderer Stelle vom heidnischen provenzalischen Geist und von der „Vergeistigung" als Vervielfältigung der Sinne die Rede ist? Der Süden – und hier wirkt weniger Stendhal als sein Freund Mérimée, der Autor von *Colomba* und *Carmen* ... – ist auch der Ort der Liebe als Absolutes, als Tod. Carmens Land, erfahren durch die Musik Bizets:

> Mit ihm [Bizet] nimmt man Abschied vom *feuchten* Norden, von allem Wasserdampf des Wagnerischen Ideals. [...] Hier ist in jedem Betracht das Klima verändert. Hier redet eine andre Sinnlichkeit, eine andre Sensibilität, eine andre Heiterkeit. Diese Musik ist heiter; aber nicht von einer französischen oder deutschen Heiterkeit. Ihre Heiterkeit ist afrikanisch; sie hat das Verhängniss über sich, ihr Glück ist kurz, plötzlich, ohne Pardon. Ich beneide Bizet darum, dass er den Muth zu dieser Sensibilität gehabt hat, die in der gebildeten Musik Europa's bisher noch keine Sprache hatte, – zu dieser südlicheren, bräuneren, verbrannteren Sensibilität ... Wie die gelben Nachmittage ihres Glücks uns wohlthun! Wir blicken dabei hinaus: sahen wir je das Meer *glätter*? – Und wie uns der maurische Tanz beruhigend

70 *Nachgelass. Fragm.* Juni-Juli 1885, 37 [12], KSA 11, 587.
71 *Jenseits von Gut und Böse*, 260, KSA 5, 212.
72 *Die fröhliche Wissenschaft*, 99, KSA 3, 457.
73 *De l'amour*, Fragm. 62, S. 256/S. 256.

zuredet! Wie in seiner lasciven Schwermuth selbst unsre Unersättlichkeit einmal Sattheit lernt![74]

Carmen, zynisch und frei, bezeichnet den geheimen Ort der Liebe als Fatalität, sie scheint vorherbestimmt, alle Aggressionen und Todestriebe auf sich zu ziehen:

> Endlich die Liebe, die in die *Natur* zurückübersetzte Liebe! *Nicht* die Liebe einer höheren ‚Jungfrau'! Keine Senta-Sentimentalität! Sondern die Liebe als Fatum, als *Fatalität*, cynisch, unschuldig, grausam – und eben darin *Natur*! Die Liebe, die in ihren Mitteln der Krieg, in ihrem Grunde der *Todhass* der Geschlechter ist! – Ich weiss keinen Fall, wo der tragische Witz, der das Wesen der Liebe macht, so streng sich ausdrückte, so schrecklich zur Formel würde, wie im letzten Schrei Don José's, mit dem das Werk schliesst: ‚Ja! *Ich* habe sie getödtet, *ich* – meine angebetete Carmen!'[75]

Ein sublimer Moment, von dem es aber keine Rückkehr gibt. Der Polytheismus und die Ambivalenz, die *nuance* – „wehe mir! ich bin eine nuance!"[76] – haben sich der Logik der Leidenschaft, der kürzesten Linie, der harten Notwendigkeit ergeben. Die Leichtigkeit, der Tanz, der *esprit* haben sich in Authentizität und in Hass verwandelt. Wie zuweilen auch die mittelländische Landschaft nicht mehr sonnig und geheimnisvoll im Flug zu durchqueren ist, sondern einen schweren, exotischen Charakter annimmt:

> Das afrikanische Glück, die fatalistische Heiterkeit, mit einem Auge, das verführerisch, tief und entsetzlich blickt; die lascive Schwermuth des maurischen Tanzes; die Leidenschaft blinkend, scharf und plötzlich wie ein Dolch; und Gerüche aus dem gelben Nachmittage des Meeres heranschwimmend bei denen das Herz erschrickt, wie als ob es sich an vergessene Inseln erinnere, wo es einst weilte, wo es ewig hätte weilen sollen ...[77]

An anderen Textstellen versucht Nietzsche dem Trug der Hingabe auf die Spur zu kommen: „Alle Voraussetzungen der bestehenden ‚Ordnung' *widerlegt*. [...] ‚unegoistisch' gar nicht möglich. ‚Liebe' falsch verstanden. ‚Gebet' gleichgültig. ‚Ergebung' gefährlich." Und weiter: „Es giebt in der Liebe so viel Blindheit der Hingebung, so viel Noth und Nöthigung, [...] so viel Sklaven-Sinn (im Ertragen aller Art von schlechter Behandlung) – es giebt etwas so Verderbliches und Verderbendes in der Liebe, daß die *geliebte* Person meistens an Geist und Kraft und Vorsicht durch das Geliebt-werden herunter geht." Und gegen die von Wagner

---

74 *Der Fall Wagner*, 2, KSA 6, 15.

75 Ebd.

76 *Ecce homo*, KSA 6, 362.

77 *Nachgelass. Fragm.* November 1887-März 1888, 11 [49], KSA 13, 24.

gepredigte Hingebung: „Was für eine kluge Klapperschlange! Das ganze Leben hat sie uns von ‚Hingebung', von ‚Treue', von ‚Reinheit' vorgeklappert ..."[78]

Auch das Ende Carmens ist gerade in seiner theatralischen Erhabenheit jenseits aller Epik eher paradox als „wahr", Ausdruck eines Verlangens nach *esprit*. Ein Fragment vom Herbst 1881 interpretiert dies so:

> Hinter jeder Tragödie steckt etwas *Witziges und Widersinniges*, eine Lust am Paradoxon, z.B. das Schlußwort der letzten tragischen Oper: ‚ja *ich* habe sie getödtet, meine Carmen, meine angebetete Carmen!' Diese Art von Pfeffer fehlt dem Epos ganz – es ist unschuldiger und wendet sich an kindlichere und plumpere Geister, denen alles Saure Bittre und Scharfe noch widersteht. Tragödie ist ein Vorzeichen, daß ein Volk witzig werden will, – daß der esprit seinen Einzug halten möchte[79].

Carmen ist gewisserweise die ironische Antithese zu Beatrice. Bei Nietzsche bleibt die Frau – als Zeichen des Anderen – immer in ihrer Ambiguität gegenwärtig: mit ihrer faszinierenden Oberflächlichkeit, mit ihrer Kunst, die die Kunst der Lüge, der Grazie und des Spiels ist, jenseits der Wahrheit, jenseits der Metaphysik. Nie wird sie vergeistigt, nie die „Erlöserin". Für Nietzsche gab es keine Beatrice, kein rituelles und geistiges Opfer, das fähig gewesen wäre, die Triebe im Namen des Geistes, des Absoluten zu sublimieren. Es gab nur die Kontingenz, wie die – bald verlorene – Gelegenheit Lou:

> Und wie glücklich bin ich, meine geliebte Freundin Lou, jetzt in Bezug auf uns Beide denken zu dürfen ‚Alles im Anfang und doch *Alles klar*!' Vertrauen Sie mir! Vertrauen wir uns!
>
> [...]
>
> Geist? Was ist mir Geist! Was ist mir Erkenntniß! Ich schätze nichts als *Antriebe* – und ich möchte darauf schwören, daß wir darin etwas Gemeinsames haben. Sehen Sie doch durch diese Phase *hindurch*, in der ich seit einigen Jahren gelebt habe – sehen Sie dahinter! Lassen Sie sich nicht über mich täuschen – *Sie* glauben doch nicht, daß der ‚Freigeist' *mein* Ideal ist?! Ich bin – Verzeihung! Liebste Lou, seien Sie, was Sie sein *müssen*[80].

6. Die Provence und der Süden bleiben für Nietzsche, auch wenn sie als Bühne des tragischen Schicksals von Carmen und Don José erscheinen, vor allem Ort der Nicht-Wahrheit und der Leichtigkeit, des Tanzes, des Polytheismus und des Scheins. Die wunderbare „Oberflächlichkeit" der Griechen [scheint für eine kurze Weile in den Provenzalen wieder lebendig zu werden]: „Oh diese Griechen! Sie verstanden sich darauf, zu *leben*: dazu thut Noth, tapfer bei der Oberfläche, der Falte, der Haut stehen zu bleiben, den Schein anzubeten, an Formen, an Töne, an Worte, an den ganzen Olymp des Scheins zu glauben! Diese Griechen

---

[78] *Nachgelass. Fragm.* Frühjahr 1884, 25 [309], KSA 11, 92; *Nachgelass. Fragm.* Sommer-Herbst 1884, 26 [143], KSA 11, 187; *Der Fall Wagner*, 3, KSA 6, 16.

[79] *Nachgelass. Fragm.* Herbst 1881, 15 [68], KSA 9, 657.

[80] An Lou Salomé, 16. Juli 1882, *Briefe* 6, 229.

waren oberflächlich – *aus Tiefe*! Und kommen wir nicht eben darauf zurück, wir Wagehalse des Geistes ...“[81].

Die fröhliche Wissenschaft (1882) will eine „übermüthige, schwebende, tanzende, spottende, kindische und selige Kunst“[82] vorstellen und ist explizit provenzalisch. Der Titel – *Die fröhliche Wissenschaft* („la gaya scienza“) – erinnert an den *Consistori de gay saber*, der 1323 von sieben Weisen in Toulouse gegründet wurde, um die poetische Tradition der Trobadors zu pflegen, und allgemeiner an die Formel *gaya scienza, gay saber*, die das Emblem für die provenzalische Kunst und Kultur geworden war[83]. Erst recht ist *Die fröhliche Wissenschaft* provenzalisch im Geist, wie Nietzsche noch in dem prägnanten *raccourci* von *Ecce homo* (1888) betont:

> Die ‚Morgenröthe‘ ist ein jasagendes Buch, tief, aber hell und gütig. Dasselbe gilt noch einmal und im höchsten Grade von der gaya scienza: fast in jedem Satz derselben halten sich Tiefsinn und Muthwillen zärtlich an der Hand. [...] Die *Lieder des Prinzen Vogelfrei*, zum besten Theil in Sicilien gedichtet, erinnern ganz ausdrücklich an den provençalischen Begriff der ‚gaia scienza‘, an jene Einheit von *Sänger, Ritter und Freigeist*, mit der sich jene wunderbare Frühkultur der Provençalen gegen alle zweideutigen Culturen abhebt; das allerletzte Gedicht zumal, ‚*an den Mistral*‘, ein ausgelassenes Tanzlied, in dem, mit Verlaub! über die Moral hinweggetanzt wird, ist ein vollkommener Provençalismus[84].

Es ist ein völlig von der *gaya scienza* und von strahlenden mediterranen Bildern wie Flug, Tanz, Sonne, Wind durchzogenes Buch:

> „Seit ich des Suchens müde ward,/ Erlernte ich das Finden./ Seit mir ein Wind hielt Widerpart,/ Segl’ ich mit allen Winden“ (S. 353).

---

81 *Die fröhliche Wissenschaft*, Vorrede zur zweiten Ausgabe, KSA 3, 352.

82 *Die fröhliche Wissenschaft*, 107, KSA 3, 465.

83 Zum *Consistori de gay saber* vgl. A. Jeanroy, *La poésie lyrique*, zit., Bd. I, S. 300–308. Gianni Vattimo hält in seiner Einleitung zur *Fröhlichen Wissenschaft* (*La gaia scienza*, Torino: Einaudi 1979) die provenzalische Bedeutung des Titels für nebensächlich: „*La gaia scienza*. Mit diesem Ausdruck hatten die provenzalischen Trobadors des 14. Jahrhunderts ihre eigene poetische Kunst bezeichnet. Nietzsche übernahm ihn als Titel seines Buches wahrscheinlich mehr aufgrund seiner wörtlichen als historischen Bedeutung ...“ (S. XXVIII). Giorgio Agamben verbindet in seinem Artikel *La parola e il sapere*, in: „aut aut“, 179–180, 1980, S. 155–156, die „gaia scienza“ mit den *Leys d’Amors*, dem vom Toulouser Juristen Guilhem Molinier Anfang des 14. Jahrhunderts für den *Consistori* verfassten Traktat. Die „gaia scienza“ sei vor allem „grammatikalisches Wissen“: „Die Frage, die ich nun stellen möchte, lautet: Warum verwandelt sich die Wissenschaft in Liebe zum Wort? Warum wird die Philosophie philo-logie, das heißt *gaia scienza, gay saber*? Und hat die fröhliche Wissenschaft, die Liebe zum Wort, von der Nietzsche spricht, dieselbe Bedeutung wie das *gay saber* der *Leys d’Amor*, ist es grammatikalisches Wissen, ein Wissen der Sprache?“ (S. 156) Eine subtile Frage, aber ich glaube, dass Nietzsche weniger die *Leys d’Amor* und das grammatikalische Wissen als – über Stendhal – die ganze provenzalische Kultur in ihrer besonderen Stimmung im Sinn hatte.

84 *Ecce homo*: *Die fröhliche Wissenschaft*, KSA 6, 333f.

„Unseren Tugenden auch soll'n leicht die Füsse sich heben“ (S. 354)

„*An einen Lichtfreund*. Willst du nicht Aug' und Sinn ermatten,/ Lauf' auch der Sonne nach im Schatten!“ (S. 356)
„*Für Tänzer*. Glattes Eis/ Ein Paradies/ Für Den, der gut zu tanzen weiss.“ (S. 359)
„Unverzagt! Bald, sollt' ich meinen,/ Könnt das Kind ihr tanzen sehn!“ (S. 359)
„*Urtheile der Müden*. Der Sonne fluchen alle Matten;/ Der Bäume Werth ist ihnen – Schatten!“ (S. 363)
„*Mit dem Fusse schreiben*. Ich schreib nicht mit der Hand allein:/ Der Fuss will stets mit Schreiber sein./ Fest, frei und tapfer läuft er mir/ Bald durch das Feld, bald durchs Papier.“ (S. 365)
„Vielleicht wird sich dann das Lachen mit der Weisheit verbündet haben, vielleicht giebt es dann nur noch ‚fröhliche Wissenschaft‘.“ (Aph. 1, S. 370)
„*Der Entsagende*. [...] er will weiter und ferner und höher fliegen, als alle Menschen der Bejahung [...] er will vor uns seine Begierde, seinen Stolz, seine Absicht, *über* uns hinauszufliegen, verborgen halten.“ (Aph. 27, S. 400)
„Für den Denker und für alle erfindsamen Geister ist Langeweile jene unangenehme ‚Windstille‘ der Seele, welche der glücklichen Fahrt und den lustigen Winden vorangeht ...“ (Aph. 42, S. 409)
„*Epikur*. [...] das Glück des Nachmittags des Alterthums zu geniessen: – ich sehe sein Auge auf ein weites weissliches Meer blicken, über Uferfelsen hin, auf denen die Sonne liegt, während grosses und kleines Gethier in ihrem Lichte spielt, sicher und ruhig wie diess Licht und jenes Auge selber.“ (Aph. 45, S. 411)

Das sind die Bilder, die uns schon beim ersten Durchblättern des *Vorspiels in deutschen Reimen „Scherz, List und Rache“* und des ersten Buches der *Fröhlichen Wissenschaft* entgegenkommen. Der vom Wind verursachte und begünstigte Flug ist Chiffre für diejenigen Menschen, „die sich ihren Trieben mit Anmuth und Sorglosigkeit überlassen *dürfen*“, die mit Vornehmheit ihrer Natur folgen, eine Vornehmheit, „deren Kennzeichen es immer sein wird, vor sich keine Furcht zu haben, von sich nichts Schmähliches zu erwarten, ohne Bedenken zu fliegen, wohin es uns treibt – uns freigeborene Vögel! Wohin wir auch nur kommen, immer wird es frei und sonnenlicht um uns sein“ (Aph. 294, S. 535). Aber auch Chiffre für den ins Unbekannte Aufgebrochenen – „Auf die Schiffe, ihr Philosophen“ (Aph. 289, S. 530) –, für denjenigen, der jedem Glauben, jedem Wunsch nach Sicherheit den Abschied gibt, weil er geübt ist, „auf leichten Seilen und Möglichkeiten sich halten zu können und selbst an Abgründen noch zu tanzen“ (Aph. 347, S. 583). „Ihr seid keine Adler: so erfuhrt ihr auch das Glück im Schrecken des Geistes nicht. Und wer kein Vogel ist, soll sich nicht über Abgründen lagern“[85]. So wird Zarathustra sprechen.

---

85 *Also sprach Zarathustra*, II: *Von den berühmten Weisen*, KSA 4, 134.

Der Abgrund, notwendige Bedingung des Fluges und des Philosophierens, kann aber auch zum Fluch werden: „Die Einsamkeit, die tiefe Ungestörtheit, Abseitigkeit, Fremdheit, ohne welche ich nicht zu meinen Problemen *hinunter* kann (denn, unter uns gesagt: ich bin in einem geradezu erschrecklichen Sinn ein Mensch der *Tiefe*; und ohne diese unterirdische Arbeit halte ich das Leben nicht mehr aus)". So in einem Brief an Franz Overbeck (April 1887)[86]. In den ersten Monaten des Jahres 1888 kehrt er öfters zum Bild der „Höhle" zurück, wie in einem Brief an Reinhardt von Seydlitz vom 12. Februar:

> Ein Thier verkriecht sich in seine Höhle, wenn es krank ist; so thut es auch la bête philosophe. [...] In meinem unerbittlichen und unterirdischen Kampfe gegen Alles, was bisher von den Menschen verehrt und geliebt worden ist (– meine Formel dafür ist ‚Umwerthung aller Werthe') ist unvermerkt aus mir selber etwas wie eine Höhle geworden – etwas Verborgenes, das man nicht mehr findet, selbst wenn man ausgienge, es zu suchen[87].

Aber schon in *Jenseits von Gut und Böse* (1886) finden wir folgenden erbarmungslosen Dialog:

> Wanderer, wer bist du? Ich sehe dich deines Weges gehen, ohne Hohn, ohne Liebe, mit unerrathbaren Augen; feucht und traurig wie ein Senkblei, das ungesättigt aus jeder Tiefe wieder an's Licht gekommen – was suchte es da unten? –, mit einer Brust, die nicht seufzt, mit einer Lippe, die ihren Ekel verbirgt, mit einer Hand, die nur noch langsam greift: wer bist du? was thatest du? Ruhe dich hier aus: diese Stelle ist gastfreundlich für Jedermann, – erhole dich! Und wer du auch sein magst: was gefällt dir jetzt? Was dient dir zur Erholung? Nenne es nur: was ich habe, biete ich dir an! – ‚Zur Erholung? Zur Erholung? Oh du Neugieriger, was sprichst du da! Aber gieb mir, ich bitte – –' Was? Was? sprich es aus! – ‚Eine Maske mehr! Eine zweite Maske!' ...[88]

Die fröhliche Wissenschaft – „man kommt aus solchen Abgründen, aus solchem schweren Siechthum, auch aus dem Siechthum des schweren Verdachts, *neugeboren* zurück, gehäutet, kitzlicher, boshafter, mit einem feineren Geschmacke für die Freude, mit einer zarteren Zunge für alle guten Dinge", wird in der Vorrede zur zweiten Ausgabe (1887) stehen[89] – ist der Jubel nach langem Entbehren und großer Erschöpfung, die Freude, das Auftauchen noch einmal geschafft zu haben: „Alle Menschen der Tiefe haben ihre Glückseligkeit darin, einmal den fliegenden Fischen zu gleichen und auf den äussersten Spitzen der Wellen zu spielen; sie schätzen als das Beste an den Dingen, – dass sie eine Oberfläche haben ..." (Aph. 256, S. 517). Aber ist nicht die Ambivalenz – „Licht-Abgrund"

---

86 An Franz Overbeck, 14. April 1887, *Briefe* 8, 56.

87 An Reinhardt von Seydlitz, 12. Februar 1888, *Briefe* 8, 248. Vgl. R. Calasso, *Monologo fatale*, in: F. Nietzsche, *Ecce homo*, Milano: Adelphi 1969, S. 161ff.

88 *Jenseits von Gut und Böse*, 278, KSA 5, 229.

89 KSA 3, 351.

wird Zarathustras Himmel sein[90] – Bedingung für das neue „gefährliche Leben", für die dionysische Entscheidung, und zugleich Kennzeichen des Aphorismus, Kennzeichen von Nietzsches „Stil"?[91]

Die Sonne ist eine weitere „métaphore obsédante" der *Fröhlichen Wissenschaft*, die Sonne als Licht und Befreiung – „Sonnenschein" (Aph. 289, S. 529), „Wohin wir auch nur kommen, immer wird es frei und sonnenlicht um uns sein" (Aph. 294, S. 535) –, als Fülle eines neuen Glücks, das die Niederlagen, die Hoffnungen und die Siege der ganzen Menschheitsgeschichte in einem Horizont von Jahrtausenden, vor und nach der eigenen Existenz, in einem einzigen Gefühl zusammenschließt und auf sich nimmt: „eines Gottes Glück voll Macht und Liebe, voller Thränen und voll Lachens, ein Glück, welches, wie die Sonne am Abend, fortwährend aus seinem unerschöpflichen Reichthume wegschenkt und in's Meer schüttet ..." (Aph. 337, S. 565). Die Sonne ist der Triumph der Transparenz, des Sichtbaren, des Sehens über das farblose Dunkel des Abgrunds, der Triumph der Luft und des Trockenen über das Feuchte, das Tiefe, über die „trüben Gewässer":

> In *diesem* strengen und klaren Elemente aber hat er seine Kraft ganz: hier kann er fliegen! Wozu sollte er wieder hinab in jene trüben Gewässer, wo man schwimmen und waten muss und seine Flügel missfarbig macht! – Nein! Da ist es zu schwer für uns, zu leben: was können wir dafür, dass wir für die Luft, die reine Luft geboren sind, wir Nebenbuhler des Lichtstrahls, und dass wir am liebsten auf Aetherstäubchen, gleich ihm, reiten würden und nicht von der Sonne weg, sondern *zu der Sonne hin*! Das aber können wir nicht: – so wollen wir denn thun, was wir einzig können: der Erde Licht bringen, ‚das Licht der Erde' sein! Und dazu haben wir unsere Flügel und unsere Schnelligkeit und Strenge, um dessenthalben sind wir männlich und selbst schrecklich, gleich dem Feuer. Mögen Die uns fürchten, welche sich an uns zu wärmen und zu erhellen verstehen! (Aph. 293, S. 534)

Aber auch die Sonne kann wegen zu großer Höhe, zu viel Licht, Einsamkeit, Hitze eine Gefahr werden – und der Philosoph, der an der Grenze zwischen Licht und Schatten wandert, ist sich dessen wohl bewusst: „*Lust an der Blindheit.* – ‚Meine Gedanken, sagt der Wanderer zu seinem Schatten, sollen mir anzeigen, wo ich stehe: aber sie sollen mir nicht verrathen, *wohin ich gehe*. Ich liebe die Unwissenheit um die Zukunft' ..." (Aph. 287, S. 528). Es ist die Sonne, die sich mit dem Schicksal des Ikarus und dem Phönixmythos verbindet:

> *An einen Lichtfreund.* Willst du nicht Aug' und Sinn ermatten,/ Lauf' auch der Sonne nach im Schatten! (S. 356)

---

90 *Also sprach Zarathustra*, III: *Vor Sonnen-Aufgang*, KSA 4, 207.

91 Zur „Form" des Aphorismus bei Nietzsche vgl. M. Cacciari, *Aforisma, tragedia, lirica*, in: „Nuova corrente", 68–69, 1975–76 (Nietzsche), S. 464–492. Seine Philosophie will sich nicht für die Ordnung des Begehrens oder für die Ordnung der Vernunft entscheiden müssen, sie nährt sich von dieser „Unschlüssigkeit" ohne Vermischungen, ohne Versöhnungen. Vgl. R. Dionigi, *Il doppio cervello di Nietzsche*, Bologna: Cappelli 1982.

> *Sternen-Egoismus*. Rollt' ich mich rundes Rollenfass/ Nicht um mich selbst ohn' Unterlass,/ Wie hielt' ich's aus, ohne anzubrennen,/ Der heissen Sonne nachzurennen? (S. 359)
> *Ecce homo*. Ja! Ich weiss, woher ich stamme!/ Ungesättigt gleich der Flamme/ Glühe und verzehr' ich mich./ Licht wird Alles, was ich fasse,/ Kohle Alles, was ich lasse:/ Flamme bin ich sicherlich. (S. 367)

Der Weg des Übermenschen wird vom Hochmut, vom unbedingten Experimentieren, vom Streben nach dem absolut Andersartigen und Unerhörten, von der Opferlust bedroht.

> Wie Napoleon, zum Erstaunen Talleyrand's, seinen Zorn zur gewählten Zeit bellen und brüllen ließ und dann wieder, ebenso plötzlich, zum Schweigen brachte, so soll es der starke Geist auch mit seinen wilden Hunden machen: er muß, wie heftig auch immer in ihm der Wille zur Wahrheit ist – es ist sein wildester Hund –, zur gewählten Zeit der leibhafte Wille zur Unwahrheit, der Wille zur Ungewißheit, der Wille zur Unwissenheit, vor Allem zur *Narrheit* sein *können*[92].

Die schwierigste und gefährlichste Kunst besteht darin, den Wechsel zwischen Bewegung und Verweilen zu beherrschen: „Warum folgt *mir* gerade dieser düstere und leidenschaftliche Treiber! Ich möchte ausruhen, aber er lässt es nicht zu. Wie Vieles verführt mich nicht, zu verweilen! Es giebt überall Gärten Armidens für mich: und daher immer neue Losreissungen und neue Bitternisse des Herzens!“ (Aph. 309, S. 545)

Der freie Flug des Vogels – „Das Abschneiden jedes einzelnen Bandes ist *hart*, aber ein Flügel wächst mir statt des Bandes“, so heißt es in einem Fragment vom Frühjahr 1884[93] – ähnelt dem unaufhaltsamen Schritt des Wanderers und läuft Gefahr, sich in eine Haltung der „Neugierde und der Verachtung“ zu verkehren, in Entwurzelung:

> Eine Art Vogel-Freiheit, eine Art Vogel-Umblick, eine Art Mischung von Neugierde und Verachtung, wie sie Jeder hat, der unbetheiligt ein ungeheures Vielerlei übersieht – das war endlich der erreichte neue Zustand, mit dem ich es lange aushielt. Ein ‚freier Geist‘ und nichts mehr: so fühlte, so nannte ich mich damals [...] Dies waren Jahre der *Genesung*, vielfältige Jahre voll bunter und schmerzlich-zauberhafter Begebnisse [...] Welche Überraschungen gab es dabei! Welche Schauder! Welche kurze kleine Winkel des Glücks! Welches Ausruhen in der Sonne! Welche Zärtlichkeiten! Und immer wieder diese harte innere Stimme, welche befahl: ‚fort von hier! Vorwärts, Wanderer! Es sind noch viele Meere und Länder für dich übrig: wer weiß, *wem* Alles du noch begegnen mußt?‘[94]

Um viele Dinge und viele Farben der Dinge der Welt sehen zu können (was den Ängstlichen, den Heuchlern nicht passiert, die in den Ecken stehen bleiben,

---

92 *Nachgelass. Fragm.* Juni-Juli 1885, 38 [20], KSA 11, 617.

93 *Nachgelass. Fragm.* Frühjahr 1884, 25 [498], KSA 11, 144.

94 *Nachgelass. Fragm.* August-September 1885, 41 [9], KSA 11, 684.

immer bei sich zu Hause), um merkwürdigen und nicht ungefährlichen Geistern begegnen zu können[95] – einer wird niemand Geringeres als der Gott Dionysos selber sein –, opfert der Wanderer alles, indem er sich von seinem tieferen Wesen, von seinem *Daimon* leiten lässt. Der hinreißendste Ausdruck dieses Gemütszustands ist vielleicht, unter den Gedichten, die der zweiten Ausgabe der *Fröhlichen Wissenschaft* als Anhang beigegeben sind, das „Tanzlied" *An den Mistral*[96], den heftigen und spöttischen provenzalischen Wind:

> Mistral-Wind, du Wolken-Jäger,
> Trübsal-Mörder, Himmels-Feger,
> Brausender, wie lieb' ich dich!
> Sind wir Zwei nicht Eines Schoosses
> Erstlingsgabe, Eines Looses
> Vorbestimmte ewiglich?

Siegreich braust der Wind von den Bergen herab, peitscht wie ein göttlicher Wagenlenker auf den Rücken der Pferde seines allegorischen Sturm-und-Drang-Wagens ein. Geist der freien Geister, zugleich stürmischer Fluss und Sonnenstrahl, stürzt er sich über die Meeresabgründe – „senkrecht in die Tiefe", wieder die Tiefe, der Abgrund ... –, immer zum Tanzen bereit:

> Tanze nun auf tausend Rücken
> Wellen-Rücken, Wellen-Tücken –
> Heil, wer *neue* Tänze schafft!
> Tanzen wir in tausend Weisen,
> Frei – sei *unsre* Kunst geheissen,
> Fröhlich – *unsre* Wissenschaft!
>
> Raffen wir von jeder Blume
> Eine Blüthe uns zum Ruhme
> Und zwei Blätter noch zum Kranz!
> Tanzen wir gleich Troubadouren
> Zwischen Heiligen und Huren,
> Zwischen Gott und Welt den Tanz!

„Tanzen wir gleich Troubadouren ..." *Die fröhliche Wissenschaft*, *Jenseits von Gut und Böse*, *Ecce Homo*, die nachgelassenen Fragmente, die Briefe bieten eine große mittelländische und provenzalische Metaphernkonstellation. Wenn es auch

---

95 Ebd. Zum Motiv der Polymorphie der Welt und der „unendlichen Interpretationen" vgl. G. Vattimo, *Il soggetto e la maschera*, Milano: Bompiani 1974, insbesondere das Kapitel *L'oltreuomo e il mondo liberato* (S. 283–348), und *Le avventure della differenza*, Milano: Garzanti 1980. Zur Dimension des Ereignisses, das wie ein sich laufend verändernder Raum eine ungeheure Vielheit von Kräften in sich aufnimmt, vgl. G. Pasqualotto, *Nietzsche, o dell'ermeneutica interminabile*, in: M. Cacciari (Hg.), *Crucialità del tempo. Saggi sulla concezione nietzscheana del tempo*, Napoli: Liguori 1980, S. 131–183. Die anregendste Interpretation des Themenkomplexes Ewige Wiederkehr – Wanderer – *chance* findet man in M. Cacciari, *Concetto e simboli dell'eterno ritorno*, in: *Crucialità del tempo*, S. 55–91.

96 KSA 3, 649.

unmöglich und abwegig wäre, sie in positivistischer Manier zur Interpretation provenzalischer Lyrik heranzuziehen, lässt sie doch plötzliche und anziehende Analogien aufleuchten.

Schlagen wir nach Lektüre der *Fröhlichen Wissenschaft* die Lieder Bernarts von Ventadorn auf, so stechen uns unweigerlich die wilden und mitreißenden Winde, die Flüge der Fantasie und des Unmöglichen, die Flüge zur Sonne ins Auge:

> Cant eu la vei, be m'es parven
> als olhs, al vis, a la color,
> car aissi tremble de paor
> con fa la folha contra·l ven.
>
> (Wenn ich sie erblicke, ist es wohl sichtbar an meinen Augen, am Gesicht, an der Farbe, denn so zittere ich vor Furcht wie das Blatt vor dem Winde).
>
> Ai Deus! car no sui ironda
> que voles per l'aire
> e vengues de noih prionda
> lai dins so repaire?
>
> (Ach Gott, warum bin ich keine Schwalbe, so dass ich durch die Luft flöge und in tiefer Nacht dort in ihre Kammer käme?)
>
> Can vei la lauzeta mover
> de joi sas alas contra·l rai,
> que s'oblid'e·s laissa chazer
> per la doussor c'al cor li vai[97]
>
> (Wenn ich sehe, wie die Lerche aus Freude ihre Flügel gegen den Sonnenstrahl bewegt und sie um der Süße willen, die ihr zum Herzen dringt, sich vergisst und sich fallen lässt ...)

Zufällige Ähnlichkeiten? Doch die Übereinstimmungen sind verblüffend: „Can vei la lauzeta mover/ de joi sas alas contra·l rai ..." Und der bereits zitierte Aphorismus 293 der *Fröhlichen Wissenschaft*: „was können wir dafür, dass wir für die Luft, die reine Luft geboren sind, wir Nebenbuhler des Lichtstrahls, und dass wir am liebsten auf Aetherstäubchen, gleich ihm, reiten würden und nicht von der Sonne weg, sondern *zu der Sonne hin*!"

Auch die Trobadors kennen die Erfahrung des Sich-Verbrennens – „Ungesättigt gleich der Flamme/ Glühe und verzehr' ich mich" (*Die fröhliche Wissenschaft*, S. 367) –, um „der Erde Licht zu bringen":

> Atressi cum la candela
> que si meteissa destrui
> per far clartat ad autrui;
> chant, on plus trac greu martire

---

[97] Bernart de Ventadorn, *Non es meravelha s'eu chan*, V. 41ff.; *Tant ai mo cor ple de joia*, V. 49ff.; *Can vei la lauzeta*, V. 1ff.. nach der Ausg. von C. Appel, zit.

per plazer de l'autra gen.
E car a dreich escien
sai qu'ieu fauc follatge,
c'ad autrui don alegratge
et a mi pen'e tormen,
nuilla res, si mal m'en pren,
no·m deu plaigner del dampnatge[98].

(Wie die Kerze, die sich selbst zerstört, um anderen zu leuchten, so singe ich, woran ich am meisten leide, um die anderen zu erfreuen. Und da ich weiß, dass ich wie ein Tor handle, indem ich die anderen erfreue und mir selbst Schmerz und Pein zufüge, soll mich niemand, wenn es mir schlecht ergeht, weinend bemitleiden).

Vor dem Hintergrund des Übermenschen, des Wanderers, des Seiltänzers, der auf dem zwischen zwei Türmen gespannten Seil balanciert (*Also sprach Zarathustra*), erscheinen die Provenzalen, zwischen *joi* und *dolor* oszillierend, sich ihren Trieben und Empfindungen überlassend genau wie die Griechen[99], fähig zu leiden und alles zu wagen. In ihrer *gaia sciensa,* ihrer Galanterie, ihrem „Sprechen von der Liebe" spielen sie ein zwischen Selbstzerstörung und Lust unentschiedenes Spiel.

Ihre gleichsam den Einflüssen der Sterne oder dem Spiel des Zufalls unterworfenen Stimmungsschwankungen, die Wechselhaftigkeit ihres „unlogischen" Fühlens – bei Wilhelm IX., Bernart de Ventadorn, Raimbaut d'Aurenga ... – beschreiben merkwürdige Kurven, wie von einem Leben am Rande des Subjekts. Das vergängliche Glück, die Gefahr, die *bon'aventura* gelten mehr als die Sicherheit, die Moral und die Dauer:

causa de bon'aventura
val us sols jorns mais de cen.

(im Glück gilt ein Tag mehr als hundert).

mas lo savis retrai
c'„us jors val mais c'us anz"

(doch der Weise spricht: „Ein Tag gilt mehr als ein Jahr").

qe maintas vez val mais uns jorns q'uns ans[100].

(denn oft gilt ein Tag mehr als ein Jahr).

---

[98] Peire Raimon de Tolosa, *Atressi cum la candela*, V. 1ff., zit. nach der Ausg. von A. Cavaliere, Firenze: Olschki 1935.

[99] Sie „schimpfen und lassen sich's dabei wohl sein (Homer's Sophocles' Epicur's Pessimismus – das ‚Ausweichen' als ‚göttlich' empfunden), also: sie *leiden* im höchsten Grade, aber sie reagiren dagegen mit um so höherem Selbstgenuß im Schaffen und auch im Reden von Dingen, die *wohl thun*". *Nachgelass. Fragm.* Sommer 1883, 8 [15], KSA 10, 336.

[100] Bernart de Ventadorn, *Lo tems vai e ven e vire*, V. 42; Cadenet, *Az ome meilz non vai*, V. 25, nach der Ausg. von C. Appel, zit.; Daude de Pradas, *Tan sen al cor*, V. 44, nach der Ausg. von A. H. Schutz, zit.

Wie eine ununterbrochene Metamorphose, die den Tod herausfordert, weil sie, im Phönixmythos, der ewigen Wiederkehr und der Wiedergeburt sicher ist:

Aquest'amors me fer tan gen
al cor d'una dousa sabor:
cen vetz mor lo jorn de dolor
e reviu de joi autras cen[101].

(Diese Minne trifft mich so schön ins Herz mit süßer Lust: hundertmal am Tage sterbe ich vor Schmerz und hundertmal lebe ich vor Freude wieder auf).

In einem Fragment vom November 1882–Februar 1883 heißt es: „Man muss vergehen wollen, um wieder entstehen zu können – von einem Tage zum anderen. Verwandlung durch hundert Seelen – das sei dein Leben, dein Schicksal: Und dann zuletzt: diese ganze Reihe noch einmal wollen!“[102]

Und dann das Insistieren auf dem Exzess, auf der Gefahr, auf dem Übermut:

e s'eu ai falhit ni mespres
per trop amar ni per temer

(und wenn ich gefehlt und mich vergangen habe, indem ich zu sehr liebte und fürchtete)

Aissi co·l peis qui s'eslaiss'el cadorn
e no·n sap mot, tro que s'es pres en l'ama,
m'eslaissei eu vas trop amar un jorn

(So wie der Fisch, der zu seinem Köder schnellt und nichts ahnt, bis er sich am Haken gefangen hat, so eilte ich einst der übergroßen Liebe zu).

Ben sai c'Amors es tan granz
que leu mi pot perdonar
s'ieu failli per sobramar
ni reingnei com Dedalus,
que dis qu'el era Iezus
e volc volar al cel outracuidanz,
mas Dieus baisset l'orgoill e lo sobranz.

(Wohl weiß ich, dass Liebe so groß ist, dass sie mir verzeiht, wenn ich aus übergroßer Liebe gefehlt und mich wie Daedalus benommen habe, der vorgab, Jesus zu sein, und übermütig zum Himmel fliegen wollte, doch Gott dämpfte seinen Hochmut und seine Verwegenheit).

Ja no crezatz qu'eu de joi me recreya
ni·m lais d'amar per dan c'aver en solha,

---

101 Bernart de Ventadorn, *Non es meravelha s'eu chan*, V. 25ff.

102 *Nachgelass. Fragm*. November 1882-Februar 1883, 5 [1] 227, KSA 10, 213.

qu'eu non ai ges en poder que m'en tolha,
c'amors m'asalh, que·m sobresenhoreya.[103]

(Glaubet ja nicht, dass ich um des Schadens willen, den ich da zu haben pflege, von der Freude abstehe oder von der Liebe lasse, denn ich habe es nicht in der Macht, mich ihnen zu entziehen, denn Liebe fällt mich an und überwältigt mich).

Trop amar. Sobramar. Sobranz. Und dazu das Thema des Prahlens, des *Gap*. Und die Lust an der Verrücktheit. „Jenseits". „Über"[104].

Übermut gepaart mit *Raffinement*, mit *Grazie* (mit Galanterie?). Weitere Analogien und Suggestionen erweckt ein Fragment, eines der scharfsinnigsten über den „provenzalischen Geist", der diesmal von Petronius und von seinem „Stil" repräsentiert wird:

> Der dritte unvergleich<liche> Eindruck, den ich den Lateinern verdanke, ist Petronius. Dies prestissimo des Übermuths in Wort, Satz und Sprung der Gedanken, dies Raffinement in der Mischung von Vulgär- und ‚Bildungs'-Latein, diese unbändige gute Laune, die sich vor nichts fürchtet und über jede Art Animalität der antiken Welt mit Grazie hinwegspringt, diese souveräne Freiheit vor der ‚Moral', vor den tugendhaften Armseligkeiten ‚schöner Seelen' – ich wüßte kein Buch zu nennen, das am Entferntesten einen ähnlichen Eindruck auf mich gemacht hätte. Daß der Dichter ein Provençale ist, sagt mir leise mein persönlichster Instinkt: man muß den Teufel im Leibe haben, um solche Sprünge zu machen[105].

Die Provence, der Süden, ist auch deshalb für Nietzsche ein so hervorragender Ort, weil sie an das „weite, weissliche Meer" grenzt, auf das Epikurs Auge im „Glück des Nachmittags des Alterthums" blickte[106], und an den Mittag Zarathustras, wenn die Sonne, auf den Ruinen der Erkenntnis und in der Zerstreuung des Zufalls, die Stunde des kürzesten Schattens erreicht:

Hier sass ich, wartend, wartend, – doch auf Nichts,
Jenseits von Gut und Böse, bald des Lichts
Geniessend, bald des Schattens, ganz nur Spiel,
Ganz See, ganz Mittag, ganz Zeit ohne Ziel.

Da, plötzlich, Freundin! wurde Eins zu Zwei –
– Und Zarathustra gieng an mir vorbei ...[107]

---

103 Bernart de Ventadorn, *Bel m'es qu'eu chan*, V. 38–39, und *Be m'an perdut*, V. 10ff.; Rigaut de Berbezilh, *Atressi con l'orifanz*, V. 23ff., zit. nach der Ausg. von A. Varvaro, Bari: Adriatica 1960; Bernart de Ventadorn, *Can vei la flor*, V. 8ff.

104 Vgl. F. Masini, *„Übermut": una costellazione semantica*, in: ders., *Lo scriba del caos. Interpretazione di Nietzsche*, Bologna: Il Mulino 1978, S. 123–139.

105 *Nachgelass. Fragm.* Oktober-November 1888, 24 [1] 7, KSA 13, 624.

106 *Die fröhliche Wissenschaft*, 45, KSA 3, 411.

107 *Sils Maria.* Aus den *Liedern des Prinzen Vogelfrei*, im Anhang zur *Fröhlichen Wissenschaft*, KSA 3, 649.

Das *gay saber* ist das Gleichnis, die Hoffnung eines anderen, vielleicht unrealisierbaren, ganz gewiss flüchtigen Lebens. Hatte nicht auch Stendhal die ganze provenzalische Kultur auf die Bühne gebannt, indem er sie so treffend mit der Aufführung einer *opera buffa* verglich: „Avez-vous vu à l'Opéra le finale d'un bel opéra-comique de Rossini, tout est gaieté, beauté, magnificence idéale sur la scène ..."

Der Süden steht für Mittag, Sonne, aber auch für Sonnenuntergang, Einsamkeit und „Dekadenz". „Wenn ich ein andres Wort für Musik suche, so finde ich immer nur das Wort Venedig. Ich weiss keinen Unterschied zwischen Thränen und Musik zu machen, ich weiss das Glück, den *Süden* nicht ohne Schauder von Furchtsamkeit zu denken"[108]. Es folgt das Gedicht *Venedig*: „An der Brücke stand/ jüngst ich in brauner Nacht./ Fernher kam Gesang ..." So ist verständlich, dass es manchmal fast notwendig scheint, den Süden zu verlassen, um „reif" zu werden und sich ins Leben einzugliedern:

> Der Himmel behüte mich vor Thorheiten! – Aber von jetzt ab, wo *Sie* mich berathen werden, werde ich *gut* berathen sein und brauche mich nicht zu fürchten. – *Was* den *Winter* betrifft, so habe ich *ernstlich und ausschließlich* an Wien gedacht. [...] Der Süden Europa's ist mir jetzt aus dem Sinn gerückt. Ich will nicht mehr einsam sein und wieder lernen, Mensch zu werden. Ah, an *diesem* Pensum habe ich fast Alles noch zu lernen![109]

Doch dann – vielleicht, weil „so manche Zukunft noch an's Licht kommen" muss[110] – wird der unmögliche Süden wieder zum unzerstörbaren Raum für die Flüge des „Freigeists", für seine leichten und zugleich beharrlichen Hoffnungen, für seine nutzlose Liebe zu den Dingen der Welt: „Warten und sich-vorbereiten; das Aufspringen neuer Quellen abwarten, in der Einsamkeit sich auf fremde Gesichte und Stimmen vorbereiten [...], den *Süden* in sich wieder entdecken und einen hellen glänzenden geheimnißvollen Himmel des Südens über sich aufspannen ...[111]

---

108 *Nietzsche contra Wagner: Intermezzo*, KSA 6, 421.

109 An Lou Salomé, 3. Juli 1882, *Briefe* 6, 217.

110 *Morgenröthe*, 187, KSA 3, 160.

111 *Nachgelass. Fragm.* August-September 1885, 41 [7], KSA 11, 682.

Heines Geoffroy Rudèl

1. Nachdem die Schlösser und Städte der Provence infolge des Kreuzzugs gegen die Albigenser in Schutt und Asche lagen und die Umsetzung des zentralstaatlichen Projektes im Namen der Nation unaufhaltsam vorangeschritten war, war die Rezeption der Trobadors in der Neuzeit eine Geschichte der Marginalität und zeitweiliger Lichtblicke. Sie kehrten in unregelmäßigen Abständen auf die Bühne der Weltliteratur zurück: mit den gelehrten und fantasiereichen *Vies des plus célèbres et anciens poètes provençaux* (1575) von Jean de Nostredame, dem Bruder des berühmten Zauberers, mit der *Histoire littéraire des troubadours* (1774) von Jean-Baptiste de Lacurne de Sainte-Palaye, bis sie schließlich seit der Romantik große Resonanz bei Kritikern wie August Wilhelm und Friedrich Schlegel, François Raynouard, Friedrich Diez, und mehr noch bei Dichtern wie Uhland, Lenau, Heine und Browning fanden.

In dem Anliegen, den manchmal zu sehr unterschätzten oder ganz übersehenen Beitrag der Dichter und Connaisseurs zu erforschen, möchte ich auf den folgenden Seiten einige Aspekte des Mittelalters bei Heinrich Heine rekonstruieren und insbesondere seine großartige Verarbeitung von Jaufre Rudels „amor de lonh" beleuchten.

In Heines Werk – im *Buch der Lieder* (1827), in den *Neuen Gedichten* (1844), im *Romanzero* (1851) – kommt der Neuauslegung der Vergangenheit ein herausragender Stellenwert zu: ausführlicher in seinen Balladen, Romanzen und beschreibenden Gedichten, oft auch durch perspektivische Verkürzungen und Anspielungen in seinen lyrischen Gedichten. Obwohl Benedetto Croce an Heines übertriebenem Skeptizismus und an der karikaturhaften Darstellung und Verspottung seiner Feinde Anstoß nahm und es als unangemessen empfand, dass er sich nicht enthielt, auch an den Menschen und Dingen der Demokratie die lächerlichen Seiten herauszustellen, erfasste er in einem klassischen Aufsatz über ihn doch sehr genau die Wurzeln seiner Poetik:

> Ihre Quelle der Eingebung könnte man die Poesie der Kindheit nennen: der Kindheit, die die ganze Lust des Vaterhauses und des Herdes empfindet, mit großen, weitgeöffneten Augen den Märchen und Sagen lauscht, sich in alte Geschichtenbücher vertieft, ganz in Bewunderung für die Gestalten der Krieger und ehrwürdigen Weisen aufgelöst; sie liebt mit den Liebenden, schwebt auf den Fittichen der Fantasie um die Häupter der blonden Prinzesslein, schaudert über die schrecklichen Ereignisse, lässt sich die Überreste des Schlosses weisen, das einst Zeuge so vieler wundersamer Vorfälle gewesen, die Steinbildnisse der Grabmäler, die Tafeln der Altäre; sie betrachtet mit Entzücken den greisen Ortsbewohner, der die

Straße durchquert und von dem ihm berichtet wird, er sei dereinst ein Kriegsmann und Abenteurer gewesen[1].

Mal handelt es sich bei der Vergangenheit um die jüngste, aber bereits mythische des napoleonischen Zeitalters – *Die zwei Grenadiere*, *Der Tambourmajor* –, mal um die Epoche der griechischen Götter, die als Statuen, Erscheinungen, Rückkehr begegnen, häufig jedoch um die mittelalterliche Vergangenheit: um germanische Sagen – von der Loreley bis zu Frau Venus und Tannhäuser –, um angelsächsische (King Harold in Hastings), altnordische, sarazenische, jüdische Gestalten (Jehuda ben Halevi), oder um die Welt der Trobadors.

Heines Mittelalter erscheint dem Leser auf ganz besondere Weise komplex, vielfarbig und differenziert. Bald versetzt der Dichter sich ganz in die Epoche hinein, dann wieder geht er zu ihr auf Distanz. Im folgenden Beispiel greift er, sich voll und ganz mit dem Thema identifizierend, das im Minnesang und der volkstümlichen Dichtung so verbreitete Motiv von der Liebe im Mai auf, wenn die Natur neu erwacht und die Vögel singen. Ihm gelingt ein kleines, feinsinniges Gedicht, „rein und durchsichtig wie Tautropfen"[2]:

Im wunderschönen Monat Mai,
Als alle Knospen sprangen,
Da ist in meinem Herzen
Die Liebe aufgegangen.

Im wunderschönen Monat Mai,
Als alle Vögel sangen,
Da hab ich ihr gestanden,
Mein Sehnen und Verlangen[3].

In *Es war einmal ein Ritter trübselig und stumm* parodiert er dagegen einen jungen deutschen Ritter, bleich und trübsinnig, vor allem aber hölzern und linkisch, der im Biedermeiergeist von Nixen und Liebschaften träumt[4].

Auch fehlt es nicht an klaren Stellungnahmen gegen die nostalgisch-reaktionäre Vereinnahmung der mittelalterlichen Vergangenheit, gegen die Unsitte der Mittelaltermoden:

Das Mittelalter immerhin,
Das wahre, wie es gewesen,
Ich will es ertragen – erlöse uns nur
Von jenen Zwitterwesen

---

1 B. Croce, „Heine" (1921), in: ders., *Poesia e non poesia*, 6. Aufl., Bari: Laterza 1955, S. 171–185, hier S. 179 (dt. Übers. *Poesie und Nichtpoesie*, Zürich, Wien, Leipzig: Amalthea-Verlag 1925, S. 282–283).

2 Ebd., S. 179/S. 282.

3 *Buch der Lieder. Lyrisches Intermezzo*, Nr. 1 (S.S. I, 75). Ich zitiere nach H. Heine, *Sämtliche Schriften*, hg. von K. Briegleb, 6 Bde., München: Hanser 1968–1976 (im Folgenden abgekürzt mit S.S., gefolgt von Band- und Seitenangabe).

4 *Buch der Lieder. Lyrisches Intermezzo. Prolog* (S.S. I, 74).

Von jenem Kamaschenrittertum,
Das ekelhaft ein Gemisch ist
Von gotischem Wahn und modernem Lug,
Das weder Fleisch noch Fisch ist.

Jag fort das Komödiantenpack,
Und schließe die Schauspielhäuser,
Wo man die Vorzeit parodiert –
Komme du bald, o Kaiser[5].

Aber die Welt des Mittelalters bleibt eine unauslöschliche Konstante. Dass die mittelalterlichen Burgen nach der Französischen Revolution der Öffentlichkeit zugänglich sind, bedeutet auch, dass sie nunmehr im kollektiven Gedächtnis verwurzelt sind.

Die feudalen Hierarchien, die Rituale der höfischen Liebe des Mittelalters liefern Heine den romantischsten Archetyp für Romanzen der unerwiderten Liebe, der Liebeswunde bzw. der erwiderten, aber unmöglichen Liebe, die schließlich in den Tod führt. So in *Die Minnesänger*, die die „Todeswund“ in ihrer Brust verbergen und aus tiefstem Herzen „Liederblut“ schöpfen, um ihrer Dame zu huldigen[6]. So in *Der Asra*, welcher jeden Abend immer bleicher am Brunnenrand die wunderschöne, unerreichbare Sultanstochter vorbeispazieren sieht: „Und mein Stamm sind jene Asra/ welche sterben, wenn sie lieben“[7]. So schließlich in *Es war einmal ein alter König*:

Es war ein alter König,
Sein Herz war schwer, sein Haupt war grau;
Der arme alte König,
Er nahm eine junge Frau.

Es war ein schöner Page,
Blond war sein Haupt, leicht war sein Sinn;
Er trug die seidne Schleppe
Der jungen Königin.

Kennst du das alte Liedchen?
Es klingt so süß, es klingt so trüb!
So mussten beide sterben,
Sie hatten sich viel zu lieb[8].

Aber da ist auch das leuchtende, glänzende, verwegene Mittelalter, wie es z.B. Richard Löwenherz verkörpert, der nach der Flucht aus österreichischer Haft, stolz über seine wiedergewonnene Freiheit, durch den Wald reitet und frisch in

---

5 *Deutschland. Ein Wintermärchen. Caput* XVII, V. 37–48 (S.S. IV, 617). Vgl. G. Lukács, *Heinrich Heine als nationaler Dichter* (1935), in: ders., *Deutsche Realisten des 19. Jahrhunderts*, Berlin (DDR): Aufbau-Verlag 1951, S. 89–146.

6 *Buch der Lieder. Junge Leiden. Romanzen*, Nr. XI (S.S. I, 56).

7 *Romanzero. Historien* (S.S. VI/1, 41).

8 *Neue Gedichte. Neuer Frühling*, Nr. XXIX (S.S. IV, 331).

sein Jagdhorn bläst (*König Richard*)[9]. Da ist auch die Provence der Trobadors, der hohen Politik, des Gesanges, der Persuasion, wo Bertran de Born nicht mehr wie bei Dante „seminator di scandali e scisma", sondern der wunderbare Barde ist – wie Heine? –, der die Fähigkeit besitzt, in das Zeitgeschehen einzugreifen, zu bewegen, zu erobern:

Ein edler Stolz in allen Zügen,
Auf seiner Stirn Gedankenspur,
Er konnte jedes Herz besiegen,
Bertrand de Born der Troubadour.

Es kirrten seine süßen Töne
Die Löwin des Plantagenets;
Die Tochter auch, die beiden Söhne,
Er sang sie alle in sein Netz.

Wie er den Vater selbst betörte!
In Tränen schmolz des Königs Zorn,
Als er ihn lieblich reden hörte,
Den Troubadour, Bertrand de Born[10].

2. Eine der wichtigsten Erinnerungen an das Mittelalter, die uns unmittelbar in die Welt der Trobadors versetzt, ist sicherlich das Gedicht *Geoffroy Rudèl und Melisande von Tripoli*, das Heine 1846 in einer Zeitschrift veröffentlichte und später in seinen *Romanzero* (1851) aufnahm.

Der Name Jaufre Rudel – die Liedersammlung und die romanhafte Vida mit der Reise nach Tripolis zu der geliebten Frau, die er nie gesehen hatte, verschmelzen in der Rezeption sehr bald zu einer untrennbaren Einheit – steht wesentlich für den Kult der Distanz, für die metaphysische Unmöglichkeit einer realen Präsenz der Frau; er steht für die Reise als Todessuche – gemäß der scharfsinnigen Deutung Petrarcas: „Giaufrè Rudel, ch'usò la vela e 'l remo/ a cercar la sua morte" („Gianfre Rudel, der, dass den Tod er leide,/ Segel und Ruder braucht'")[11] –, für das tiefe seelische Verlangen und die Ablehnung der *cupiditas*, für die Identität von Sehen und Wahrheit[12]. Es ist ein machtvoller Mythos, der sich wie ein erratischer Block neben dem verspielten und kecken

9 *Romanzero. Historien* (S.S. VI/1, 40).

10 *Neue Gedichte. Romanzen*, Nr. XII (S.S. IV, 385).

11 F. Petrarca, *Trionfi. Trionfo dell'amore*, IV, V. 52–53, in: ders., *Opere*, hg. von M. Martelli, Firenze: Sansoni 1975, S. 205 (dt. Übers. *Sämmtliche Canzonen, Sonette, Ballaten und Triumphe*, Leipzig: Brockhaus 1833, S. 329).

12 Grundlegend der Aufsatz von L. Spitzer, *L'amour lointain de Jaufré Rudel et le sens de la poésie des troubadours* (1944), in: ders., *Romanische Literaturstudien. 1936–1956*, Tübingen: Niemeyer 1959, S. 363–417. Zur mystischen Dimension vgl. L. Lazzerini, *La trasmutazione insensibile. Intertestualità e metamorfismi nella lirica trobadorica dalle origini alla codificazione cortese*, in: „Medioevo romanzo", 18, 1993, S. 153–205 und 313–369, und die Einleitung von V. Cirlot in *Les cançons de l'amor de lluny de Jaufre Rudel*, Barcelona: Columna 1996, S. 9–38.

Gesang Wilhelms IX. herausgebildet hat, und sich auch von den leichten und kühnen Tönen der galanten Trobadors Bernart de Ventadorn, Raimbaut d'Aurenga, Peire Vidal, Raimon de Miraval, ihrem Elan und *joi* deutlich abhebt[13].

Sicher wurde die Legende von Jaufre Rudel mit ihrer verhängnisvollen und „gesuchten" Verbindung von Liebe und Tod nicht zufällig vorherrschend in der Mittelalterrezeption des 19. Jahrhunderts – sie findet sich bei Browning, Swinburne, Carducci, verschmilzt mit der verwandten, von Platen, Tennyson, Wagner u.a. gestalteten Tristan-Sage –, bis sie schließlich ein Sinnbild für den gesamten Geist der Provence wurde, der völlig in ihr aufging. Ein beispielhafter Fall von Vampirismus.

Heine scheint mir jedoch eine sehr originelle Fassung dieser faszinierenden Geschichte zu liefern. Er geht über sie hinaus, dekonstruiert sie:

> In dem Schlosse Blay erblickt man
> Die Tapete an den Wänden,
> So die Gräfin Tripolis
> Einst gestickt mit klugen Händen.
>
> Ihre ganze Seele stickte
> Sie hinein, und Liebesträne
> Hat gefeit das seidne Bildwerk,
> Welches darstellt jene Szene:
>
> Wie die Gräfin den Rudèl
> Sterbend sah am Strande liegen,
> Und das Urbild ihrer Sehnsucht
> Gleich erkannt' in seinen Zügen.
>
> Auch Rudèl hat hier zum ersten
> Und zum letzten Mal erblicket
> In der Wirklichkeit die Dame,
> Die ihn oft im Traum entzücket.
>
> Über ihn beugt sich die Gräfin,
> Hält ihn liebevoll umschlungen,
> Küsst den todesbleichen Mund,
> Der so schön ihr Lob gesungen!
>
> Ach! Der Kuss des Willkomms wurde
> Auch zugleich der Kuss des Scheidens,
> Und so leerten sie den Kelch
> Höchster Lust und tiefsten Leidens[14].

Die „bekannte Szene" wird nicht erzählt, sondern auf einem von Melisande gestickten Wandteppich „gesehen". Heine eröffnet auf originelle Weise eine völlig neue Perspektive: Der gleich zu Beginn erwähnte Wandteppich, das Schlüs-

---

[13] L. Topsfield, *Troubadours and Love*, Cambridge: Cambridge U.P. 1975; siehe im vorliegenden Band *Die fröhliche Wissenschaft: Stendhal und Nietzsche*.

[14] *Romanzero. Erstes Buch: Historien* (S.S. VI/1, 46).

selelement der Geschichte, erfüllt sich plötzlich mit Leben und führt den Leser in eine gespenstische Welt:

In dem Schlosse Blay allnächtlich
Gibt's ein Rauschen, Knistern, Beben
Die Figuren der Tapete
Fangen plötzlich an zu leben.

Troubadour und Dame schütteln
Die verschlafnen Schattenglieder,
Treten aus der Wand und wandeln
Durch die Säle auf und nieder.

Trautes Flüstern, sanftes Tändeln,
Wehmutsüße Heimlichkeiten,
Und postume Galantrie
Aus des Minnesanges Zeiten:

Die zu Lebzeiten unmögliche Begegnung der beiden Verliebten, das Gespräch zwischen ihnen, wird nun im irrealen Raum, mitten in der Nacht ermöglicht, in der Schemenhaftigkeit der Vision, des Traums, der Welt der Toten, und hier wiederholt sie sich jede Nacht wie ein Ritual. Jaufre Rudel und Melisande sind *Revenants.*

Für einen fieberhaften Visionär wie Heine, der die Romantik und die Hoffmannschen Spukgestalten hinter sich hat, gibt es keine klare Unterscheidung zwischen Traum und Wirklichkeit. Mitten im Gespräch mit der Geliebten kann daher plötzlich die zweifelnde Frage aufkommen: „Liebste, sollst mir heute sagen:/ Bist du nicht ein Traumgebild?"[15] Überdies ist ein ganzer Zyklus seines ersten Gedichtbands *Buch der Lieder* mit dem Titel *Traumbilder* überschrieben.

Heine glaubt noch an die schöpferische Kraft der Innerlichkeit, an das Herz als Ursprung jeden Gefühls, aber gleichzeitig misstraut er den Abgründen des Ich, die bei ihm nichts mehr von dem heiligen, dominanten Charakter haben, den sie in der Frühromantik besaßen. Die drängenden Träume, die Herrschaft des Irrealen sind nicht mehr Utopie, höchste und absolute Wahrheit, wie bei Novalis, sondern können Isolierung, Regression, absehbares Unglück in sich bergen.

Gewiss ist die ursprüngliche Verbindung Heines zur Romantik unauflösbar. Noch 1854 schreibt er in seinen *Geständnissen*, einer Art Bilanz, die er einer neuen Ausgabe von *De l'Allemagne* voranstellen wollte:

> Ein geistreicher Franzose – vor einigen Jahren hätten diese Worte einen Pleonasmus gebildet – nannte mich einst einen romantique défroqué. Ich hege eine Schwäche für alles, was Geist ist, und so boshaft die Benennung war, hat sie mich dennoch höchlich ergötzt. Sie ist treffend. Trotz meiner exterminatorischen Feldzüge gegen die Romantik blieb ich doch selbst

[15] *Buch der Lieder. Lyrisches Intermezzo*, Nr. XVI (S.S. I, 81).

> immer ein Romantiker, und ich war es in einem höhern Grade, als ich selbst ahnte[16].

Gleichzeitig besteht ein unauslöschlicher Drang, mit Sehnsucht und Leiden der Romantik abzurechnen, sie hinter sich zu lassen und zu begraben: „Die alten bösen Lieder/ Die Träume schlimm und arg,/ Die lasst uns jetzt begraben/ Holt einen großen Sarg“[17]. In dieser Ambivalenz – der Treue zur Vergangenheit und ihren Bildern, zugleich aber seiner Hingabe an die neuen Denkströmungen, die Welt der „Ideen“ – steckt wohl auch eines der Geheimnisse für die Größe Heines[18]. Er ist sich dessen selbst bewusst:

> Nachdem ich dem Sinne für romantische Poesie in Deutschland die tödlichsten Schläge beigebracht, beschlich mich selbst wieder eine unendliche Sehnsucht nach der blauen Blume im Traumlande der Romantik und ich ergriff die bezaubernde Laute und sang ein Lied, worin ich mich allen holdseligen Übertreibungen, aller Mondscheinbetrunkenheit, allem blühenden Nachtigallen-Wahnsinn der einst so geliebten Weise hingab. Ich weiß, es war ‚das letzte freie Waldlied der Romantik', und ich bin ihr letzter Dichter: mit mir ist die alte lyrische Schule der Deutschen geschlossen, während zugleich die neue Schule, die moderne deutsche Lyrik, von mir eröffnet ward[19].

3. Im Zeichen dieser unüberwindbaren Ambivalenz wird das bange Glück der spukhaften Begegnung unter den schützenden Flügeln der Nacht im zweiten Teil von *Geoffroy Rudèl* dem Tag, der Sonne, dem Licht gegenübergestellt. Die „Hymne an die Nacht“, das leidenschaftliche Credo der Verliebten – die Nacht von Novalis und von Wagners *Tristan*... – geht unerbittlich zu Ende, der neue Tag bricht an:

> Geoffroy! Mein totes Herz
> Wird erwärmt von deiner Stimme,
> In den längst erloschnen Kohlen
> Fühl ich wieder ein Geglimme!

---

[16] S.S. VI/1, 447.

[17] *Buch der Lieder. Lyrisches Intermezzo*, Nr. LXV (S.S. I, 103).

[18] „Heines Lyrismus, voll wunderbar leichter und feiner Empfindsamkeit, offenbart nun aber dieselbe Reaktivität, die seine beschreibende Prosa und seine Erzählwerke besitzen, in denen alles mit größter Spontaneität die verschiedenen Eindrücke der Außenwelt einfängt und doch sogleich in Fantasiebilder und klares, von einem unbändigen Handlungsdrang geleitetes Denken verwandelt wird.“ So L. Mittner, *Storia della letteratura tedesca. Dal realismo alla sperimentazione (1820–1890)*, Torino: Einaudi 1971, Bd. I, S. 144. Vgl. auch den scharfsinnigen Aufsatz von H. R. Jauss, *Das Ende der Kunstperiode. Aspekte der literarischen Revolution bei Heine, Hugo und Stendhal*, in: ders., *Literaturgeschichte als Provokation*, Frankfurt/Main: Suhrkamp 1970, S. 107–143.

[19] S.S. VI/1, 447. Die „blaue Blume“ aus Novalis' *Heinrich von Ofterdingen* ist für Heine an verschiedener Stelle die Chiffre für die romantische Poesie. Als ‚letztes freies Waldlied der Romantik' – *Ach, es ist vielleicht das letzte/ Freie Waldlied der Romantik* – bezeichnet Heine *Atta Troll*, das elegisch-satirische Epos von 1847 (*Atta Troll*, Caput XXVII, S.S. IV, 570).

„Melisande! Glück und Blume!
Wenn ich dir ins Auge sehe,
Leb ich auf – gestorben ist
Nur mein Erdenleid und -Wehe".

Geoffroy! Wir liebten uns
Einst im Traume, und jetzunder
Lieben wir uns gar im Tode –
Gott Amour tat dieses Wunder!

„Melisande! Was ist Traum?
Was ist Tod? Nur eitle Töne.
In der Liebe nur ist Wahrheit,
Und dich lieb ich, ewig Schöne".

Geoffroy! Wie traulich ist es
Hier im stillen Mondscheinsaale,
Möchte nicht mehr draußen wandeln
In des Tages Sonnenstrahle.

„Melisande! Teure Närrin,
Du bist selber Licht und Sonne,
Wo du wandelst, blüht der Frühling,
Sprossen Lieb und Maienwonne!"

Also kosen, also wandeln
Jene zärtlichen Gespenster
Auf und ab, derweil das Mondlicht
Lauschet durch die Bogenfenster.

Doch den holden Spuk vertreibend,
Kommt am End die Morgenröte –
Jene huschen scheu zurück
In die Wand, in die Tapete.

Die Gegenüberstellung Nacht/Tag, Dunkel/Licht, Traum/Erwachen, mit der das Gedicht schließt, ist für viele heinesche Szenerien prägend (ebenso wie für seine unerschrockene, eigenwillige Aufklärung).

So entdeckt das lyrische Ich in *Ein Traum, gar seltsam schauerlich* mit Schaudern, dass das Grab, das eine geheimnisvolle „schöne Maid" schaufelt, ihm bestimmt ist, und erwacht just, als es „in die dunkle Grabesnacht" stürzt[20].

In *Marie Antoinette* verfolgt die Sonne mit ihren Strahlen neugierig das *Lever* der Königin hinter den Fenstern der Tuileries: Bei Kleidung und Schmuck, Strümpfen und Schuhen läuft alles tadellos, nach „strenger Etikette", nur der Kopf ist ein Problem – wegen der Guillotine: Alle anwesenden Damen sind kopflos. Es handelt sich nur um eine festlich-makabre Zusammenkunft.

Wohl durch die verhängten Fenster wirft
Die Sonne neugierige Blicke,

---

20 *Buch der Lieder. Traumbilder*, II (S.S. I, 21).

Doch wie sie gewahrt den alten Spuk,
Prallt sie erschrocken zurücke[21].

Das ganze Ende des Zyklus *Junge Leiden. Traumbilder* im *Buch der Lieder* ist ein Aufzug „blasser Leichen", die durch die Fantasie (oder vielleicht durch die Magie?) heraufbeschworen wurden und nicht mehr in ihr Reich der „alten Nacht" zurückkehren wollen:

Da hab ich viel blasse Leichen
Beschworen mit Wortesmacht;
Die wollen nun nicht mehr weichen
Zurück in die alte Nacht[22].

In *Ich lag und schlief, und schlief recht mild* erscheint ein wunderschönes Mädchen im Traum, so kalt wie Eis und „marmorblass", das unter ihrer statuenhaft erstarrten Erscheinung vampirische Triebe verbirgt, vor denen nur das Morgengrauen und der Hahnenschrei den Schlafenden bewahren.

„Nicht bebt, nicht pocht wohl meine Brust,
Die ist wie Eis so kalt;
Doch kenn auch ich der Liebe Lust,
Der Liebe Allgewalt.

Mir blüht kein Rot auf Mund und Wang,
Mein Herz durchströmt kein Blut;
Doch sträube dich nicht schaudernd bang,
Ich bin dir hold und gut."

Und wilder noch umschlang sie mich,
Und tat mir fast ein Leid;
Da kräht der Hahn – und stumm entwich
Die marmorblasse Maid[23].

Diese Bilder und Stimmungen bilden den Hintergrund, vor dem es *Geoffroy Rudèl* zu lesen gilt: Es gibt den Traum – den Traum einer ewigen, erhabenen, durch die Unwandelbarkeit des Schattenreichs besiegelten Liebe – und das Sich-ihm-Überlassen, aber es gibt auch die Morgenröte, die ihn auflöst, und es gibt schließlich das Bild, die Rahmenerzählung, die ihn neu deutet und neu entwirft. Besonders zweckdienlich für die Herstellung von Distanz ist die quasi touristische Dimension, in die die Legende eingebettet ist: Der Wandteppich, den man besichtigen kann, ja besichtigen muss, das Schloss mit seinem Gespenst, seinem *ghost*, wie es sich für jedes richtige Schloss gehört...

Auch wenn die Geschichte sich allnächtlich auf gespenstische Weise wiederholt, spielt sie doch vor langer Zeit: „Trautes Flüstern, sanftes Tändeln,/

---

21 *Marie Antoinette*, in: *Romanzero* (S.S. VI/1, 26).

22 S.S. I, 36.

23 *Buch der Lieder. Junge Leiden. Traumbilder*, IX (S.S. I, 35).

Wehmutsüße Heimlichkeiten,/ Und postume Galantrie/ Aus des Minnesanges Zeiten", heißt es in der neunten Strophe.
Mit einem außergewöhnlichen Schachzug legt Heine in *Geoffroy Rudèl* eine entscheidende Form des ambivalenten „postumen" Erfolgs der Trobadors in der Moderne fest: Sehnsucht, Verlust, Distanz, Tod – ihre Rezeption als Spukerscheinung.

Pound und der Geist der Provence

„La véritable philologie résiderait-elle chez les poètes?“ Zu dieser Frage wurde Leo Spitzer durch einige Ansichten des leidenschaftlichen Essayisten, Übersetzers und Dichters Rudolf Borchardt, eines Zeitgenossen und Freundes Hugo von Hoffmannsthals, über die provenzalische Literatur bewogen, die er mit zustimmender Bewunderung aufnahm[1]. Die Dichter, die Nichtspezialisten, die Connaisseurs finden in ihrer ‚amateurhaften‘ Annäherung – dank ihrer Neugier, Sensibilität, Affinität und Begeisterung – oft auf überraschende Weise Zugang zu den verborgensten Seiten eines Textes oder Autors.

Unter diesem Gesichtspunkt kommt man nicht an dem Dichter und Essayisten Ezra Pound und seinem Interesse für das Mittelalter und die Trobadors vorbei. Die Pound-Forschung – Hugh Kenner, Stuart Y. McDougal, James J. Wilhelm, Peter Makin ...[2] – ist dieser in seiner Poetik und seinen Neigungen so offenkundigen Entwicklungslinie nachgegangen, hat ihre Geschichte und Bedeutungen rekonstruiert. Die Würdigung der Philologen war dagegen erwartungsgemäß nur sporadisch, hat aber zum Teil bedeutende Ergebnisse gezeitigt. William D. Paden ist in seiner Bertran de Born-Ausgabe ausführlich und mit feinem kritischem Gespür auf die „poetic communion“ eingegangen, die den Trobador und den modernen Dichter miteinander verbindet[3]. Giorgio Chiarini hat in seinem Überblick über moderne Jaufre Rudel-Interpretationen bezogen auf Pound – auch wenn er als Dichter „unweigerlich etwas von seiner eigenen künstlerischen Problematik in die Texte anderer projiziert“ – festgestellt:

> Dennoch nahm er in seinem erklärten Antiakademismus Dinge wahr, die über den beschränkten Horizont der fachwissenschaftlichen Kritik hinausweisen. [...] Seine Lesart der Trobadors überwindet jedenfalls hartnäckige Vorurteile der Experten seiner Zeit und geht dabei eine glückliche

---

1 L. Spitzer, *L'amour lointain de Jaufré Rudel et le sens de la poésie des troubadours* (1944), in: *Romanische Literaturstudien 1936–1956*, Tübingen: Niemeyer 1959, S. 363–413, hier S. 402.

2 H. Kenner, *The Pound Era*, London: Pimlico 1991 (1. Aufl. Univ. of California Press 1971); S. Mc Dougal, *Ezra Pound and the Troubadour Tradition*, Princeton: Princeton U.P. 1974; J. J. Wilhelm, *Dante and Pound. The Epic Judgement*, Orono: The Univ. of Maine 1974; P. Makin, *Provence and Pound*, Berkeley, Los Angeles, London: Univ. of California Press 1978. Vgl. auch P. Pessemesse, *Les troubadours dans la vision du monde d'Ezra Pound*, in: *Actes du 5° Congrès International de Langue et Littérature d'Oc*, Nice 1974, S. 208–215, und G. M. Gugelberger, *Ezra Pound's Medievalism*, Frankfurt/Main, Bern, Las Vegas: Peter Lang 1978.

3 *The Poems of the Troubadour Bertran de Born*, hg. von W. D. Paden Jr., T. Sankowitch, P. H. Stäblein, Berkeley, Los Angeles, London: Univ. of California Press 1986, S. 79–86.

> Verbindung mit der modernen Sensibilität für das Phänomen Poesie ein, die sich damals bei der Avantgarde durchzusetzen begann[4].

Jahre, Jahrzehnte später erscheint das innovative Potenzial der poundschen Intuitionen nicht etwa abgeschwächt, sondern bildet immer noch eine außergewöhnliche Errungenschaft.

Pounds Interesse für das Mittelalter, die Trobadors, für die erste italienische Lyrik und Dante erwachte in seiner Studienzeit, fand seinen ersten brillanten Niederschlag in *The Spirit of Romance* (1910) und den frühen Gedichtsammlungen – *Personae* (1909), *Provença* (1910), *Lustra* (1916) –, setzte sich in seinen späteren Aufsätzen, in den Übersetzungen von Arnaut Daniel und Cavalcanti fort und durchzieht schließlich die großartige Textur der *Cantos*. Von Anfang an hatte seine Annäherung an diese literarische Epoche, die von angesehenen, in Europa ausgebildeten Lehrern gefördert wurde, eine höchst persönliche Note, sie zeugt von dem festen Willen – dem Willen eines Dilettanten im besten Sinne –, diese alten Texte als poetische Werke zu lesen und dabei alle Bedenken und Selbstbeschränkungen des Spezialistentums beiseite zu lassen.

Ezra Pound schreibt sich im akademischen Jahr 1904–1905 mit 19 Jahren im Hamilton College in Clinton, Staat New York, ein, wo er Kurse von William P. Shepard belegt. Er wechselt dann zur University of Pennsylvania, wo er 1905/06 ein Seminar von Hugo Rennert über die romanische Dichtung des Mittelalters besucht. Shepard, der sein Studium 1891 abschloss und von 1896 bis 1940 als Professor of Romance Languages am Hamilton College tätig war, hatte in Europa – in Grenoble, an der Sorbonne sowie in Heidelberg – studiert und lieferte der Provenzalistik zahlreiche wichtige Beiträge. Er besorgte die 1924 erschienene Werkausgabe des Trobadors Jausbert de Puycibot für die Reihe „Classiques français du Moyen Age“, gab 1927 den *Canzionere S* der Bodleiana-Bibliothek heraus, und 1950 erschien postum die von ihm eingerichtete und von Frank M. Chambers herausgegebene Edition des Trobadors Aimeric de Peguilhan[5]. Rennert schloss sein Studium an der University of Pennsylvania ab, promovierte in Freiburg (wo die Koryphäe der Provenzalistik Emil Lévy, Autor des monumentalen *Provenzalischen Supplement-Wörterbuchs*, lehrte). Er beschäftigte sich mit der romanischen, insbesondere der spanischen und galego-portugiesischen Literatur: *The Spanish Pastoral Romances* (1892), *Macias, O Namorado. A Galician Trobador* (1900), *The Life of Lope de Vega* (1904) – das 1919 in spanischer Übersetzung (aus dem Englischen von Américo Castro) in Madrid erschien –, *The Spanish Stage in the Time of Lopez de Vega* (1909)[6]. Diese Angaben sind durchaus nicht überflüssig: Der souveräne Autodidakt Pound hat eine hervorragende akademische Ausbildung vorzuweisen.

---

4 G. Chiarini, *Il canzoniere di Jaufre Rudel*, L'Aquila: Japadre 1985, S. 38.

5 S. Mc Dougal, *Ezra Pound*, zit., S. 3–4; H. Carpenter, *Ezra Pound. Il grande fabbro della poesia moderna* (1988), it. Übers. Rusconi, Milano 1997, S. 70 und 77.

6 H. Carpenter, *Ezra Pound*, zit., S. 80 (Rennert wird im Canto XXVIII erwähnt).

Der junge Student der romanischen Literaturen stützte sich bei seinem Studium auf zwei Klassiker: *The Troubadours of Dante* von Henry J. Chaytor (Oxford 1902) und die *Provenzalische Chrestomathie* von Carl Appel (1. Aufl. Leipzig 1895, der bis 1930 fünf weitere Auflagen folgten). Pound besaß die zweite Ausgabe von 1902, auf der handschriftlich das Kaufdatum (1905) vermerkt ist[7]. Höchstwahrscheinlich kannte er auch *The Troubadours* (1878) von Francis Hueffer; mit dessen Sohn Ford Madox Hueffer, der sich nach Ausbruch des ersten Weltkrieges Madox Ford nannte, war er während der Londoner und Pariser Jahre befreundet.

Die in seinen Studienjahren entdeckten Trobadors werden ihn als Leser, Dichter, Übersetzer und Essayist sein ganzes Leben lang begleiten. Berühmt sind seine synthetischen und provozierenden Leselisten, die er immer wieder aus pädagogischer Leidenschaft und als Ratgeber für die Weltliteratur erstellt hat. Nie fehlen darauf die Trobadors:

> Wenn wir uns auf die Autoren beschränken, die tatsächlich etwas erfunden haben oder die ‚ersten bekannten Beispiele' für ein bestimmtes Ausdrucksverfahren sind, dann ergibt sich in der Reihenfolge des Erscheinens ihrer Werke folgende Liste:
> VON DEN GRIECHEN: Homer. Sappho. Die ‚großen Tragödiendichter' stehen alle in der Nachfolge Homers [...].
> AUS DEM MITTELALTER: Die angelsächsischen *Seafarer* und einige flüchtige Kenntnisse der mittelalterlichen Erzählliteratur, [...] möglichst des *Beowulf*, des *Poema del Cid* und der Sagen von *Grettir* und *Burnt Njal*. Und dann als Kontrast die Trobadors, vielleicht dreißig Gedichte auf Provenzalisch, und zum Vergleich ein paar Lieder von Heinrich von Morungen oder Wolfram von Eschenbach und Walther von der Vogelweide; und schließlich der *Klagegesang um Adonis* von Bion[8].

Als Heilmittel gegen die beschränkten Erzieher, sozusagen als Impfstoff – so lautet auch der Titel des Kapitels – braucht man einen klar umrissenen Kanon, ein „Ideogramm des Gültigen", das die „Mindestbasis für eine gesunde und liberale literarische Bildung" bietet. Neben Konfuzius, Homer, Ovid, Catull und Properz, neben Voltaire und Stendhal („wenigstens anderthalb Bücher") soll der Anfänger daher lesen: „EINE PROVENZALISCHE LIEDERSAMMLUNG: Mit Verweisen auf die Minnesänger und Bion, insgesamt etwa dreißig Gedichte. DANTE: ‚Und sein Kreis'; das heißt Dante und dreißig Gedichte seiner Zeitgenossen, vor allem von Guido Cavalcanti"[9].

---

[7] W. D. Paden, *Pound's Use of Troubadour Manuscripts*, in: „Comparative Literature", 32, 1980, S. 402–412, hier S. 412.

[8] E. Pound, *How to read*, in: *Literary essays of Ezra Pound*, ed. with an Introduction by T. S. Eliot, London, Boston: Faber and Faber 1985 (1. Aufl. 1954), S. 27–28. Wie Pound anmerkt, erschien der Aufsatz 1927 oder 1928 im „New York Herold".

[9] Ebd., S. 37–38.

2. Zweifellos ist es noch heute im Rahmen einer Interpretation der Trobadorlyrik von Interesse, die Motive für eine so anhaltende und unbedingte Leidenschaft nachzuvollziehen. Was sucht, was sieht, was findet Ezra Pound in seiner „Provence“?

Sicherlich die technische Meisterschaft, die *technical virtuosity*, die Kunst der Silbenteilung, befreit von der flüssigen Vermengung, in die sie ein Tennyson zwang, die „Parataxe der Laute“[10]. „Autet e bas entre ·ls prims fouills/ son nou de flors li ram e·il renc“ („Oben und unten zwischen den ersten Blättern/ sind voll neuer Blüten die Zweige und Sträucher“) singt der von ihm geschätzte Arnaut Daniel[11].

Das tiefere Anliegen, das der junge Pound in seiner 1910 im Alter von 25 Jahren veröffentlichten Schrift *The Spirit of Romance*[12] verfolgt, offenbart uns jedoch ihr Titel: Der Autor will den „Geist“ der romanischen, namentlich der provenzalischen Literatur des Mittelalters aufspüren. „Spirit“ ist ein bedeutungsschwerer Begriff, wie Paolo Cherchi zu Recht unterstreicht:

> For the time being we must only recall that the word ‚spirit‘ was fashionable at that time; indeed, it was a key-word indicating a system of research. The entire post-Hegelian 19th century is dominated by the *Geistesgeschichte* or by the *Geisteswissenschaft* (in 1910, the year in wich the *Spirit of Romance* appeared, Dilthey published *Der Aufbau der geschichtlichen Methode in den Geisteswissenschaften*, a fundamental work of this school of thought). Romance Philology also made use of this methodology when searching for the *Geist* of the Latin cultures[13].

Man sollte sich nicht durch die lange Reihe übersetzter Strophen von Arnaut Daniel in Kapitel II, *Der beste Schmied* (im Sinne von *Goldschmied*), und durch die zahllosen Zitate aus der Trobadordichtung in Kapitel III, *Proença*, irreführen lassen. Sie bilden durchaus keine bloß ästhetisierende Ansammlung, sondern suchen durch die Zusammenstellung erhellender und sprechender Einzelheiten einen kulturellen „Stil“ in seinen verborgensten Schichten zu definieren.

Die Schlüsselwörter für die Wiederentdeckung der Trobadors sind „Wahrnehmung“, „Gefühl“, „Vision“. Diese alte Lyrik zeichnet sich, wie später diejenige Cavalcantis und Dantes, durch „Lebendigkeit und Genauigkeit der Gefühls-

---

10 H. Kenner, *The Pound Era*, zit., S. 85.

11 *Autet e bas entre · ls prims fuelhs/ son nou de flors els rams li renc*, heißt es in der Ausgabe von M. Eusebi: Arnaut Daniel, *L'aur'amara* („Biblioteca Medievale“, 52), Parma: Pratiche 1995, S. 76.

12 E. Pound, *The Spirit of Romance*, London: Peter Owen 1956, letzter Nachdruck 1988 (= SR). (Die Erstausgabe erschien bei Dent, London 1910; der Ausgabe von 1929 wurde der Aufsatz *Psychology and Troubadours* hinzugefügt, der in einer früheren Fassung bereits in „The Quest“ IV, 1, Oktober 1912, S. 37–53, erschienen war, wie P. Makin, *Provence and Pound*, zit., S. 403, mitteilt).

13 P. Cherchi, *Pound and „The Spirit of Romance“*, in: *Dante e Pound*, hg. von M. L. Ardizzone, Ravenna: Longo 1998, S. 47–61, hier S. 50.

schilderung“ (SR, 28), „Feinheit der Beobachtung und Wahrnehmung“ (SR, 89), „Gefühlsqualität“ und „Äußerung der Sinnlichkeit“ (SR, 94) aus.

Der Vergleich mit Petrarca, „der verfeinert, jedoch unter Einbuße an Lebendigkeit“, fällt äußerst negativ aus: „Wenn man nach wirklicher Feinheit der Empfindung, des Rhythmus oder der Wahrnehmung sucht, dann lassen ihn Ventadorn oder Arnaut Daniel meilenweit hinter sich“ (SR, 166).

In der Sensibilität der Provenzalen, die auf einem wunderbaren Gleichgewicht von Eros und Erkenntnis beruht, lebt die Götterwelt der Antike fort: „[E]s sei daran erinnert, dass die provenzalische Dichtung nie ganz von den heidnischen Maifeier-Bräuchen losgelöst ist. Die Provence war von den Völkerwanderungen des Hochmittelalters weniger berührt als der Rest Europas; wenn das Heidentum also irgendwo überleben konnte, dann am ehesten, unterirdisch, in der Langue d'oc“ (SR, 90).

An einer besonders dichten, zentralen Stelle schreibt Pound:

> Die Frage ist also: Entwickelte dieser ‚geschlossene Kreis‘, diese Aristokratie des Gefühls (*aristocracy of emotion*) aus den vagen Erinnerungen an die hellenistischen Mysterien einen strengeren und feineren Kult als den des asketischen Zölibats, einen Kult der Seelenläuterung durch Verfeinerung und Beherrschung der Sinne (*a cult for the purgation of the soul by a refinement of, and lordship over, the senses*)? Man frage sich, ob in Passagen wie „E quel remir contral lum de la lampa“ von Arnault die reine Liebe zur Schönheit und die reine Freude an der Wahrnehmung nicht an die Stelle jedes bedrückenderen Gefühls treten, und ob dies nicht die Aufgabe des Verstandes geworden ist. (SR, 90–91)

In einem 1934 erschienenen Aufsatz über Guido Cavalcanti weitet sich der Versuch einer Definition der mediterranen Harmonie, der Trobadors, Calvacantis, Dantes – „Harmonie in der Empfindungsfähigkeit“ – zu einem umfassenden Kulturvergleich, zu einer Reflexion über Gewalt und Tugend aus, die uns, so überraschend die Parallele auch sein mag, unweigerlich an die denkwürdigen Betrachtungen Simone Weils zur Gewalt gemahnt:

> Weder der heidnische Gewaltkult noch die griechische Wahrnehmung der unbelebten Skulptur bzw. der Skulptur, in der das Belebtsein nicht die wichtigste und essenzielle Qualität darstellt, sondern diese ‚Harmonie in der Empfindungsfähigkeit‘ bzw. Harmonie des Empfindenden, an der das Denken seine Grenze, die Substanz ihre *Tugend* hat, in der nicht irgendwelche dummen Menschen aus jeglicher ‚Energie‘ eine grenzen- und unterschiedslose Abstraktion gemacht haben …[14]

Ein einseitiger, unreflektierter und eitler Fortschritt, ein Fortschritt „dummer Menschen“, der uns in die Anbetung der Gewalt treibt, hat uns die Faszination

---

[14] E. Pound, *Cavalcanti*, in: *Literary essays*, zit., S. 154. („In seiner Gesamtheit wurde der Aufsatz zwischen 1910 und 1931 verfasst“, präzisiert Pound in der ersten Anmerkung).

der Formen, den Zauber der Welt genommen, in den der mittelalterliche Mensch getaucht war:

> Für den modernen Wissenschaftler ist die Energie eine grenzenlose, unförmige ‚Kraftmasse'; nicht einmal seine Fähigkeit, diese Energie bis zu einem Grad zu differenzieren, von dem die Antiken gar nicht zu träumen wagten, hat ihn dazu gebracht, an ihre Form oder wenigstens an ihre *loci* zu denken. Die Rose, die sein Magnet im Eisenfeilstaub entstehen lässt, bringt ihn nicht auf den Gedanken, die Kraft in botanischem Sinne zu denken, oder zu dem Wunsch, sie als floral und herausgehoben (im Orig.: *exstant* von *ex stare)* zu veranschaulichen.
> Für einen ‚Naturphilosophen' des Mittelalters wäre unsere moderne Welt voller Zauber, nicht nur das elektrische Licht in einer Glühlampe, sondern der Gedanke an den in Luft und Kabeln versteckten Strom würde seinen Geist mit Formen füllen, ‚*Fuor di color*' oder durch Überfarben charakterisiert. Der mittelalterliche Philosoph wäre wahrscheinlich unfähig gewesen, die Welt der Elektrizität als solche und nicht als eine Welt der Formen zu konzipieren[15].

3. Die Suche nach der vergangenen Welt der mittelalterlichen Provence äußert sich beim jungen Pound in dem Wunsch, sie mit ihren Orten und Landschaften, ihrem Licht, ihren Farben und Gerüchen in sich aufzunehmen. Beispielhaft sind in diesem Sinne Gedichte wie *Provincia Deserta* oder *Near Perigord*, die im März und Dezember 1915 in der Zeitschrift „Poetry" erschienen[16] und in denen die im Sommer 1912 zu Fuß durchwanderte provenzalische Landschaft evoziert wird. In *Provincia deserta* wird die Identifizierung mit anmaßender, aber fruchtbarer Naivität hergestellt:

> At Rochechoart,
> Where the hills part
>   in three ways,
> And three valleys, full of winding roads,
> Fork out to south and north,
> There is a place of trees... grey wich lichen.
> I have walked there
>   thinking of old days.
> At Chalais
>   is a pleached arbour;
> Old pensioners and old protected women
> Have a right there –
>   it is charity.
> I have crept over old rafters,
>   peering down
> Over the Dronne,
>   over a stream full of lilies.

---

15 Ebd., S. 154–155.

16 H. Carpenter, *Ezra Pound*, zit., S. 223–224 und 341–343.

Eastward the road lies,
  Aubeterre is eastward,
With a garrulous old man at the inn.
I know the roads in that place:
Mareuil to the north-east,
  La Tour,
There are three keeps near Mareuil,
And an old woman,
  glad to hear Arnaut,
Glad to lend one dry clothing.
[...]
That age is gone;
Pieire de Maensac is gone.
I have walked over these roads;
I have thought of them living[17].

(In Rochechoart,/ wo die Hügel in drei Richtungen abgehen/ und drei Täler, voll gewundener Straßen/ süd- und westwärts abzweigen,/ da ist ein Ort mit grauen, flechtenumwundenen Bäumen./ Dort bin ich spazieren gegangen,/ an ferne Zeiten denkend./ In Calais gibt es eine geflochtene Laube;/ alte Rentner und alte, beschützte Frauen/ haben dort ein Recht –/ es ist Nächstenliebe./ Ich bin über alte Sparren geklettert,/ nach unten spähend/ Über die Dronne,/ Über einen Strom voller Lilien./ Ostwärts liegt die Straße,/ Aubeterre ist ostwärts,/ mit einem geschwätzigen Alten im Wirtshaus./ Ich kenne die Straßen dort:/ Mareuil in nordöstlicher Richtung,/ La Tour,/ Es gibt drei Burgfriede bei Mareuil/ Und eine alte Frau,/ glücklich, Arnaut zu hören,/ Glücklich, einem trockene Kleidung zu borgen./ [...]/ Diese Zeit ist dahin;/ Piere de Maensac ist dahin./ Ich bin auf diesen Straßen gewandert;/ Ich habe an sie als Lebende gedacht.

Die Intensität der Wahrnehmung, die Sinne, Verstand, Kultur und Gedächtnis einbezieht und die der junge Pound wie in einem Ritual nachzuerleben und wiederzugeben trachtet, bildet das großartige Geheimnis der Trobadors:

> Die Provenzalen waren einem Gefühlskult nachgegangen und es ging damit, fast unbewusst, ein gewisses Studium der Gefühlspsychologie einher. Der toskanische Kult war ein Kult der geistigen Harmonie. Wem diese Form objektiver Vorstellungskraft und diese Art der Vision liegt, für den gibt es keine Poesie, die eine ebenso anhaltende und, wenn ich so sagen darf, gleichermaßen unzerstörbare Faszination ausübt. (SR, 116)

Wie Pound unmissverständlich klarstellt, speist sich der Gefühlskult aus einer visionären Fähigkeit. So verhält es sich in Cavalcantis Gedichten: „Diese Sonette sind kein Zeitvertreib. Nur wenn das Gefühl die Wahrnehmungskräfte schärft, können wir die Wirklichkeit sehen. Nur im Lichte dieser zweifachen Strömung

---

[17] E. Pound, *Selected poems*, introduction by T. S. Eliot, London: Faber and Faber 1967, S. 122–124.

vermögen wir das Gesicht des enthüllten Mysteriums zu sehen“[18]. Ebenso entspringt die „Präzision“ der allegorischen Bilder Dantes in der *Vita nuova* und der *Göttlichen Komödie* seinem Willen, genau wiederzugeben, was er wirklich „gesehen“ hat: „Jeder, der ein wenig über visionäre Fähigkeiten verfügt, weiß sehr wohl, dass die so genannten Personifizierungen nicht künstlich, sondern wirklich sind“. (SR, 126)

Es ist nicht so sehr eine Frage der formalen Meisterschaft, auch wenn sie in höchstem Grade vorhanden ist, sondern der ganzen Person, ihrer Wahrheit und Aufrichtigkeit, ihres Kerns:

> Man könnte das Lob von Dantes technischer Vollkommenheit und wunderbarer Detailgestaltung ewig fortsetzen, aber unter dieser individuellen und besonderen Schönheit gibt es die große unterirdische Strömung seiner Wahrheit und Aufrichtigkeit: Sein Werk gehört zu der Art von Kunst, die den Schlüssel für ein tieferes Verständnis der Natur und der Schönheit der Welt und des Geistes liefert. Von seinen Naturbeschreibungen habe ich bereits den Passus über das Sonnenlicht und die Schatten der Wolken angeführt. Um jenen Teil seines Wertes zu würdigen, der eher zum Kern als zur Oberfläche gehört, ist mein Geist noch nicht reif und meine Feder nicht gewandt genug. (SR, 163)

Und weiter unten, am Ende des Kapitels über Villon, „ein schauerlicher Gesang der *Hölle*, der zu spät geschrieben wurde, als dass er in den Urtext hätte aufgenommen werden können“ (SR, 177):

> Dantes Vision ist real, weil er sie sah. Villons Dichtung ist real, weil er sie tatsächlich erlebte; er erlebte sie wie Bertran de Born, wie Arnaut Marvoil oder der verrückte Poseur Peire Vidal. Für diese Dichter gärte das Leben im Bottich. Keine Bücher-Lese und keine Destillation von Quellen wird je ihren Geschmack übertreffen. (SR, 178)

Diese „objektive Vorstellungskraft“ ist – gerade weil sie auf Lebenserfahrung beruht – mehr als nur individuell; sie besitzt psychologische und zugleich metaphysische Wertigkeiten, ist ein Medium, ein Vehikel kosmischer Partizipation.

> Was die Provence angeht, ist die Frage ganz einfach folgende: Besaß diese ‚exotische Ritterliebe‘ mediale Eigenschaften? War die ‚Färbung‘, das heißt die Gefühlsqualität, der sie entsprang, eine Interpretationsform der göttlichen Ordnung? Führte sie zum ‚Nach-Außen-Tragen der Sinnlichkeit‘ und zur Deutung des Kosmos nach Maßgabe des Gefühls? (SR, 94)

Eine angemessene Erforschung des poundschen Provenzalismus müsste auch die Schauplätze, auf denen der ungestüme und kühne Bertran de Born, eine Art *alter*

---

18 E. Pound, *Introduction*, in: *Pound's Cavalcanti. An edition of the translations, notes and essays*, hg. von D. Anderson, Princeton, New Jersey: Princeton University Press 1983, S. 19.

ego Pounds, heimisch ist[19], die Übersetzungen Arnaut Daniels und vor allem die enorme Textur der *Cantos* mit einbeziehen. Gleich Eisbergspitzen aus den Texten sich heraushebende Szenarien sind etwa: Guilhem de Cabestanh und die Legende vom gegessenen Herzen im vierten Gesang, „der verrückte Poseur Peire Vidal" in Gesang VI und eine regelrechte Geschichte der frühen provenzalischen Literatur von Wilhelm IX. bis zu Alienor in den Gesängen Nr. XX, XXIX, XXVI, LXXIV, LXXV, XCI. Der Mediävist, der sich mit Hilfe der Pound-Forschung in dieses Dickicht vorwagt, wird unerwartete und erhellende Entdeckungen machen.

Hier nur der rote Faden eines Bildes als Beispiel. Die *lauzeta* aus der Eingangsstrophe des berühmten Liedes von Bernart de Ventadorn taucht in den *Cantos* nach hunderten von Seiten immer wieder auf, so in den Gesängen Nr. VI, LXXIV, LXXX und in den Aufzeichnungen zu Gesang CXVII. Bald wird Bernart de Ventadorn durch zwei Lerchen evoziert, die der Dichter bei Sonnenuntergang aus dem Pisaer „Käfig" erblickt (von weitem kann er auch den schiefen Turm und einen kegelförmigen Berg ausmachen, der von dem gefangenen Dichter zum Taishan-Berg des alten China verklärt wird, das ihm seit der Zeit von *Cathay* viel bedeutet ...):

Pale as the dawn cloud, la luna
thin as Demeter's hair
Hooo Fasa, and in a dance the renewal
with two larks in contrappunto
at sunset
ch'intenerisce
a sinistra la Torre
seen trough a pair of breeches.
que s'oblid' e·s laissa chazer
between NEKUIA where are Alcmene and Tyro
and the Charybdis of action
to the solitude of Mt Taishan[20].

(Fahl wie das Morgengewölk, la luna/ dünn wie Demeters Haar/ Hooo Fasa, und die Erneuerung aus einem Tanz/ mit zwei Lerchen in contrappunto/ zum Abendrot/ ch'intenerisce/ a sinistra la Torre/ durch ein paar Buxen gesehn./ *que s'oblid' e·s laissa chazer*/ zwischen NEKYIA, wo Alkmene und Tyro sind/ und der Charybdis der Tat/ zur Einsamkeit des T'aischan).

Dann wieder assoziiert der Leser die Beschreibung von Lerchen am Herbsthimmel von Allègre und die gleichzeitige Erinnerung an den „Fall" des Pariser Ver-

19 Vgl. dazu die wichtigen Beiträge von P. Makin, *Provence and Pound*, zit., S. 9–70, und W. D. Paden, in: *Poems of the Troubadour Bertran de Born*, hg. von W. D. Paden u.a., zit., S. 79–86.

20 Canto LXXIV. Zit. nach *Pisaner Cantos*, übers. von Eva Hesse, Zürich: Verlag der Arche 1969, S. 16–19.

legers Bernouard, der 1930 eine Luxusausgabe von *A Draft of XXX Cantos* für die Hours Press herausgab, mit den Versen von Bernart:

> La faillite de François Bernouard, Paris
> or a field of larks at Allègre,
> „es laissa cader"
> so high towards the sun and the falling,
> „de joi sas alas"
> to set here the roads of France[21].

Literatur und persönliche Erfahrung, Mythos und Erinnerung durchdringen einander, sind stilprägend für die *Cantos*. Die „lauzeta" ist ein Sinnbild von großer Dichte, weil sie den Flug, die Kühnheit und den Fall, die Sonne – hier das genaue Gegenteil des gelben Geldes, des Goldes, des Wuchers – sowie das Licht der Vision evoziert. Man braucht nur eine beliebige Seite der *Cantos* aufzuschlagen und schon findet man Bilder, die mit der „lauzeta" im Zusammenhang stehen, durch geheim aufleuchtende Entsprechungen von ihr einen Sinn erhalten oder ihn ihr verleihen: *the green light gleams in his shell/.../ lumina sunt disse Scoto Eriugena* („das grüne Licht gleißt in der Flügeldecke/.../ ‚sunt lumina' sprach Erigena", Canto LXXIV); *that the body of light come forth/ from the body of fire/.../ The golden sun boat* („auf dass der Lichtkörper herauskommt/.../ aus dem Feuerkörper/.../ Das goldene Sonnenboot", Canto XCI); *In splendour of blue jays* („im Glanz von Blauhähern", Canto XCIV); *Wild goose follows the sunbird* („Graugans folgt der flügelspannenden Sonne", Canto CII); *The boat of Ra-Set moves with the sun /.../ There is no sight without fire* („Das Boot von Ra-Set gleitet mit der Sonne/.../ Keine Sicht ohne Feuer", Canto XCVIII)[22].

---

21 E. Pound, *Notes for CXVII et seq.*, in: *I Cantos*, hg. von M. de Rachelwitz, („I Meridiani"), Milano: Mondadori 1985, S. 1494.

22 E. Pound, *I Cantos*, zit., S. 846–847, 1174–1175, 1394–1395, 1372–1373, 1296–1297. Die deutsche Übersetzung der Zitate aus Canto LXXIV und CII stammt aus Ezra Pound, *Pisaner Cantos*, zit., S. 13, und Cantos *1916–1962. Eine Auswahl*, übers. von Eva Hesse, München: dtv 1964, S. 181.